2021
Abitur

Original-Prüfungsaufgaben
mit Lösungen

Gymnasium · Gesamtschule NRW

Kunst

STARK

© 2020 Stark Verlag GmbH
13. neu bearbeitete und ergänzte Auflage
www.stark-verlag.de

Das Werk und alle seine Bestandteile sind urheberrechtlich geschützt. Jede vollständige oder teilweise Vervielfältigung, Verbreitung und Veröffentlichung bedarf der ausdrücklichen Genehmigung des Verlages. Dies gilt insbesondere für Vervielfältigungen, Mikroverfilmungen sowie die Speicherung und Verarbeitung in elektronischen Systemen.

Inhalt

Vorwort
Stichwortverzeichnis

Hinweise und Tipps zur Bearbeitung der Abituraufgaben

1 Ablauf der schriftlichen Prüfung I
2 Inhalte der schriftlichen Prüfung II
3 Operatoren im Fach Kunst V
4 Methoden der Werkerschließung VIII

Abiturähnliche Übungsaufgaben

Aufgabe 1: Edvard Munch, Selbstporträt. Zwischen Uhr und Bett/
 Thomas Struth, Alte Pinakothek, Selbstportrait, München 2000 ... 1
Aufgabe 2: Gestalterische Aufgabe mit schriftlicher Stellungnahme zu
 Louise Bourgeois, The Reticent Child 17

Original-Prüfungsaufgaben

2016 – Grundkurs
Aufgabe 1: Christian Boltanski, Autel Chases .... GK 2016-1
Aufgabe 2: Andreas Gursky, Madonna I .... GK 2016-11

2016 – Leistungskurs
Aufgabe 1: Alberto Giacometti, Femme assise/
 Louise Bourgeois, Spider .... LK 2016-1
Aufgabe 2: Rembrandt van Rijn, Selbstbildnis mit zwei Kreisen/
 Otto Dix, Selbst mit Palette vor rotem Vorhang .... LK 2016-14

2017 – Grundkurs
Aufgabe 1: Rembrandt van Rijn, Der Mennonitenprediger Cornelis
 Claesz. Anslo und seine Frau Aeltje Gerritsdr. Schouten .. GK 2017-1
Aufgabe 2: Gerhard Richter, Familie Hötzel .... GK 2017-11

2017 – Leistungskurs
Aufgabe 1: Pablo Picasso, Tête de femme (Portrait Dora Maar)/
Marlene Dumas, Dora Maar .... LK 2017-1
Aufgabe 2: Gerhard Richter, Porträt Karl-Heinz Hering/
Marlene Dumas, Elisabeth Eybers .... LK 2017-14

2018 – Grundkurs
Aufgabe 1: Rembrandt van Rijn, Susanna im Bade .... GK 2018-1
Aufgabe 2: Pablo Picasso, Minotaurus und tote Stute vor einer Höhle,
gegenüber junges Mädchen mit Schleier .... GK 2018-11

2018 – Leistungskurs
Aufgabe 1: Rembrandt van Rijn, Saskia van Uylenburgh als Mädchen/
Pablo Picasso, Dora Maar mit Katze .... LK 2018-1
Aufgabe 2: Gerhard Richter, Erschossener 1/
Marlene Dumas, Snowwhite and the Broken Arm .... LK 2018-15

2019 – Grundkurs
Aufgabe 1: Louise Bourgeois, Cell XXIII (Portrait) .... GK 2019-1
Aufgabe 2: Francisco de Goya, María Tomasa Palafox y Portocarrero,
Marquesa de Villafranca .... GK 2019-11

2019 – Leistungskurs
Aufgabe 1: Francisco de Goya, Stillleben mit Schafskopf/
Pablo Picasso, Stillleben mit Schafsschädel .... LK 2019-1
Aufgabe 2: Max Ernst, Fille et mère/
Louise Bourgeois, Mother and Child .... LK 2019-16

2020 – Grundkurs/Leistungskurs
Aufgaben und Lösungen .... www.stark-verlag.de/mystark

Das Corona-Virus hat im vergangenen Schuljahr auch die Prüfungsabläufe durcheinandergebracht und manches verzögert. Daher sind die Aufgaben und Lösungen zur Prüfung 2020 in diesem Jahr nicht im Buch abgedruckt, sondern erscheinen in digitaler Form. Sobald die Original-Prüfungsaufgaben 2020 zur Veröffentlichung freigegeben sind, können Sie sie als PDF auf der Plattform MyStark herunterladen (Zugangscode siehe Umschlaginnenseite vorne im Buch).

Jeweils im Herbst erscheinen die neuen Ausgaben
der Abiturprüfungsaufgaben mit Lösungen.

Farbtafeln

Farbtafel 1:	Rembrandt, Der Mennonitenprediger Cornelis Claesz. Anslo und seine Frau Aeltje Gerritsdr. Schouten → Aufgabe GK 2017-I
Farbtafel 2:	Picasso, Tête de femme (Portrait Dora Maar) → Aufgabe LK 2017-I
Farbtafel 3:	Dumas, Dora Maar (the Woman who saw Picasso cry) → Aufgabe LK 2017-I
Farbtafel 4:	Dumas, Elisabeth Eybers → Aufgabe LK 2017-II
Farbtafel 5:	Picasso, Minotaurus und tote Stute vor einer Höhle, gegenüber junges Mädchen mit Schleier → Aufgabe GK 2018-II
Farbtafel 6:	Rembrandt, Saskia van Uylenburgh als Mädchen → Aufgabe LK 2018-I
Farbtafel 7:	Picasso, Dora Maar mit Katze → Aufgabe LK 2018-I
Farbtafel 8:	Bourgeois, Cell XXIII (Portrait) → Aufgabe GK 2019-I
Farbtafel 9:	Goya, María Tomasa Palafox y Portocarrero, Marquesa de Villafranca → Aufgabe GK 2019-II
Farbtafel 10:	Goya, Stillleben mit Schafskopf → Aufgabe LK 2019-I
Farbtafel 11:	Picasso, Stillleben mit Schafsschädel → Aufgabe LK 2019-I

Autorinnen und Autoren:

Katja Heckes (Hinweise & Tipps; Übungsaufgabe 2; Lösungen zu den Prüfungsaufgaben GK 16–20),
Kristin und Carsten Zimmermann (Lösungen zu den Prüfungsaufgaben LK 20),
Sarah Damm/Daniel Landmann (Übungsaufgabe 1),
Olivia Malek (Lösungen zu den Prüfungsaufgaben LK 19),
Corinna Hagemann (Lösungen zu den Prüfungsaufgaben LK 17 und LK 18),
Kathrin Morhenne (Lösungen zu den Prüfungsaufgaben LK 16)

Vorwort

Liebe Schülerinnen, liebe Schüler,

das vorliegende Buch bietet Ihnen die Möglichkeit, sich optimal auf das **Zentralabitur 2021 im Fach Kunst** vorzubereiten.

Der Band enthält die **Original-Prüfungsaufgaben für Grund- und Leistungskurs** vergangener Jahre. Somit gewinnen Sie einen Eindruck, wie Ihr eigenes Abitur aussehen kann.

Zusätzlich finden Sie **Übungsaufgaben im Stil des Zentralabiturs**, die die offiziellen Vorgaben aufgreifen.

Zu jeder Aufgabe gibt es im Anschluss schülergerechte, sorgfältig ausgearbeitete **Lösungsvorschläge**, anhand derer Sie abschätzen können, was von Ihnen erwartet wird. Vor jedem einzelnen Lösungsvorschlag finden Sie zudem mit grauen Rauten markierte **Hinweise**, die Ihnen dabei helfen, zu verstehen, worauf die Aufgabenstellung abzielt und wo die Ansätze für eine Lösung zu suchen sind.

Auf der Umschlaginnenseite finden Sie einen Link zur Plattform **MyStark** sowie Ihren persönlichen Zugangscode, mit dem Sie auf die **digitalen Inhalte** dieses Buches zugreifen können:

- PDF der **Original-Prüfungsaufgaben** und Lösungen des **Grund- und Leistungskurses 2020**
- Digitale **Farbtafeln** zu ausgewählten Kunstwerken
- Mit den **MindCards**, interaktiven Lernkärtchen, können Sie wichtige Fachbegriffe und Ihr Wissen zu Künstlerinnen und Künstlern trainieren. Die MindCards sind für die Arbeit am Smartphone/Tablet bestens geeignet. Sie können sie auch über folgenden QR-Code abrufen:

https://www.stark-verlag.de/mindcards/949601D

Wir wünschen Ihnen viel Spaß und Erfolg bei der Vorbereitung auf Ihr Kunstabitur!

Hinweise zur Prüfung

In der Prüfung werden den Schülerinnen und Schülern in NRW drei Aufgaben zur Wahl gestellt. Zwei sind zentral vorgegeben; die dritte jedoch, die gestalterische Aufgabe, wird von der Fachlehrkraft selbst vorbereitet (dazu müssen zwei Vorschläge bei der Behörde eingereicht werden, von denen einer ausgewählt und vorgelegt wird). Im vorliegenden Buch ist auch eine gestalterische Übungsaufgabe abgedruckt.

Die Benotung in NRW erfolgt nach einem vorgegebenen Punktesystem. Am Beginn aller Ausführungen soll der individuelle Zugang zu den vorgelegten Werken stehen und am Ende sollen Übereinstimmungen zwischen den ersten Eindrücken und den abschließenden Folgerungen, gestützt auf die werkimmanente Analyse, überprüft werden.

Jedem Aufgabenteil ist eine bestimmte Punktezahl zugeordnet. Zusätzlich zu den vorgegebenen Kriterien gibt es auf dem Bewertungsbogen für jede Aufgabe aber noch eine zusätzliche Spalte, welche lautet: „Der Prüfling erfüllt ein weiteres aufgabenbezogenes Kriterium". Hier können die beurteilenden Lehrkräfte Sonderpunkte vergeben.

Aus diesem Grund sind die im vorliegenden Buch abgedruckten Lösungen als Lösungs*möglichkeiten* zu verstehen. Je nach den im Unterricht oder privat erarbeiteten Stoffbereichen kann der Prüfling auch zusätzliches in die Aufgaben passendes individuelles Wissen, z. B. Details zum jeweiligen künstlerischen Arbeitsprozess oder selbstständige Vergleiche zu anderen Künstlerinnen und Künstlern oder Epochen, einfügen.

Da die Lösungsvorschläge die Vorbereitung auf die Abiturprüfung erleichtern sollen und deshalb sehr ausführlich sind, ist es selbstverständlich, dass in der Prüfungssituation nicht alle der darin angeführten Aspekte berücksichtigt werden müssen.

Bis zu 10 von 100 möglichen Punkten sind am Ende der Bewertung jeder Prüfung für die Darstellungsleistung vorgesehen, d. h. für die klare Entwicklung der Gedanken, für die folgerichtige Gewichtung der Beobachtungen und für einen flüssigen Sprachstil. Diese Punkte werden in den Aufgabenstellungen nicht ausgewiesen.

Sollten nach Erscheinen dieses Bandes noch wichtige **Änderungen** in der Abitur-Prüfung 2021 vom Schulministerium in Nordrhein-Westfalen bekannt gegeben werden, finden Sie **aktuelle Informationen** ebenfalls bei MyStark.

Stichwortverzeichnis 2016–2019

Sachregister

Abbildhaftigkeit 11 ff., 20; GK 2017-17
Abstraktion 21; LK 2019-15
– abstrakt LK 2017-21; LK 2018-9, 24
– Abstraktionsgrad LK 2019-9
aleatorische Verfahren LK 2019-29 f.
Allgemeingültigkeit LK 2016-11;
LK 2019-30 f.
allansichtig LK 2019-21
Ambivalenz 14; LK 2017-12;
LK 2018-13; GK 2019-10;
LK 2019-30
amorph LK 2018-9
Analyse XI
Anforderungsbereich III
asymmetrisch LK 2017-19
Aufbau
– statischer Aufbau LK 2016-20
Aufgabentyp III
Aufsicht LK 2018-22
Auftragsarbeit/-werk LK 2019-14
Authentizität LK 2017-25; LK 2018-28

Barock GK 2018-9; LK 2016-26 f.;
LK 2019-15
Bedeutung eines Werks VIII, XVI
Beschreibung IX
– akustische Bildbeschreibung X f.
– nonverbale Skizze IX f.
– verbale Skizze X
Bestandsdaten VIII
Betrachterstandpunkt GK 2017-16;
LK 2016-20, 22; LK 2018-24;
LK 2019-15
Bewertung IV f.
Beziehung 11, 15; GK 2018-9, 15 f.,
18 f.; LK 2019-22 f., 29 ff.

– Liebesbeziehung LK 2017-12 f.;
LK 2018-13
– Mutter-Kind-Beziehung LK 2019-22,
30 f.
Bildausschnitt 7; LK 2016-21;
LK 2018-7, 14, 24, 28; GK 2019-15
Bildfläche 6, 8 f.; GK 2017-15 f.;
LK 2017-7; GK 2018-6 f., 14 f.;
LK 2018-6 ff., 21 ff.; GK 2019-15 f.;
LK 2019-11 f.
Bildmittelpunkt 8; LK 2017-8;
LK 2018-7, 21
Bildmotiv 10; GK 2017-15;
GK 2018-16, 19; GK 2019-15 ff.
Bildraum 6 f., 9 f.; LK 2016-21 f.;
GK 2017-6; GK 2018-6 f., 15;
LK 2018-7, 22; GK 2019-16;
LK 2019-5 ff.
Bildsprache GK 2017-19;
LK 2019-13 ff.
biografisch 15; GK 2018-18;
LK 2016-11 ff.; GK 2019-9 f., 19;
LK 2019-29 ff.
biografischer Zusammenhang XVI
Bruststück/Brustporträt siehe „Porträt"

Darstellung
– abstrahierte Darstellung
GK 2018-14; LK 2018-5;
LK 2019-21, 23, 30
– naturgetreue Darstellung LK 2019-8,
25
Deformation LK 2017-8; LK 2019-25,
31
Diagonale 8 f., 15; LK 2018-6 f., 22;
GK 2019-15 f.

Distanz 20; GK 2017-7, 16;
GK 2018-9 f., 18 f.; LK 2018-7 ff.,
22 ff.; GK 2019-6, 15 f., 19;
LK 2019-15
Dreiviertelprofil siehe „Porträt"
Dynamik 8; LK 2017-25;
LK 2018-8, 22; LK 2019-10
en face siehe „Porträt"
Ersteindruck VIII f.
Existenzialismus LK 2016-11
Farbe
- Farbigkeit 10 f.; GK 2018-6;
LK 2016-19, 22 f.; GK 2019-5, 14 f.;
LK 2019-8 f., 23
- Farbmodulation 11; LK 2018-23
- Farbkomposition GK 2019-18 f.
- Farbkontrast siehe „Kontrast"
- Farbreduktion LK 2017-25
- Farbrepertoire GK 2017-7, 17;
GK 2018-7, 15
- monochrom LK 2016-21;
LK 2017-8; GK 2018-6; LK 2018-8,
23; LK 2019-8, 21
Feinmalerei LK 2016-26 f.
Figurengruppe GK 2017-15
Form
- Form eines Werks VIII, XIII ff.
- Formkontrast siehe „Kontrast"
- organisch 20; GK 2019-7;
LK 2019-8 f., 21, 24 f.
Format
- formatfüllend LK 2017-6;
GK 2018-14; LK 2018-5
- Hochformat LK 2016-19;
GK 2017-15; GK 2018-5 f.;
LK 2018-5; GK 2019-14
- Querformat 7; GK 2017-5;
GK 2018-14 f.; LK 2018-20;
LK 2019-5
Fotografie 1 ff.; LK 2018-20 ff.
Frau LK 2019-22, 25, 29 ff.
- Rolle der Frau 15; LK 2016-11 ff.;
LK 2019-31
- Frauenbewegung LK 2019-29

frontal 6, 9, 12; LK 2017-6;
GK 2018-14; LK 2018-5, 7 f., 13;
GK 2019-6, 9; LK 2019-25
Gegenstand eines Werks VIII, XI ff.
Gegenständlichkeit LK 2016-21
Goldener Schnitt 8 ff.; LK 2018-21 f.
Grattage LK 2019-29
Halbfigur 7; LK 2016-19 ff.
Hell-Dunkel-Kontrast siehe „Kontrast"
Hell-Dunkel-Verteilung GK 2018-16;
LK 2015-19; GK 2019-16;
LK 2019-5
Individualität/Individuum LK 2016-27
Inkarnat 10; LK 2017-8; GK 2018-7, 9;
LK 2018-8 f.; GK 2019-15 f.
Installation 20 ff., 23; GK 2019-5 f., 9 f.
Inszenierung GK 2019-9 f.
- Selbstinszenierung 16; LK 2016-27
Intention LK 2017-13
Interpretation eines Werks VIII, XVI f.
Komposition 9, 11; GK 2018-6 f., 15;
GK 2019-6, 9; GK 2019-6 f., 9 f.
- Dreieckskomposition LK 2016-21,
23
- Farbkomposition siehe „Farbe"
- Formkomposition siehe „Form"
- Kompositionslinie siehe „Linie"
konkav 20; GK 2019-7; LK 2019-8 f.,
23
Konstruktionslinie siehe „Linie"
Kontrast
- Farbkontrast GK 2018-15;
GK 2019-6, 16, 19
- Formkontrast GK 2018-16;
LK 2018-23
- Hell-Dunkel-Kontrast 10 f.;
LK 2016-21; GK 2018-7;
LK 2018-8, 23; GK 2019-14 f. ;
LK 2019-9, 15
- Komplementärkontrast 10;
LK 2016-22; LK 2018-8; LK 2019-8
- Qualitätskontrast 11; GK 2018-7;
LK 2017-8; LK 2018-8, 23;
LK 2019-7

- Quantitätskontrast GK 2018-7
- Warm-Kalt-Kontrast 10 f;
  LK 2018-8, 23
Konturlinie siehe „Linie"
konvex 20; GK 2019-7
Kopfstück siehe „Porträt"
Körper 6 ff., 10 ff., 20; LK 2019-21 ff.
- Körperlichkeit 20; GK 2018-5, 16;
  LK 2018-9; LK 2019-23 f.
- Körper-Raum-Beziehung
  LK 2016-7, 9 f.; GK 2019-6;
  LK 2019-26 ff.
Krieg GK 2018-19; LK 2019-13 ff.
Kubismus LK 2017-6, 8; LK 2018-7;
  LK 2019-6, 9

lasierend LK 2017-8; LK 2019-8
Licht LK 2016-19 ff.; LK 2018-5 ff.,
  22 ff.; GK 2019-14, 16;
  LK 2019-6 ff.
- Licht und Schatten 9; LK 2016-20 f.;
  LK 2018-7 ff.
- Lichteinfall LK 2016-19;
  GK 2018-7; LK 2018-7
- Lichtführung LK 2016-21 f.;
  GK 2018-10; GK 2019-16;
  LK 2019-6
Linie 8 f., 11, 15; LK 2019-8, 10
- Fluchtlinie 9
- Horizontlinie 9; GK 2018-14 f.
- Linienführung LK 2016-22;
  GK 2017-6; GK 2018-6; LK 2019-8
- Linienspiel GK 2018-16
- Richtungslinie LK 2019-24
- richtungsweisend LK 2017-7;
  LK 2018-6 f.
- Umrisslinie LK 2018-8; LK 2019-8

Malstab LK 2016-19
Maltechnik/Malweise 16;
  LK 2016-20, 27; LK 2018-24
Marmor 20 f.; LK 2014-10
Materialität LK 2016-7; GK 2019-5;
  LK 2019-9, 28
mehrperspektivisch LK 2017-8;
  LK 2018-7, 9; LK 2019-15
Metapher 14 f.; LK 2016-27

Methode
- ikonografische Methode XVI
- ikonologische Methode XVI
- stilgeschichtliche Methode XVII
Mimik GK 2018-14; LK 2018-13;
  GK 2019-9; LK 2019-8, 14
Mittelsenkrechte 6, 8 f.; LK 2016-20,
  22; GK 2017-16; LK 2017-7, 19;
  GK 2018-6, 15; LK 2018-6 f., 21 f.;
  GK 2019-15; LK 2019-7 f.
Mittelwaagerechte 8 f.; LK 2016-20,
  22; GK 2017-16; LK 2017-7, 19;
  GK 2018-6, 15; LK 2018-6, 21;
  GK 2019-15; LK 2019-6
Modellierung GK 2017-7; LK 2019-7
Mutter LK 2016-11 f.; GK 2017-15 ff.;
  LK 2017-13; LK 2019-21 ff.
Mutter-Kind-Beziehung siehe
  „Beziehung"

Nahansicht LK 2017-20
Nähe 15; GK 2018-6 f., 9 f., 14, 19;
  LK 2018-7 ff., 22 ff.; GK 2019-16,
  19; LK 2019-15, 23
Nationalsozialismus LK 2016-26;
  LK 2019-13
naturalistisch 7, 11 f.; LK 2017-21;
  LK 2018-9, 24; LK 2019-24
Neue Sachlichkeit LK 2016-27

Oberfläche LK 2016-5, 7 f.;
  GK 2019-6; LK 2019-9, 21, 23 ff., 30
- Oberflächenbehandlung 22
- Oberflächenstruktur 22
Objekt 21 ff.; GK 2019-5 ff., 10;
  LK 2019-7 ff., 15, 24 f., 31
Operatoren IV ff.
Opfer GK 2018-9; GK 2019-9;
  LK 2019-13 ff.

pastos LK 2016-21 f.; LK 2018-8;
  LK 2019-7 f.
Perspektive LK 2019-6, 9 f.
- Farbperspektive 10, 15
- perspektivische Untersicht 9;
  GK 2018-5

Pinselduktus 11; LK 2016-19, 21 f.;
LK 2018-8 f., 23; GK 2019-16;
LK 2019-8 ff.
Plastik 20; LK 2016-5 ff.;
LK 2019-21 ff., 31
– allansichtige Plastik LK 2016-5
– Bronzeplastik LK 2016-6, 7;
LK 2019-21
– Vollplastik LK 2019-21, 31
Plastizität 9; LK 2016-7; LK 2017-21;
GK 2018-16; LK 2018-24;
LK 2019-23
Plinthe LK 2016-5 ff.; LK 2019-21,
23 f., 31
Porträt 6 f, 14.; GK 2018-19;
GK 2019-5 ff.
– Bruststück/Brustporträt
LK 2017-6; LK 2018-5, 8
– Doppelporträt 8; GK 2017-5
– *en face* 6 f.; LK 2018-5
– Ganzkörperporträt GK 2017-15
– Halbkörperporträt/Halbfigur 7;
LK 2016-19 ff.
– Kniestück GK 2017-5; LK 2018-5,
8, 20
– Kopfporträt GK 2019-5 f.
– Kopfstück LK 2017-6, 18
– Schulterstück LK 2017-18
– Selbstporträt 6 f., 11, 15 f.;
LK 2016-19 ff.; GK 2018-10
Profil GK 2018-6; LK 2018-5;
GK 2019-15
– Dreiviertelprofil GK 2017-5;
LK 2017-18; GK 2019-14
– verlorenes Profil 7
– Vollprofil GK 2017-5
Proportion LK 2016-6 f.;
GK 2018-19; LK 2019-22 ff.
– Unproportionalität GK 2018-14, 16,
18

Querformat siehe „Format"

Raum 7; LK 2016-6, 20 f.; GK 2017-9;
GK 2019-6, 9, 14 ff., 18; LK 2019-
15, 24 f.
– Raumgehege GK 2019-7

– Räumlichkeit 9 f.; LK 2017-8 f., 21;
GK 2018-16; LK 2018-7 ff., 22 ff.;
LK 2019-6, 8 f.
– Raumtiefe GK 2017-6
– Raumoffenheit LK 2016-7
– Raumstaffelung GK 2017-7
Realismus LK 2019-8
realistisch LK 2019-9
Reduktion LK 2018-25
Repräsentationsbildnis LK 2015-23,
LK 2016-20
Richtung 10, 23
– Richtungsdominanzen LK 2019-23
– Richtungslinie siehe „Linie"
Schatten 6, 9 f.; LK 2016-20 f.;
GK 2018-7; LK 2018-5, 7 f., 21 ff.;
GK 2019-16; LK 2019-6 f., 9 f., 24,
29
Schwarz-Weiß-Fotografie siehe „Fotografie"
Schwerpunkt LK 2017-19, 22;
LK 2018-22, 24; LK 2019-6, 23 f.
Sockel 22; LK 2016-6; LK 2019-25
Stabilität LK 2016-6 f.; LK 2019-23
Stahl 6, 21; LK 2016-5, 8, 12
Stauchung LK 2019-25
Stillleben LK 2019-5 ff.
Stofflichkeit 11; LK 2016-21;
GK 2018-16; LK 2018-9, 24;
GK 2019-6, 16; LK 2019-7, 24 f.
Surrealismus LK 2019-29
Symmetrie LK 2016-20
– Achsensymmetrie LK 2016-6 f.

Tapisserie LK 2016-5, 7, 12
Ton-in-Ton-Malerei GK 2015-7;
LK 2019-7
Transformation LK 2017-9

Umrisslinie siehe „Linie"
ungegenständlich LK 2017-20;
LK 2018-22
Unnatürlichkeit GK 2018-19
Unschärfe 12; LK 2018-24, 27 f.
Untersicht 9; GK 2017-5, 16;
GK 2018-5; GK 2019-16

Valeurmalerei LK 2019-7
Verschattung LK 2016-22
werkimmanenter Zusammenhang XVI
Werkstoff 21

Wirklichkeitsbezug LK 2016-13
Zeichen
– zeichenhaft LK 2016-13
Zweiter Weltkrieg LK 2016-26

Werkregister

Alte Pinakothek, Selbstportrait, München 2000 1 ff.
Atlas GK 2017-14, 19 f.
Autel Chases GK 2016-1 ff.
Cell XXIII (Portrait) GK 2019-1 ff.
Der Mennonitenprediger Cornelis Claesz. Anslo GK 2017-1 ff.
Desastres de la Guerra LK 2019-14
Die Erschießung der Aufständischen LK 2019-14
Dora Maar (the Woman who saw Picasso cry) LK 2017-1 ff.
Dora Maar mit Katze LK 2018-4
Drei schreitende Männer GK 2014-2 f.
Elisabeth Eybers LK 2017-14 ff.
Erschossener 1 LK 2018-18
Familie Hötzel GK 2017-11 ff.
Femme assise LK 2016-1 ff.
Fille et mère, LK 2019-16 ff.
Guernica LK 2019-14 f.
Madonna I GK 2016-11 ff.
María Tomasa Palafox y Portocarrero, Marquesa de Villafranca GK 2019-11 ff.
Massaker in Korea LK 2019-14

Minotaurus und tote Stute vor einer Höhle, gegenüber junges Mädchen mit Schleier GK 2018-13
Mother and Child LK 2019-16 ff.
Porträt Karl-Heinz Hering LK 2017-14 ff.
Saskia van Uylenburgh LK 2018-3
Selbst mit Palette vor rotem Vorhang LK 2016-14 ff.
Selbstbildnis als Mars GK 2014-13
Selbstbildnis mit zwei Kreisen LK 2016-14 ff.
Selbstporträt. Zwischen Uhr und Bett 1 ff.
Snowwhite and the Broken Arm LK 2018-19
Spider LK 2016-1 ff.
Stillleben mit Schafskopf LK 2019-1 ff.
Stillleben mit Schafsschädel LK 2019-1 ff.
Susanne im Bade GK 2018-3 f.
Tête de femme (Portrait Dora Maar) LK 2017-1 ff.
The Reticent Child (Das verschlossene Kind) 19

Personenregister

Bourgeois, Louise 17 ff.; LK 2016-4 ff.; GK 2019-1 ff.; LK 2019-16 ff.
Boltanski, Christian 2016-1 ff.
Dix, Otto LK 2016-18 ff.
Dumas, Marlene LK 2017-1 ff., 14 ff.; LK 2018-15 ff.
Ernst, Max LK 2019-16 ff.
Giacometti, Alberto LK 2016-1 ff.
Gursky, Andreas 2016-11 ff.
Goya, Francisco de GK 2019-11 ff.; LK 2019-1 ff.

Munch, Edvard 1 ff.
Picasso, Pablo LK 2017-1 ff.; GK 2018-11 ff.; LK 2018-1 ff.; LK 2019-1 ff.
Rembrandt Harmenszoon van Rijn LK 2016-16 ff.; GK 2017-1 ff.; GK 2018-1 ff.; LK 2018-1 ff.
Richter, Gerhard GK 2017-11 ff.; LK 2017-14 ff.; LK 2018-15 ff.
Sartre, Jean-Paul LK 2016-11
Struth, Thomas 1 ff.

Bildnachweis 2016–2019

S. 4	Artepics / Alamy Stock Foto
S. 5	© Thomas Struth
S. 12	bpk/The Metropolitan Museum of Art/Malcolm Varon / © VG Bild-Kunst, Bonn 2020
S. 13	CHROMORANGE / Christian Ohde / Alamy Stock Foto / © The Easton Foundation / VG-Bildkunst, Bonn 2020
S. 25	Fotos: Christopher Burke / © The Easton Foundation / VG Bild-Kunst, Bonn 2020
GK 2016-2	bpk / Kupferstichkabinett, SMB / Jörg P. Anders
GK 2016-3	private Sammlung, Foto: Ausstellungskatalog Hamburger Kunsthalle 1991 / © VG Bild-Kunst, Bonn 2020
GK 2016-13, 14	© Andreas Gursky / Courtesy: Sprüth Magers / VG Bild-Kunst, Bonn 2020
LK-2016-3	© Succession Alberto Giacometti (Fondation Alberto et Annette Giacometti, Paris + ADAGP, Paris) 2016
LK 2016-4	© The Easton Foundation / Licensed by VG Bild-Kunst, Bonn 2020
LK 2016-18	akg-Images / © VG Bild-Kunst, Bonn 2020
GK 2017-3, 4, F 1	bpk / Gemäldegalerie, SMB / Christoph Schmidt
GK 2017-13, 14	© Gerhard Richter 2018 (0118)
LK 2017-2	© Man Ray 2015 Trust / VG Bildkunst, Bonn 2020
LK 2017-4, F 2	bpk I RMN – Grand Palais I René-Gabriel Ojéda I © Succession Picasso / VG Bild-Kunst, Bonn 2020
LK 2017-5, F 3	Van Abbemuseum, Eindhoven, The Netherlands; Photograph: Peter Cox, Eindhoven, The Netherlands, Courtesy Galerie Paul Andriesse, Amsterdam
LK 2017-16	© Gerhard Richter 2017 (0148)
LK 2017-17, F 4	Van Abbemuseum, Eindhoven, The Netherlands; Photograph: Peter Cox, Eindhoven, The Netherlands, Courtesy Galerie Paul Andriesse, Amsterdam
GK 2018-3, 4	akg-images/André Held
GK 2018-13, F 5	bpk/RMN – Grand Palais/Thierry Le Mage / © Succession Picasso / VG Bild-Kunst, Bonn 2020
LK 2018-3, F 6	akg-images
LK 2018-4, F 7	picture-alliance/dpa/epa-Bildfunk / © Succession Picasso / VG Bild-Kunst, Bonn 2020
LK 2018-18	© Gerhard Richter 2018 (0118)
LK 2018-19	Marlene Dumas, Galerie Paul Andriesse
GK 2019-3, 4, F 8	© The Easton Foundation / VG Bild-Kunst, Bonn 2020
GK 2019-13, F 9	PRISMA ARCHIVO / Alamy Stock Foto
LK 2019-3, F 10	Framed Art / Alamy Stock Photo
LK 2019-4, F 11	© Succession Picasso / VG Bild-Kunst, Bonn 2020
LK 2019-18, 19	© VG Bild-Kunst, Bonn 2020
LK 2019-20	© The Easton Foundation / VG Bild-Kunst, Bonn 2020

Hinweise und Tipps zur Bearbeitung der Abituraufgaben im Fach Kunst in NRW

1 Ablauf der schriftlichen Prüfung

Aufgabenarten

Haben Sie das Fach Kunst als Leistungskurs oder Grundkurs gewählt, erhalten Sie zur Abiturprüfung insgesamt drei Aufgaben zur Auswahl: eine der Aufgabenart I (Bildnerische Gestaltung mit schriftlicher Erläuterung), eine der Aufgabenart II (Analyse/Interpretation von bildnerischen Gestaltungen) und als dritte entweder eine weitere Aufgabe aus Aufgabenart II oder eine Aufgabe aus Aufgabenart III (Fachspezifische Problemerörterung gebunden an Bildvorgaben oder Texte).

Die Aufgabenarten II und III werden Ihrer Schule von der Schulaufsicht zentral vorgelegt (auch Ihre Prüfer*innen sehen sie am Tag der Prüfung zum ersten Mal). Die praktische Aufgabenart I wird hingegen dezentral von Ihrer Lehrkraft gestellt. Sie hat dazu der Schulaufsichtsbehörde zwei Aufgabenstellungen vorgelegt und die Behörde hat eine davon für Sie ausgewählt.

Zeit

Zur Auswahl Ihrer Prüfungsaufgabe aus den drei gestellten Aufgaben haben Sie sowohl im Leistungskurs als auch im Grundkurs 30 Minuten Zeit.

Im **Leistungskurs Kunst** dauert die Abiturprüfung 270 Minuten (exklusive der 30 Minuten für die Aufgabenwahl). Für die praktische Arbeit der Aufgabenart I kann Ihre Lehrerin oder Ihr Lehrer bei der Schulaufsichtsbehörde einen Antrag auf Verlängerung der Prüfungsdauer um maximal eine Stunde stellen. Normalerweise wird diesem Antrag vonseiten der Behörde aufgrund des gestalterischen Mehraufwands (Ideensammlung, Vorskizzen etc.) stattgegeben.

Zur Bearbeitung Ihrer Prüfungsaufgabe im **Grundkurs Kunst** stehen Ihnen 210 Minuten (exklusive der 30 Minuten für die Aufgabenwahl) zur Verfügung. Auch hier ist es möglich, dass Ihre Lehrerin oder Ihr Lehrer für den praktischen Aufgabentyp I einen Antrag auf Verlängerung der Prüfungsdauer von maximal einer Stunde stellt.

Am Ende der Prüfungszeit müssen Sie alle von Ihnen verfassten Texte und bearbeiteten Materialien abgeben. Grundlage für die Bewertung sind Ihre Reinschrift sowie Ihr als „gestalterisches Endergebnis" bezeichnetes Material. Bei offensichtlich aus Zeitmangel entstandenen Übertragungsfehlern kann der Entwurf zusätzlich zur Bewertung herangezogen werden (dies gilt für die theoretischen ebenso wie für die praktischen Aufgaben).

Arbeitsmittel
Als Arbeitsmittel stehen Ihnen die zur Bearbeitung der eingereichten Vorschläge zur Aufgabenart I erforderlichen Materialien sowie die Bild- und eventuell Textvorlagen für die Aufgabenarten II oder III zur Verfügung. Zusätzlich liegt ein deutsches Wörterbuch zur Nutzung bereit wie auch Skizzen- und Notizpapier.

Tipps zur Aufgabenauswahl und Zeiteinteilung in der schriftlichen Prüfung
– Im Grunde unterscheiden sich die schriftlichen Prüfungen nicht sehr von den bisherigen Klausuren der Oberstufe. Wie bei diesen gilt: Versuchen Sie, möglichst ruhig und konzentriert zu bleiben.
– Treffen Sie Ihre Entscheidung bei der Wahl der Klausur nicht zu schnell. Nehmen Sie sich die Zeit zur Begutachtung der Aufgaben und überlegen Sie, zu welchem Thema Sie die Inhalte gut kennen, Zusammenhänge und Hintergrundwissen parat haben etc.
– Legen Sie sich nach der Auswahl Ihrer Klausur einen groben Zeitplan an. Ausschlaggebend dafür sollte die zu erreichende Punktzahl sein, die hinter den einzelnen Aufgaben angegeben ist (siehe auch S. V). Planen Sie für die Reinschrift der Klausur wie auch für das abschließende Durchlesen des gesamten Textes genügend Zeit ein.
– Es ist empfehlenswert, die Übungsaufgaben und Abiturklausuren des vorliegenden Bandes unter Abiturbedingungen (mit Stoppuhr) zu bearbeiten. So bekommen Sie ein Gefühl dafür, wie lange Sie für die einzelnen Aufgaben in etwa brauchen dürfen. Zudem zeigen Ihnen die Musterlösungen, wo noch Lernbedarf besteht, und Sie werden mit den Aufgabentypen und Operatoren (siehe auch S. V–VIII) vertrauter.

2 Inhalte der schriftlichen Prüfung

Die inhaltlichen Schwerpunktthemen beruhen auf dem Lehrplan für das Fach Kunst. Sie befassen sich themenübergreifend mit den Bereichen der Malerei, Plastik und – in geringerem Maße – auch der Architektur.

2021: Inhaltliche Schwerpunkte

Künstlerisch gestaltete Phänomene als Konstruktion von Wirklichkeit in individuellen und gesellschaftlichen Kontexten
– im malerischen und grafischen Werk (1790 bis 1825) von Francisco de Goya
– in den fotografischen Werken von Thomas Struth
– im **Leistungskurs** zusätzlich: im malerischen und grafischen Werk von Edvard Munch

Künstlerische Verfahren und Strategien der Bildentstehung in individuellen und gesellschaftlichen Kontexten
- in aleatorischen sowie zwei- und dreidimensionalen kombinatorischen Verfahren bei Max Ernst und in kombinatorischen Verfahren bei Hannah Höch
- als Konstruktion von Erinnerung in den Installationen und Objekten von Louise Bourgeois

Fachliche Methoden
Zur Lösung der Aufgaben werden die folgenden Methoden vorausgesetzt:
- werkbezogene Form- und Strukturanalysen einschließlich untersuchender und erläuternder Skizzen
- werkexterne Zugänge zur Analyse und Interpretation (hier insbesondere durch motivgeschichtliche Vergleiche und Hinzuziehung kunstgeschichtlicher Quellentexte sowie von Texten aus Bezugswissenschaften)

Allgemeine Fähigkeiten
Für die gestalterische Leistung in **Aufgabentyp I** wird von Ihnen verlangt, die Bildverfahren und -techniken sicher und adäquat einzusetzen. Ihre Ideenvielfalt und die Vielschichtigkeit der bildnerisch-gestalterischen Konzeption werden ebenso bewertet. In der Erläuterung wird eine konzentrierte, auf den Punkt gebrachte, anspruchsvolle sprachliche Form erwartet.
Bei der Bearbeitung der **Aufgabentypen II** und **III** zeigen Sie Ihre Fähigkeit zur umfassenden Werkerschließung, indem Sie beobachten und beschreiben, analysieren und schließlich in einer gedanklichen Reflexion zur Werkinterpretation gelangen. Dabei stellen Sie Ihre Kenntnisse und Beobachtungen in einer ganzheitlichen, qualitativ anspruchsvollen (fach-)sprachlichen Form schriftlich dar, die die Breite Ihrer Argumentationsbasis aufzeigt. Die Vielfalt der von Ihnen genannten Aspekte und Bezüge wird in die Beurteilung einbezogen. Zur Veranschaulichung Ihrer schriftlichen Darstellung werden häufig verständliche Werk- und Konzeptskizzen verlangt, auf die sinnvoll im Text verwiesen werden soll.

Allgemeine Abituranforderungen
Drei Anforderungsbereiche strukturieren die Abiturprüfung:
- **Anforderungsbereich I:** Sie sollen Ihre grundlegenden wie auch spezifischen Kenntnisse zum Fach Kunst darstellen, indem Sie die im Unterricht geübten Arbeitstechniken und -methoden einsetzen und die Untersuchungsverfahren zur Bildanalyse und -interpretation fachsprachlich überzeugend anwenden.
- **Anforderungsbereich II:** Sie sollen Ihre Kenntnisse selbstständig im Hinblick auf Auswählen, Strukturieren und Darstellen anwenden.
- **Anforderungsbereich III:** Sie sollen zu einer selbstständigen, planmäßigen Lösung und Wertung gelangen, die argumentativ überzeugt und nachvollziehbar ist. Dazu sollen Sie möglichst logische Schlüsse aus komplexen fachlichen und gestalterischen Zusammenhängen ziehen.

Aufgabenstruktur und Materialien

Die präzise formulierten Aufgaben im schriftlichen Abitur Kunst sind so eingegrenzt, dass sie Ihnen keine unzulässigen Wahlmöglichkeiten im Hinblick auf Darstellungsmodus oder Technik geben. Die Aufgaben richten sich immer auf eine konkrete Problemstellung, die es für Sie neu zu erschließen gilt (keine bloße Wissensabfrage). Die gestalterisch-praktische Aufgabe (Typ I) ist so eingegrenzt, dass Sie in der zur Verfügung stehenden Arbeitszeit eine qualitätsvolle Lösung leisten können. Ihr Gesamtergebnis, die Beantwortung aller Aufgaben, muss letztlich eine Einheit darstellen. Die üblichen Aufforderungen (z. B. „Beschreiben Sie", „Analysieren Sie", „Interpretieren Sie") sollen Sie dafür zu einer umfassenden Auseinandersetzung mit dem Werk anhalten. Dazu müssen alle Ihnen zur Verfügung gestellten Materialien (siehe unten) ausgewertet und eingebracht werden. Ihre fundierte, fachsprachlich korrekte Meinung zum Sachverhalt muss nachvollziehbar und stimmig formuliert sein.

Zeigt die Struktur einiger Aufgaben im schriftlichen Abitur eine offene Aufgabenstellung, so gilt es auch hier, dass die Intention der Fragen von Ihnen erfasst werden muss und Ihre Darstellungen sich zu einer zielgerichteten Lösung entwickeln.

Die Materialien, die Ihnen zur Verfügung gestellt werden, sind ganz verschieden. Es kann sich dabei um Reproduktionen (Farbkopien) von Bildern, Kunstfotografien, Zeichnungen (Skizzen, Entwürfe), Grafiken, Skulpturen oder Architektur handeln, aber auch um Fotografien von Installationen, Performances und Happenings sowie um Textmaterialien (Künstlerzitate, Kunstrezensionen, Interpretationen etc.).

Bewertung

Die maximale Punktzahl, die Sie für eine Aufgabe erreichen können, steht immer hinter der jeweiligen Aufgabe. Die Gesamtbeurteilung Ihrer Leistungen setzt sich aus der Summe aller erhaltenen Punkte zusammen. Die maximal zu erreichende Punktzahl entspricht der höchstmöglichen Notenpunktzahl 15.

Es gibt verschiedene Anforderungsbereiche, die bewertet werden: Verständnis, Fähigkeit zur Analyse und Evaluation/Auswertung, kommentieren, selbstständig Hypothesen entwickeln.

Einen hohen Stellenwert in der Beurteilung nimmt auch Ihre sprachliche/fachsprachliche Darstellung ein. Damit geht die Einhaltung der Rechtschreib- und der Grammatikregeln einher. Bei großen sprachlichen Mängeln können bis zu zwei Notenpunkte in der Gesamtbewertung abgezogen werden.

Erst- und Zweitkorrektor*in orientieren sich bei der Bewertung Ihrer Arbeit an dem vom Kultusministerium erstellten sogenannten Erwartungshorizont, in dem die Leistungen, die die Prüflinge erbringen sollen, festgehalten sind.

Weicht Ihre schriftliche Prüfungsnote im Grund- oder Leistungskurs Kunst um 3,75 Punkte oder mehr von Ihrer Durchschnittsnote in diesem Fach während der vier Halbjahre der Q1 und Q2 ab, so müssen Sie eine zusätzliche mündliche Prüfung ablegen. Sie können sich aber auch freiwillig für eine mündliche Prüfung melden, um Ihre Note zu verbessern.

3 Operatoren im Fach Kunst

In der schriftlichen Abituraufgabe sind die Prüfungsaufgaben hinsichtlich des Arbeitsauftrages und der erwarteten Leistung eindeutig formuliert. Dazu werden sogenannte Operatoren (Schlüsselwörter) verwendet, die Ihnen bereits aus den Klausuren der Oberstufe bekannt sind.
Ein Operator ist ein Aufforderungsverb wie „beschreiben" „analysieren", oder „bewerten", dessen Bedeutung im Fachkontext genau spezifiziert wird. Bei der Formulierung der Arbeitsanweisungen von Prüfungsaufgaben werden in der Regel nur die unten aufgelisteten Operatoren benutzt.
In der folgenden Tabelle sind die für das Fach Kunst wichtigsten Operatoren definiert und die zu erwartenden Leistungen beschrieben. Zudem verweist die Tabelle auf konkrete Abiturbeispiele, die Sie im vorliegenden Band nachschlagen können.

Operator	Definition	Aufgabenbeispiel
analysieren	*die Bildstruktur bzw. ausgewählte Aspekte entsprechend der Aufgabenstellung auf der Grundlage des festgestellten Bestandes (vgl. beschreiben) systematisch darstellen, dabei Einzelaspekte zueinander in Beziehung setzen und deren Funktion bzgl. der Bildwirkung und/oder des Inhalts bestimmen*	*GK 2020, Aufgabe 1, 2* *GK 2020, Aufgabe 2, 2* *LK 2020, Aufgabe 1, 2* *LK 2020, Aufgabe 2, 2* *GK 2019, Aufgabe 1, 2* *GK 2019, Aufgabe 2, 2* *LK 2019, Aufgabe 1, 2* *LK 2019, Aufgabe 2, 2* *GK 2018, Aufgabe 1, 2* *GK 2018, Aufgabe 2, 2* *LK 2018, Aufgabe 1, 2* *LK 2018, Aufgabe 2, 2*
beschreiben	*Werkdaten, Gattung, Bildgegenstände benennen, Motivzusammenhänge oder den Formbestand je nach Aufgabenstellung sachadäquat und strukturiert wiedergeben*	*GK 2020, Aufgabe 1, 1* *GK 2020, Aufgabe 2, 1* *LK 2020, Aufgabe 1, 1* *LK 2020, Aufgabe 2, 1* *GK 2019, Aufgabe 1, 1* *GK 2019, Aufgabe 2, 1* *LK 2019, Aufgabe 1, 1* *GK 2018, Aufgabe 1, 1* *GK 2018, Aufgabe 2, 1* *LK 2018, Aufgabe 1, 1* *LK 2018, Aufgabe 2, 1*

beurteilen	*zu einem Sachverhalt ein selbstständiges Urteil unter Verwendung von Analyseergebnissen, Fachwissen und Fachmethoden begründet formulieren*	
bewerten	*einen Sachverhalt an erkennbaren Wertkategorien oder an bekannten Beurteilungskriterien nachvollziehbar begründet messen*	
beziehen/ Bezüge herstellen	*Verbindungen zwischen verschiedenen Ebenen, Aufgabenteilen, Materialien, Techniken, Arbeitsweisen, Werken, Text und Werk nachvollziehbar herstellen und entsprechend aufzeigen*	*GK 2020, Aufgabe 1, 2+3* *GK 2020, Aufgabe 2, 2+3* *LK 2020, Aufgabe 1, 2+3* *LK 2020, Aufgabe 2, 2+3* *GK 2019, Aufgabe 1, 3* *GK 2019, Aufgabe 2, 2+3* *LK 2019, Aufgabe 1, 2+3* *GK 2017, Aufgabe 1, 3* *LK 2017, Aufgabe 1, 4*
darstellen	*Sachverhalte, Zusammenhänge, Methoden etc. strukturiert und (fach)sprachlich korrekt darlegen*	
diskutieren	*Aussagen/Thesen, die durch sachbezogene (Bild)belege gestützt werden, zum Zweck der Abwägung/Entscheidung argumentativ einander gegenüberstellen*	*LK 2020, Aufgabe 1, 3* *LK 2018, Aufgabe 1, 4* *GK 2017, Aufgabe 2, 3* *LK 2017, Aufgabe 1, 4*
erläutern	*Sachverhalte durch vorhandene Kenntnisse bzw. zusätzliche Informationen nachvollziehbar verständlich machen*	*GK 2019, Aufgabe 1, 4* *LK 2019, Aufgabe 2, 3*
erörtern	*ein Beurteilungs- oder Bewertungsproblem erkennen und darstellen, unterschiedliche Positionen sowie Pro- und Kontra-Argumente im Hinblick auf eine gegebene Problemstellung abwägen, eine Schlussfolgerung erarbeiten und sachadäquat nachvollziehbar vertreten bzw. Position beziehen*	

interpretieren	Analyseergebnisse im Hinblick auf die gegebene(n) Fragestellung(en) unter Einbeziehung fachlicher und fachübergreifender Kenntnisse zu einer begründeten Deutung bzw. Deutungen zusammenführen	GK 2020, Aufgabe 1, 3 GK 2020, Aufgabe 2, 3 GK 2019, Aufgabe 1, 3 GK 2019, Aufgabe 2, 3 LK 2019, Aufgabe 1, 3 LK 2019, Aufgabe 2, 3 GK 2018, Aufgabe 1, 3 GK 2018, Aufgabe 2, 3 LK 2018, Aufgabe 1, 3 LK 2018, Aufgabe 2, 3
skizzieren/ analysierende Skizzen anfertigen/ mittels erläuternder Skizzen herausarbeiten	Strukturen/gestalterische Phänomene in Einzelskizzen oder Skizzenreihen bezogen auf einen spezifischen Sachverhalt hin visuell nachvollziehbar untersuchen, prägnant klären bzw. erläuternd visualisieren	GK 2020, Aufgabe 1, 2 GK 2020, Aufgabe 2, 2 LK 2020, Aufgabe 1, 2 LK 2020, Aufgabe 2, 2 GK 2018, Aufgabe 1, 2 GK 2018, Aufgabe 2, 2 LK 2018, Aufgabe 1, 2 LK 2018, Aufgabe 2, 2
(kritisch) Stellung nehmen/beziehen	zu einem Sachverhalt, einer Aussage oder einer Position ein nach (kritischer) Prüfung begründetes Urteil abgeben	GK 2019, Aufgabe 1, 4 LK 2019, Aufgabe 1, 4 LK 2018, Aufgabe 2, 4 LK 2017, Aufgabe 2, 4
vergleichen	Gemeinsamkeiten, Ähnlichkeiten und Unterschiede ermitteln und prägnant einander zuordnen	LK 2020, Aufgabe 1, 2 LK 2019, Aufgabe 1, 2 LK 2019, Aufgabe 2, 2 LK 2018, Aufgabe 1, 2+4 LK 2018, Aufgabe 2, 2+3 LK 2017, Aufgabe 2, 2
wiedergeben	einen Sachverhalt, ein Vorgehen, eine Arbeitsweise etc. bezogen auf vorliegende Materialien bzw. bekannte Zusammenhänge mit eigenen Worten strukturiert und verständlich formulieren	
zusammenfassen	das bisher Aufgezeigte in seinen wesentlichen Teilen prägnant herausstellen bzw. gewonnene Teilerkenntnisse zu einer Gesamtschau zusammenführen	LK 2016, Aufgabe 1, 3

4 Methoden der Werkerschließung

Ganzheitlich betrachtet beinhalten die schriftlichen Abituraufgaben immer eine Werkerschließung, die von der ersten Beschreibung über die Analyse zur Interpretation verläuft. Ob diese im Werkvergleich stattfindet oder in der Konzentration auf das Einzelwerk – je nachdem, wie es in der Aufgabenstellung vorgegeben ist –, spielt keine Rolle. Letztlich geht es darum, dass Sie nachvollziehbar und strukturiert darstellen, dass Sie in der Lage sind, ein Werk formal und inhaltlich zu untersuchen und diese Untersuchungen letztlich interpretatorisch zu deuten.

Die drei Grundfragen, die zur Werkinterpretation führen, können Ihnen helfen, eine zu subjektive Darstellung bei der individuellen, werkimmanenten Erschließung zu vermeiden:

1. **WAS?**, die Frage nach dem **Gegenstand** des Werks. Hier soll der sichtbare Bestand erfasst und benannt werden. Der Ersteindruck sowie die Bestandsdaten gehören dazu.
2. **WIE?**, die Frage nach der **Form**. Die formale Struktur, aber auch Wesen und Wirkung der Gestaltungsmittel sollen untersucht und sachlich (objektiv, ohne Wertung) benannt werden.
3. **WARUM?**, die Frage nach der **Bedeutung**. Mit der Auswertung aller Ergebnisse unter Einbeziehung aller bedachten, relevanten Aspekte erfolgt die Bewertung und damit die **Interpretation** des Werks.

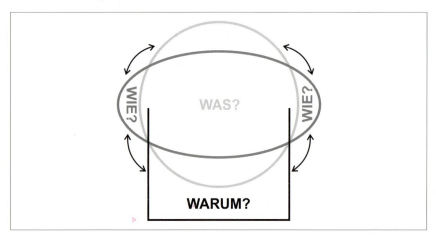

Wie die Skizze zeigt, bedingen sich alle drei Fragefelder gegenseitig und sind voneinander abhängig. Zur Erschließung eines Werks müssen darum stets alle drei Fragen gestellt und erfasst werden. In der Zusammenführung dieser gelangt man zur umfassenden Werkerschließung, zur Interpretation.

▶ Ersteindruck und Beschreibung

Die Frage nach dem Ersteindruck und der Beschreibung kann mit verschiedenen Operatoren gestellt werden (z. B. „benennen Sie", „stellen Sie dar"). Hier gilt es, der Leserin bzw. dem Leser einen ersten Überblick zu geben. Am sinnvollsten ist es, mit der Nennung der **Bestandsdaten** (Künstler*in, Werktitel, Entstehungsjahr, Material, Maße und Ausstellungsort bzw. Werkbesitzer*in) zu beginnen.

Ersteindruck

Der Ersteindruck erlaubt Ihnen, Ihren **spontanen Eindruck**, Ihre **subjektive Empfindung** zum Werk wiederzugeben. Benennen Sie differenziert das erste Gefühl, das Sie bei der Betrachtung des Werks hatten (z. B. „Auf mich macht das Bild einen eher tristen, melancholischen Eindruck"; „Das Werk wirkt auf mich freundlich, es macht mich neugierig"; „Es spricht mich nicht an, ich finde keinen Fixpunkt"), oder auch frühe Überlegungen und Assoziationen, die es bei Ihnen auslöste („Es erinnert mich an einen Albtraum"; „Die Farben erinnern an eine Frühlingswiese"; „Die Geschlossenheit wirkt auf mich wie eine uneinnehmbare Festung"). Erinnern Sie sich daran, was Ihnen als Erstes ins Auge fiel. Wenn Ihnen das schwerfällt, kann eventuell auch der Titel dabei helfen, Gedanken und Ideen zum Werk bei Ihnen aufzurufen.

Beschreibung

Die Beschreibung stellt die **wesentlichen Gegenstände im Bild** dar. In diese erste Werkerfassung gehören weder die formale Analyse (Form-, Farb- sowie Kompositionsbezüge etc.) noch interpretatorische Aussagen und Mutmaßungen. Hier geht es vielmehr darum – im Gegensatz zum Ersteindruck – objektiv und sachlich die Werkgegenstände zu erfassen. Je klarer und strukturierter Ihre Beschreibung ausfällt, desto besser ist sie für die Leserin bzw. den Leser nachvollziehbar.

Bei **gegenständlichen** Bildern gehen Sie immer vom Hauptmotiv aus und kommen dann zu den Nebenmotiven. In **ungegenständlichen** Bildern erinnern Sie sich an Ihren Ersteindruck und beginnen mit der Beschreibung des augenfälligsten Bilddetails. Ist dies nicht auszumachen (z. B. bei monochromen Bildtafeln), „bewegen" Sie sich von links nach rechts und oben nach unten durchs Bild.

Die Übersetzung eines bildnerischen Werks in Sprache, in einen verständlichen Text, ist häufig schwieriger als zuerst angenommen. Schnell passiert es, dass man sich sprachlich im Detail verliert, bestimmte Bildmerkmale zu stark betont oder Akzente setzt, die in eine falsche Richtung weisen und schließlich in eine Sackgasse führen. Im Folgenden werden **drei Methoden** genannt, die helfen können, diese Fehler zu vermeiden. Probieren Sie alle drei zu einem selbst gewählten, Ihnen noch nicht weiter bekannten Werk aus und wählen Sie anschließend die für Sie beste Methode aus. Üben Sie diese Methode mehrfach, sodass Sie sie in der Abiturprüfung für die Werkbeschreibung sicher einsetzen können.

- **Die „nonverbale Skizze"**
  Betrachten Sie das Werk, das Sie beschreiben sollen. Dieses liegt Ihnen üblicherweise als Farbkopie vor. Werden mehrere Abbildungen gereicht, die z. B. eine Skulptur aus unterschiedlichen Perspektiven zeigen, entscheiden Sie sich für die

Hauptansicht des Objekts und legen Sie die übrigen Abbildungen erst einmal zur Seite. Dieser Hinweis gilt für alle drei Methoden.

Mit einem roten Stift **skizzieren** Sie nun auf einem leeren Notizblatt das oder die Hauptmotive/-elemente. Nehmen Sie anschließend einen grünen Stift und fügen Sie die Nebenmotive/-elemente in Ihre Skizze ein. Weitere Auffälligkeiten im Bild markieren Sie nun mit Schwarz. Für die Ausführung Ihrer „nonverbalen Skizze" benötigen Sie weder ein Lineal noch einen Radiergummi. Die Abzeichnung der verschiedenen Bildmotive kann auch mit einfachen Formen (Kreisen etc.) vorgenommen werden. Wichtig ist nur, dass die Reihenfolge der farbigen Zeichnungen oder Zeichen der Ihrer Wahrnehmung folgt. Um die dafür nötige Ruhe und Konzentration zu bekommen, kann es hilfreich sein, die Vorlage des bildnerischen Werks kurz, aber intensiv zu betrachten und anschließend einige Sekunden lang die Augen zu schließen, bevor Sie mit der Übung beginnen.

Die Ausführung Ihrer „nonverbalen Skizze" sollte auf keinen Fall mehr als fünf Minuten betragen, da ansonsten die Gefahr besteht, dass Sie zu viele Details aufnehmen und Ihre Werkbeschreibung zu ausführlich gerät.

Beginnen Sie mit der Beschreibung, indem Sie Ihre Skizze von Rot über Grün nach Schwarz in Worte fassen. Die Strukturierung wird Ihnen so viel leichter fallen.

- **Die „verbale Skizze"**

Im Ansatz ist diese Methode vergleichbar mit dem Mindmapping, jedoch folgen Sie in der „verbalen Skizze" weniger Ihren Assoziationen als vielmehr der vor Ihnen liegenden Abbildung des zu beschreibenden Werks. Anstatt die Bildmotive zeichnerisch festzuhalten wie in der „nonverbalen Skizze", **schreiben** Sie nun die Begriffe für die entsprechenden Haupt- und Nebenmotive/-elemente auf ein Notizblatt. Orientieren Sie sich dabei am vorliegenden Bild und setzen Sie die Begriffe an die entsprechende Bildposition. Einzelne Begriffe können dabei übergeordnete Funktionen einnehmen (z. B. „Nachthimmel", „Sommerwiese"), indem Sie diese gleich mehrfach an den entsprechenden Bildstellen notieren. Einzeichnungen der Verbindungen der Motive/Elemente zueinander in Form von grafischen Hilfsmitteln (z. B. Pfeile) helfen, die übergeordnete Bildstruktur zu verdeutlichen. Die Ausübung der „verbalen Skizze" sollte nicht mehr als fünf Minuten in Anspruch nehmen, ansonsten besteht die Gefahr der begrifflichen Unübersichtlichkeit.

In der anschließenden Werkbeschreibung sollten alle Begriffe der „verbalen Skizze" wieder auftauchen. Die eingezeichneten grafischen Verbindungen dienen als Leitfaden zur Strukturierung der Werkbeschreibung.

– **Die „akustische Bildbeschreibung"**
Stellen Sie sich vor, Sie müssten das Ihnen vorgelegte bildnerische Werk einer Person am Telefon so eingängig beschreiben, dass diese in der Lage ist, dazu eine Skizze anzufertigen. Bevor Sie mit dem **Gedankenspiel** beginnen, betrachten Sie das Bild intensiv und beantworten Sie für sich die folgenden Fragen: Was ist mir als Erstes aufgefallen? Auf welches Bilddetail wandert mein Blick immer wieder? An welchen Bildstellen verharrt mein Blick, welche streift er nur flüchtig? Was bleibt vor meinem geistigen Auge stehen, wenn ich die Augen schließe? Suchen Sie nun, unabhängig vom eigentlichen Werktitel, einen eigenen Titel, der das Bild für Sie auf den Punkt bringt. Versuchen Sie darüber hinaus, das Bildthema eindeutig zu benennen. Notieren Sie sich die Antworten zu allen Fragen. Führen Sie nun in Gedanken das Telefonat, in dem Sie Ihre Notizen noch einmal konzentriert durchgehen. Länger als fünf Minuten sollte auch diese Übung nicht dauern.

Alle Notizen sowie die Reihenfolge der in Gedanken genannten Bildmotive/-elemente fließen nun in die Reinfassung der Werkbeschreibung ein. Das fiktive Telefonat hilft insbesondere den Überblick zu wahren bei der Erfassung des bildnerischen Ganzen.

Alle drei Methoden ermöglichen eine strukturierte Erschließung der Werkeinheit, wobei auch die Details nicht aus den Augen verloren werden. Erfahrungsgemäß fällt die anschließende Ausformulierung der Werkbeschreibung nun wesentlich leichter, da durch die Erfassung des Gesehenen die gedankliche Arbeit zu einem Teil schon umgesetzt ist.

Tipp: Üben Sie anhand der folgenden Aufstellungen mit verschiedenen Werken aus der Bildenden Kunst (Malerei, Plastik, Architektur, Neue Medien etc.) die **Beschreibung, Analyse** und **Interpretation**.

▶ **Der Gegenstand eines Werkes (WAS?)**
Schon der Ersteindruck und die Beschreibung benennen den Gegenstand des Werkes. Die folgende Zusammenstellung hilft, die Angaben zum Werk noch zu präzisieren, damit der Bestand möglichst vollständig wiedergegeben wird.

Für alle Gattungen der Bildenden Kunst müssen erfasst werden:
– die Bestandsdaten:
  • Künstler*in/Architekt*in
  • Werktitel
  • Entstehungsjahr bzw. Entstehungszeitraum
  • Standort bzw. Verbleib

– das Thema (Genre, Gattung), die Motivbestimmung
  gegenständlich:
  • Malerei: menschliche Figur (Porträt), Tierfigur, Landschaft, Stillleben, Historie, Stadtvedute, Genre etc.
  • Plastik/Skulptur: figuratives Standbild/Denkmal, Statue, Klein-/Großplastik, Einzelfigur, Gruppe, Büste, Torso, Reiterstandbild, Freiplastik, Relief, Bauplastik, Objekt (Ready-made) etc.

- Installation/Environment
- Architektur: Profanbau (weltlicher Bau: Wohngebäude, öffentliches Gebäude, Herrschaftsgebäude, Industriegebäude etc.), Sakralbau (geistlicher Bau: Kirchen, Moscheen, Synagogen, Tempel, Mausoleum etc.)

ungegenständlich:
- freies Formenspiel: abstrahiert, abstrakt; organische Formen, kristalline Formen
- tektonische Formen, geometrische Formen, stereometrische Formen

Malerei/Grafik/Fotografie (WAS?)
– *Material:*
  - Leinwand
  - Holz
  - Papier (z. B. Fotografie, Buchmalerei)
  - Pappe
  - Metall
  - Glas
  - Porzellan
  - Haut (z. B. Bodypainting)
  - Wand (Fresko, Graffiti)
– *Format:*
  - Hochformat, Querformat, Quadrat, Tondo, Ovalformat
  - architekturgebundenes Format (Wand-, Deckengemälde etc.)
  - gegenstandsgebundenes Format (Kirchenfenster, Vase etc.)
– *Verfahren/Techniken:*
  - Malerei in Öl-, Acryl-, Tempera-, Aquarell-, Gouache-, Wachsfarbe
  - Zeichnung mit Tinte, Tusche, Kreide, Bleistift, Buntstift, Silberstift, Filzstift, Kugelschreiber, Fineliner
  - Hochdruck: Holzschnitt, Holzstich, Stempeldruck, Materialdruck, Linolschnitt
  - Tiefdruck: Kupferstich, Radierung
  - Flachdruck: Lithografie, Steindruck, Offsetdruck
  - Durchdruck: Siebdruck (Seriegrafie)
  - Lasur-, Tintenstrahldruck; Fotografie (analog/digital); Fotokopie

Skulptur/Plastik/Objekt (Installation/Environment) (WAS?)
– *Material:*
  - Metall (z. B. Bronze, Stahl), Holz, Ton, Stein (z. B. Marmor), Gips, Keramik, Porzellan, Glas, Wachs, Beton, Kunststoff, Textilien, Papier (z. B. Papiermaschee) etc.
  - organisches Material: Blut, Haare, Fett, Pflanzen (z. B. Blüten, Früchte), Tiere (bzw. Tierteile)
  - Sonstiges: Feuer (z. B. auch Asche, Kohle), Wasser (Flüssigkeiten allgemein), Erde (z. B. Sand), Schrott, Abfall, Naturraum etc.

- *Verfahren/Techniken:*
  - Skulptur, subtraktives Verfahren (aus einem bestehenden Material wird etwas herausgearbeitet): schnitzen, meißeln, sägen, spalten, brechen etc.
  - Plastik, additives Verfahren (aus bestimmten Materialien wird etwas geformt bzw. zusammengesetzt): formen, modellieren, hinzufügen, gießen (sämtliche Gussverfahren) etc.
  - Objekt (Ready-made, Land Art, Installation, Environment, Assemblage etc.), diverse Verfahren: bauen/montieren (z. B. schrauben, nageln, schweißen, kleben), nähen, sammeln, sägen, ausstellen etc.

Architektur (WAS?)
- *Material:*
  - Stein (z. B. Backstein, Ziegelstein, Schiefer, Kiesel, Marmor), Holz, Metall (z. B. Aluminium, Stahl, Eisen, Blech, Zink, Kupfer), Beton, Glas, Spiegel, Kunst- und Verbundstoffe (z. B. Planen, Zelte, Folien), Erde (z. B. Lehm, Ton), Eis/Schnee, organische Stoffe (z. B. Filz, Stoff, Blätter, Gras)
- *Konstruktionen/Techniken:*
  - Massenbau (Material: Ziegel, Stein), z. B. Pyramide
  - Massivbau oder Gewölbebau (Bauelement/Material: Blockbau/Vollmauerwerk aus Holz, Ziegel, Stein), z. B. Burg, romanische Kirche, Palast
  - Gliederbau (Bauelement/Material: Pfeiler und Säulen, Stabtragewerk u. a. aus Stein), z. B. griechischer Tempel
  - Skelettbau (Bauelement/Material: Pfosten, Strebepfeiler, -bögen, Kreuzrippengewölbe aus Eisen, Stahl, Beton), z. B. Fachwerkhaus, gotische Kathedrale, Glaspalast, Eisenbrücke, Hochhaus
  - Raumtragewerk (Bauelement/Material: Schalenbau aus Beton, Stahlseilnetze, Membranen aus Glas oder Textilstoffen, z. B. Eventhalle, Sportstadium, Flughafen)

Neue Medien (Video etc.)/Performance (WAS?)
- *Material:*
  - diverse elektronische Medien: TV, PC, Projektor, Laser, Lichtprojektion, Hologramm, Musikanlage, Lautsprecher, Mikrofon etc.
  - Mensch (Künstler*in/Besucher*in/Zuschauer*in), Tier, Stimme etc.
  - Außenraum, Innenraum, Naturraum
- *Verfahren/Techniken:* diverse, z. B. filmen, aufnehmen, singen, sprechen, aufführen, schauspielern, tanzen, handwerken

▶ Die Form eines Werks (WIE?)

Im Folgenden geht es um die Werkanalyse. Die Frage nach dem **WIE**, also „Wie ist das Werk beschaffen?", fragt nach der Gestaltung. Die folgende Zusammenstellung hilft dabei, ein Werk im Hinblick auf seine bildnerischen/plastischen Mittel objektiv, präzise und vollständig zu untersuchen. Die formale Analyse bereitet die Deutung/Interpretation des Werks vor.

Malerei/Grafik/Fotografie (WIE?)
- *bildnerische Mittel: Form*
  - Linie/Strich: vertikal, horizontal, waagerecht, diagonal, gerade, durchgehend, unterbrochen, gebogen, gekrümmt, parallel, kreuzend, frei, überlagernd, an-/abschwellend, verdichtend, ungeordnet, Umriss-/Konturlinie etc.
  - Punkt: geordnet (Reihung, Muster, Raster etc.), ungeordnet (Streuung, Verdichtung etc.)
  - Fläche/Form: geometrisch, organisch, frei, amorph, eine Figur/Gegenstand bildend, begrenzend, unbegrenzt etc.
- *bildnerische Mittel: Farbe*
  - Farbkonzept: reinbunte Farben (Primär-, Sekundär, Tertiärfarben), gebrochene/getrübte Farben, unbunte Farben (Schwarz, Weiß, Grau)
  - Farbverwandtschaft, Farbkontrast (Komplementär-, Quantitäts-, Qualitäts-, Kalt-Warm-, Hell-Dunkel-Kontrast etc.)
  - Farbcharakter: koloristisch, monochrom etc.
  - Farbmodulation: Mischung einer reinbunten Farbe mit einem anderen Farbton, gestufter Farbübergang
  - Farbmodellierung (Valeurmalerei, Ton-in-Ton-Malerei): fein abgestufte oder stufenlose Hell-Dunkel-Übergänge eines Farbtons
  - Farbfunktion: Darstellungswert (Beziehung von Farbe und Gegenstand, z. B. Gegenstands-/Lokalfarbe, Erscheinungsfarbe, Ausdrucksfarbe); Eigenwert (Ausdrucksfarbe, Symbolfarbe, autonome Farbe)
- *bildnerische Mittel: Körper und Raum*
  - Figur-Grund-Verhältnis, Darstellung: naturnah, realistisch, abbildhaft, idealisiert, stilisiert, deformiert, abstrahierend, abstrakt
  - Proportion (stimmig, verkürzt, überlang, verzerrt etc.)
  - Plastizität durch Hell-Dunkel (Farbmodellierung), Nuancierung (Farbmodulation), Lichtführung (Schlag-, Glanz-, Eigen-, Fremdlicht, Lichtspot)
  - Figur-/Gegenstandsposition im Raum: Überdeckung/Staffelung, Größenverhältnis, Perspektive (Linear-, Farb-, Luftperspektive, Sfumato), Betrachterstandpunkt
  - Komposition: Goldener Schnitt, Zentralperspektive, Dreieckskomposition, geometrische/gebundene Struktur, symmetrisch, asymmetrisch, freie/zufällige Formgebung/-findung, statisch, dynamisch, kontrastreich, streng, offen etc.
  - Blickführung: geleitet, zentrisch, gleitend, kreisend, ruhig, spannungsvoll, sprunghaft, frei, verwirrend
- *Malweise/Farb-/Materialauftrag:*
  - dünn, dick, deckend, pastos, gespachtelt, reliefartig, lasierend, verwischt, stufenlos, modelliert, gestuft, moduliert, gesprayt, getröpfelt, geschüttet, manuell, maschinell, glatt, gedruckt, geschichtet, geklebt, gewischt, gerieben, frottiert, geprägt, glänzend, matt, fein, grobkörnig etc.

Skulptur / Plastik / Objekt (Installation / Environment) (WIE?)
- *plastische Mittel:*
  - Form: organisch, stereometrisch, frei, amorph, kristallin, kubisch, groß-/kleinteilig, fest, schlaff, schwer/massig, dünn/leicht/fragil etc.
  - Oberfläche: glatt, rau, weich, hart, rissig, porös, poliert, samtig, stumpf, spiegelnd, matt etc.; Licht (Reflexion, Absorption, Transparenz, Licht/Schatten)
  - Materialtextur (naturbelassen, bearbeitet)
  - Bearbeitung (Faktur): Gussgrate, Werkzeugspuren, Handabdrücke (Ton, Wachs)
  - Farbe (monochrom/polychrom): Eigen-/Materialfarbe (belassen oder negiert, verfremdet), Farbfassung (bemalt, Form betonend, auflösend etc.)
  - plastische Elemente: Linie/Kante (z. B. Draht, Faden, Schnur, Lichtstrahl), Fläche (z. B. eben, konkav, konvex, gewölbt, gehöhlt), verbindend (z. B. Falte, Spalte, Kante, Überbrückung) etc.
  - Volumen-Raum-Verhältnis: Kernplastik (Raum verdrängend, durchdringend: Massevolumen); Raumplastik (Dominanz der Durchbrüche, Schalen-, Hohlformen, Raumzeichen: Raum bildend/greifend/erzeugend/verbindend/verzahnend)
  - Statik/Bewegung: stabil, labil, indifferent, rhythmisch, Position des Betrachters (statisch, bewegt/verändert)
  - Komposition: Größe/Dimension (z. B. Klein-, Groß-, Monumentalplastik, Denkmal, Land-Art-Projekt), Gesamtgestalt (siehe auch Unterpunkt „Form"; Kontrapost, Struktur: symmetrisch, ausgewogen, statisch, ruhig, dynamisch, veränderlich/vergänglich, beunruhigend etc.), Proportion/Ponderation (Verhältnis der Teilvolumina zum Gesamtvolumen), Richtungen/Achsen (Beziehungen zum/im Raum), Blickachsen, Ansichtigkeit/Bezug zum Betrachter (z. B. gerichtet, mehransichtig, allansichtig)
  - Darstellung: naturnah, realistisch, abbildhaft, idealisiert, stilisiert, deformiert, abstrahierend, abstrakt
- *Aufstellung/Präsentation:*
  - Standort: ortsgebunden (z. B. Denkmal, Land-Art-Projekt), frei/zufällig, architekturgebunden (Bauplastik) etc.
  - Fundament: Sockel, Postament, Plinthe (Standplatte), sockellos etc.
  - Sonstiges: reale Bewegung (Kinetik), aktive Einbindung des Betrachters, Bewegungsillusion, Illumination (aktive Lichtführung: betonende Ausleuchtung, Spotlight, Lichtintegration etc.; passive Lichtführung: natürliche Beleuchtung) etc.

Architektur (WIE?)
- *Baukörper:*
  - Quader: meistverwendete Architekturform, horizontale Richtungstendenz
  - Würfel (Kubus): kompakt, ohne Richtungstendenz
  - Zylinder: stabil, erhaben, vertikale Richtungstendenz
  - Kugel/Kugelsegment: symmetrisch, zentriert, auf die Mitte bezogen
  - Pyramide: lastend mit Aufwärtstendenz

- *Gebäudetyp:* freistehend, gruppiert, gebunden (zusammengesetzt, durchdringend), sich frei entwickelnd, eingefügt, angepasst, axial, symmetrisch etc.
- *Umschließungselement/Decke:* Tonnengewölbe, Flachdecke, Kreuzgratgewölbe, Kuppel, Tambour, Pendentif
- *Dach:* Flachdach, Satteldach, Pultdach, Kuppeldach, Faltdach, Mansarddach, Pyramidendach, Tonnendach, Zeltdach, Zwiebelhelm etc.
- *Fassade:*
  - Vorhangfassade (Baudekor): dekorativ, verblendend, verziert, vortäuschend
  - bewusste Offenlegung der Baukonstruktion: funktional, technisch
  - Betonung der Baugliederung: sachlich, zurückgenommen, betont klar
- *Baukörperelemente:*
  - Wand: Fenster(-band), Tür (Portal), Sockel, Arkade, Triforium, Empore, Risalit, Giebel, Erker, Turm, Strebepfeiler, Fiale, Wimperg, Dienst, Fries, Band, Gesims, Lisene
  - Säule (Basis, Schaft, Kapitell), Halbsäule, Pfeiler, Pilaster
  - sonstige: Balken, Träger, Bogen, Gewölbe, Strebepfeiler/-bögen
- *Raumgliederung*
  - Innenraum: Raumabfolge, -durchdringung, -form, -grundriss, -größe, Hauptraum/-schiff, Nebenraum/-schiff, Querraum/-schiff, Raumfunktion: Flur/Gang (Kreuzgang, Umgang), Treppe, Empore, Atrium etc.
  - Außenraum: Vorhof (Narthex), Terrasse, Loggia, Garten, Park etc.
  - Raumeinrichtung (Verzierung/Schmuck), Raumnutzung

Neue Medien (Video etc.)/Performance (WIE?)
- *bildnerische/plastische Mittel:*
  - Fläche: begrenzt, unbegrenzt, regelmäßig, unregelmäßig, geordnete/freie Anordnung etc.
  - Farbe
  - Akustik/Video: rhythmisch, laut/leise, Sprache, Sound, schnell/ruhig, klar/unklar etc.
  - Körper-Raumgefüge, Körper-Raumbeziehung
  - Darstellung: naturnah, realistisch, abbildhaft, idealisiert, stilisiert, deformiert, abstrahierend, abstrakt etc.
- *Aufstellung/Präsentation:* geordnet, raumgebunden, frei konzipiert, wuchtig, zurückhaltend, einladend, einnehmend, ausgrenzend, interaktiv, bedrückend, verwirrend, auffallend, vorführend, begehbar, unbegehbar etc.

▶ Die Bedeutung eines Werks (WARUM)

Im Folgenden geht es um die Interpretation. Dazu werden alle bisherigen Ergebnisse, die des Ersteindrucks, der präzisen Beschreibung (**WAS**) und der Analyse (**WIE**), mit einbezogen und bedacht. Dazu kommen weitere Aspekte und Untersuchungsfelder, die hilfreich für die Bewertung des Werks sein können.

Die folgenden Untersuchungsfelder dienen als Anregungen und beziehen sich auf alle Bereiche der Bildenden Kunst (Malerei, Plastik, Architektur, Neue Medien). Sie sind nicht unabhängig voneinander zu sehen, sondern vermögen erst in ihrer Gesamtsumme das zu betrachtende Werk zu erfassen/zu erklären.

Werkimmanenter Zusammenhang/ikonografische Methode
Hier geht es um einen Vergleich zwischen Form und Inhalt: Wie und warum wählte die Künstlerin bzw. der Künstler die künstlerischen Gestaltungsmittel (siehe auch die Fragen nach dem **WIE**) zur inhaltlichen Darstellung seines Werks? Da diese Befragung sich vordergründig nur auf die formalen Werkaspekte richtet, wird mithilfe des **ikonografischen Ansatzes** nun auch nach den Motiven und deren Bedeutung, dem Symbolgehalt, gefragt.

Biografischer Zusammenhang
Leben und Werk der Künstlerin bzw. des Künstlers werden hier in Beziehung zueinander betrachtet: Handelt es sich um ein Früh- oder Spätwerk? Fügt es sich in ihr/sein Œuvre ein? Ist es eine Auftragsarbeit? Unter welchen persönlichen Umständen schuf sie/er es (Lebenskrise, ökonomisch unabhängig/abhängig etc.)?

Gesellschaftlicher Zusammenhang/ikonologische Methode
In welcher Zeit wurde das Werk hergestellt/gebaut (soziale Verhältnisse, politische Ideen, Einfluss durch Auftraggeber etc.)? Eine historische Betrachtung im Hinblick auf Werk- und Lebensumfeld führt hier die Untersuchung an. Der **ikonologische Ansatz** (nach Erwin Panofsky) geht dabei noch über die Symbolbestimmung hinaus, indem er auch geschichtlich-geistige Zusammenhänge (Kulturbedingungen, Kunstkreise, -richtungen etc.) aufdeckt. Hierzu werden u. a. historische Textquellen untersucht. Es wird auch gefragt, für wen das Werk geschaffen wurde, welche soziale, politische Funktion es evtl. einnahm. Verfolgte das Werk einen bestimmten politischen oder religiösen Zweck? Manchmal waren Bedeutung und Wirkung (Symbolgehalt) eines Werks vor dem jeweiligen historischen Hintergrund der Künstlerin bzw. dem Künstler bewusst, manchmal auch nicht.

Kunsthistorischer Zusammenhang/stilgeschichtliche Methode
Zur Untersuchung des kunsthistorischen Zusammenhangs können z. B. motivgleiche Werke verglichen werden – aus einer Zeit oder epochal übergreifend. Der typologische Zusammenhang des Werks ist immer auch im Hinblick auf seine Rezeptionsgeschichte zu sehen. Wie ist die Bewertung des Werks heute und wie war sie damals zur Entstehungszeit? Auch die Werkentstehungsgeschichte sollte im Hinblick auf die Entwicklung der Kunst allgemein betrachtet werden: Welche Rolle nimmt das Werk hier ein? Eine Vorreiterfunktion? Entspricht es den stilistischen Ausprägungen seiner Zeit? Fügt es sich ein? Fällt es heraus? Etc.

Abiturprüfung NRW – Kunst
Übungsaufgabe 1

Künstlerisch gestaltete Phänomene als Konstruktion von Wirklichkeit in individuellen und gesellschaftlichen Kontexten
- *im malerischen und grafischen Werk von Edvard Munch*
- *in den fotografischen Werken von Thomas Struth*

Fachliche Methoden:
- *Werkbezogene Form- und Strukturanalysen einschließlich untersuchender und erläuternder Skizzen*
- *Werkexterne Zugänge zur Analyse und Interpretation (hier insbesondere durch motivgeschichtliche Vergleiche und Hinzuziehung kunstgeschichtlicher Quellentexte sowie von Texten aus Bezugswissenschaften)*

Aufgabenstellung   Punkte

1. Beschreiben Sie die Werke „Selbstporträt. Zwischen Uhr und Bett" von Edvard Munch (Abb. 1) und „Alte Pinakothek, Selbstportrait, München 2000" von Thomas Struth (Abb. 2).   14

2. Analysieren Sie vergleichend die formale Gestaltung der Werke und berücksichtigen Sie dabei insbesondere:
   - Bildfläche
   - Bildraum und Kameraperspektive (nur bei Struth)
   - Farbe und Form
   - malerisch-gestalterische Ausführung (Munch) bzw. Nutzung des Kamerafokus (Struth) in Bezug auf deren Abbildhaftigkeit

   Fertigen Sie zunächst analysierende Kompositionsskizzen zum Aspekt Bildfläche an und beziehen Sie Ihre dadurch gewonnenen Erkenntnisse in Ihre Analyse mit ein.   42

3. Interpretieren Sie die Werke auf der Grundlage Ihrer Ergebnisse aus den Teilaufgaben 1 und 2 und unter Berücksichtigung der Zusatzinformationen. Beziehen Sie dabei auch Ihre Kenntnisse über die jeweiligen Arbeitsweisen der Künstler mit ein. Gehen Sie hierbei insbesondere auf die Bildkonzepte der Künstler ein.   22

4. Nehmen Sie unter Einbeziehung Ihrer bisherigen Ergebnisse sowie unter Berücksichtigung der Zusatzinformationen vergleichend Stellung zu der Frage, welches künstlerische Darstellungsinteresse Munch und Struth jeweils verfolgen. Berücksichtigen Sie auch den in den Werken deutlich werdenden Umgang der Künstler mit dem Aspekt „Konstruktion von Wirklichkeit" insbesondere im Hinblick auf die individuellen und gesellschaftlichen Kontexte der Selbstbildnisse.   12

Materialgrundlage
Bildmaterial:
Abb. 1: Edvard Munch: „Selbstporträt. Zwischen Uhr und Bett", 1940–43, Öl auf Leinwand, 149,5 × 120,5 cm, Munch Museum Oslo
Abb. 2: Thomas Struth: „Alte Pinakothek, Selbstporträit, München 2000", 2000, C-Print, 158,5 × 184 cm, Katalog-Nr. 7691

Textmaterial:
Zusatzinformationen
„Das Porträt soll neben der physischen Ähnlichkeit auch die Persönlichkeit, die subjektive Empfindung oder die konkrete psychosoziale Situation des wiedergegebenen Menschen charakterisieren. Deshalb erfährt das Gesicht im Porträt besondere Beachtung."

Quelle: Ernst Seidl: In: Grundbegriffe der Kunstwissenschaft. Hrsg. von Stefan Jordan und Jürgen Müller. Stuttgart: Reclam 2018.

Zu Munch
„Selbstbildnisse ziehen sich wie ein roter Faden durch Edvard Munchs künstlerisches Werk. Die Auseinandersetzung mit der eigenen Person hat den Künstler seit seinen künstlerischen Anfängen in den 1880er-Jahren bis zu seinem Tod 1944 intensiv beschäftigt. Die mehr als 70 gemalten, 20 grafischen und über 100 Zeichnungen, Aquarelle und Skizzen zeugen davon. Sein Hauptinteresse lag nicht darin, sein Äußeres wiederzugeben, sondern bestand in der Auslotung und Erforschung des Ichs. Munchs schonungslose Auseinandersetzungen mit der eigenen Person gehören zu den eindringlichsten Menschendarstellungen in der Kunstgeschichte. Zusammen bilden sie eine faszinierende visuelle Autobiografie, die einen Zeitraum von sechs Jahrzehnten umfassen und ein Menschenleben spiegeln. Das Selbstbildnis scheint für Munch eine Möglichkeit gewesen zu sein, Situationen oder Zusammenhänge, die ihn stark berührten, im Bildfindungsprozess zu untersuchen und dadurch zu verstehen. Ausgestellt hat Munch von seinen Selbstbefragungen zu Lebzeiten jedoch nur wenige. Sie waren für ihn eher intime Auseinandersetzungen, die er dem Blick der Öffentlichkeit vorenthielt."

Quelle: Iris Müller-Westermann: Ein moderner Blick – Die Selbstbildnisse nach 1908. In: Ausstellungskatalog: Edvard Munch. Der moderne Blick. Centre Pompidou, Paris. Schirn, Kunsthalle Frankfurt. Tate Modern, London. Deutsche Ausgabe: Hatje Cantz, Ostfildern, 2012. S. 283.

Werkdaten des Frauenakts rechts im Bild: Edvard Munch: „Krotkaja", 1927–29, Öl auf Leinwand, 177,5 × 58,5 cm, Munch Museum Oslo.

Bestefars Klokke (norwegisch) = Standuhr (deutsch)
Bestefar bedeutet „Großvater"; Bestefars Klokke kann wörtlich als „Großvater-Uhr" übersetzt werden.

Zu Struth

„Struth hat eine besondere Künstler-Biographie, die in Malerei und Fotografie gleichermaßen wurzelt. Er studierte an der Düsseldorfer Kunstakademie Malerei bei Gerhard Richter und Fotografie bei Bernd Becher. Zwar betont Struth: ‚Fotografie ist Fotografie, und Malerei ist Malerei. Beide konkurrieren miteinander.' Doch habe er durch seine Ausbildung als Maler ein starkes ‚Bewusstsein' für Bildkonstruktionen."

Quelle: dpa: Angekommen in der Heimat: Struth-Ausstellung in Düsseldorf. Aachener Nachrichten. Im Internet unter: www.aachener-nachrichten.de/kultur/angekommen-inder-heimat-struth-ausstellung-in-duesseldorf_aid-26782957 (erschienen am 24. 2. 2011).

Von Thomas Struth gibt es nur ein einziges Selbstporträt: „Alte Pinakothek, Selbstportrait, München 2000" zeigt Struth vor Albrecht Dürers „Selbstbildnis im Pelzrock" aus dem Jahr 1500. Struth zitiert ein bekanntes Werk der Renaissance und nimmt Bezug auf die Rückenansicht als häufig gewählte Darstellungsform der Romantik. Zu Dürers Zeit war das Thema Selbstporträt alles andere als selbstverständlich. Ein Künstler malte damals vor allem nach Auftrag – auf einem Gemälde hatte er eigentlich nichts verloren. Dürers Körperhaltung erinnert an Frontaldarstellungen von Jesus Christus, wie sie schon in der frühchristlichen Kunst geprägt wurden. Sein Marderpelzrock ist viel zu edel für einen Maler. Hier bediente er sich Herrscherinsignien, durch die er seinen Beruf und sich selbst adelte.

Autorentext

„Die Zunahme von Selbstbildnissen und Signaturen [während der Renaissance] zeigt die Entstehung eines neuen Künstlertyps. Der Künstler wird sich seiner schöpferischen Kraft bewusst, das Geistige seiner Tätigkeit wird allmählich anerkannt und die bildende Kunst unter die sog. freien Künste aufgenommen, zu denen bisher nur Musik und Dichtung zählten."

Quelle: Barbara Pfeuffer: Abitur-Wissen. Malerei. Plastik. Architektur: Exkurs. Geschichte des Selbstporträts. Hallbergmoos: Stark Verlag 2016, S. 103.

Zugelassene Hilfsmittel
– Wörterbuch zur deutschen Rechtschreibung
– Skizzenpapier, Bleistifte

Abb. 1: Edvard Munch: „Selbstporträt. Zwischen Uhr und Bett", 1940–43, Öl auf Leinwand, 149,5 × 120,5 cm, Munch Museum Oslo

Abb. 2: Thomas Struth: „Alte Pinakothek, Selbstportrait, München 2000", 2000, C-Print, 116,5 × 147 cm, Katalog-Nr. 7691

Lösungsvorschläge

1. *Hinweis: Beide Werke sollen sachangemessen, differenziert und strukturiert beschrieben werden. Dabei sollen die Werkdaten sowie der sichtbare Bildbestand aufgeführt und subjektive Beurteilungen vermieden werden.*

   Das **Gemälde** „Selbstporträt. Zwischen Uhr und Bett" von **Edvard Munch**, das zwischen 1940 und 1943 entstanden ist, wurde mit Öl auf Leinwand gemalt. Es wird im Munch Museum Oslo ausgestellt und zeigt den Künstler als alten Mann in einem Schlafzimmer.

   Das **hoch- und großformatige** Gemälde (149,5 × 120,5 cm) von Edvard Munch stellt den Künstler beinahe lebensgroß **en face** in Ganzkörperansicht dar. Er blickt die Betrachter*innen frontal an. Das Hauptmotiv, der Künstler, befindet sich etwas links von der Mittelsenkrechten im vorderen Bereich des Bildraumes, der ein Schlafzimmer zeigt. Der Vordergrund wird durch drei Bildelemente strukturiert: Von links nach rechts sind dies die Standuhr am linken Bildrand, die Figur des Künstlers und der Ausschnitt eines Bettes am rechten Bildrand. Kontemplativ und scheinbar mit geschlossenen Augen hat der Künstler den Kopf den Betrachterinnen und Betrachtern zugewandt. Sein schütteres, graues Haar ist an den Seiten länger und lockt sich über den Ohren, während die Partie über der Stirn bereits unbehaart ist. Die tiefen Augenhöhlen liegen im Schatten, weswegen nicht abschließend beurteilt werden kann, ob die Augen komplett geschlossen sind. Durch die schmale Mundpartie, das spitze Kinn und die hervorstehenden Wangenknochen erscheint das Gesicht kantig, fast rautenförmig. Der hagere Hals komplettiert den Eindruck eines gealterten Mannes. Das Gesicht der Figur wird allerdings mit rosigen, intensiven Farben dargestellt. Er trägt eine grüne Hose, ein weißes Hemd und darüber ein blaues, schlichtes Jackett. Dieses ist zwischen Hosenbund und Brust geschlossen, wobei unklar ist, ob es sich beim Verschluss um Knöpfe handelt. Ein Revers ist angedeutet und die Ärmel der Jacke bedecken die Handgelenke. Die grüne Hose fällt gerade nach unten und reicht bis zu den Knöcheln. Die schwarzen, unscheinbaren Schuhe sind malerisch weniger deutlich ausgearbeitet. Insgesamt erweckt die Kleidung einen bescheidenen, aber sauberen Eindruck. Der Körper des Künstlers ist schlank, fast zerbrechlich, was auch an den schwach konturierten, knochigen Händen zu erkennen ist. Die Standuhr im linken Bildbereich schließt mit dem oberen Rand der Bildfläche ab und ist in einem gedeckten Braun gehalten. Gelbe Striche verdeutlichen die Konturen und Verzierungen der Uhr. Das Zifferblatt, das in Gelb und einem hellen Blau gemalt ist, sowie das Uhrwerk mit seinen Pendeln und Gewichten sind malerisch nur angedeutet und diffus. Das Bett auf der rechten Seite des Bildes wirkt in seiner Bauweise einfach und bescheiden. Das Bettgestell besteht am Fußende aus einem Holzbrett, das in einen Stahlrahmen eingefasst ist. Ein weißer Bettüberwurf mit schwarzen und roten Strichen, die sich von der Mitte der Decke rautenförmig ausbreiten, bedeckt die Matratze. Am rechten Bildrand hängt hinter dem Bett ein in Blau und Grün gehaltenes Porträt einer menschlichen Aktfigur. Der Fußboden des Schlafzimmers vermittelt den Eindruck, gebohnert worden zu sein, und spiegelt die bereits genannten Bildgegenstände wider. Der hintere Bereich des Bildraumes wird durch zwei weiße, geöffnete Flügeltüren gerahmt, die das Schlafzimmer von einem weiteren Raum trennen. Die gelbe Wand im Hintergrund wird von einigen Bildern bedeckt. Diese sind zumeist klein, ihr Motiv ist nur angedeutet oder gar nicht zu erkennen. Einzig das größte, oberste Bild im Hintergrund ist als Porträt einer männlichen Halbfigur zu identifizieren. Rechts neben der gelben Wand führt ein Durchgang in einen weiteren Raum, der aber nur schemenhaft in Blau- und Grüntönen dargestellt ist.

Beim zweiten Werk „Alte Pinakothek, Selbstportrait, München 2000" handelt es sich um eine **Fotografie** im C-Print von **Thomas Struth**. Sie zeigt den Künstler in Rückenansicht vor einem Selbstporträt Albrecht Dürers in der Pinakothek in München.

Die **querformatige**, 158,5 × 184 cm große Fotografie von Thomas Struth setzt sich aus zwei Bildebenen zusammen: Die Rückenansicht des Künstlers nimmt die vordere Ebene ein, die hintere umfasst eine Wand mit einem gerahmten Gemälde. Der Künstler steht am rechten Bildrand außerhalb des Kamerafokus und ist folglich leicht unscharf. Die Ansicht des Körpers entspricht am ehesten einer Halbfigur im verlorenen Profil, jedoch sind nicht nur Taille, sondern auch der Großteil des Kopfes sowie die rechte Körperhälfte durch den Bildrand angeschnitten. Vom Kopf sind lediglich der Kieferknochen und der darunterliegende Teil des Halses bzw. des Nackens zu sehen. Der Künstler trägt ein lockeres, blaues Jackett mit Knöpfen an den Ärmeln. An den Armen sowie der Hüfte wirft es tiefe Falten. Unter dem Jackett lugt eine graue Hose hervor, von der durch den Bildausschnitt jedoch nur der linke Bereich des Gesäßes zu sehen ist. Struths linke Hand verschwindet in der Hosentasche. Die Wand auf der hinteren Bildebene ist mit einer weiß-grauen, senkrecht gestreiften Tapete bedeckt. Darauf ist ein etwas dickerer Streifen erkennbar, auf dem der linke Rand eines gerahmten Gemäldes aufliegt. Dieses steht inhaltlich im Zentrum der Fotografie, weshalb die Kamera darauf fokussiert, also scharf gestellt wurde. Das Gemälde zeigt en face eine naturalistisch dargestellte Halbfigur eines erwachsenen, jungen Mannes mit feinen Gesichtszügen, einem Bart, einer langen Nase und einer hohen Stirn. Sein dunkles, gelocktes Haar trägt er schulterlang. Er ist in einen edlen, rotbraunen Mantel mit großzügigem Pelzkragen gekleidet, der unterhalb der Schulter mit weiß-schwarzen Mustern verziert oder geschlitzt zu sein scheint. Seine rechte Hand ruht unterhalb der Brust auf dem Kragen des Mantels. Auf dem dunklen Hintergrund befinden sich links und rechts neben dem Kopf des Mannes auf Höhe seiner Augen zwei Inschriften in goldenen Lettern, die auf eine Signatur des Malers hindeuten. Der Holzrahmen, in den das Gemälde gefasst ist, besteht aus gold gefärbten Leisten sowie einer schwarzen Zierfläche, die mit goldenen Ornamenten ausgeschmückt ist.

2. *Hinweis: Bei dieser Teilaufgabe soll die formale Gestaltung beider Werke in Bezug auf die Aspekte Bildfläche, Bildraum und Kameraperspektive, Farbe und Form und malerisch-gestalterische Ausführung von Figur und Umraum bzw. Nutzung des Kamerafokus untersucht und verglichen werden. Dazu müssen analysierende Skizzen zum Aspekt „Bildfläche" angefertigt werden und die daraus gewonnenen Erkenntnisse erläuternd in die Analyse miteinbezogen werden. Die kursiv gesetzten Sätze sind erste Ansätze einer Interpretation. Diese werden hier bewusst schon in der Analyse formuliert, um die Bezüge zwischen Analyse und Interpretation deutlich zu machen. In der Interpretation werden diese wieder aufgegriffen.*

Betrachtet man das **Selbstporträt** von Edvard Munch in Bezug auf die Gestaltung der **Bildfläche**, fällt der Blick zunächst auf die stehende Figur als Hauptmotiv. Die Person, die Munch selbst darstellt, befindet sich links der Mittelsenkrechten (vgl. Skizze 1), ihr Körper ist im Goldenen Schnitt ausgerichtet, wodurch die Darstellung eine Ausgewogenheit und Leichtigkeit erhält. Auffällig ist außerdem die Positionierung von Munchs linker Hand im Bildmittelpunkt, *was eine sinnbildliche Verbindung zu Munchs Wirken als Künstler, der primär mit seiner Hand arbeitet, verdeutlichen könnte* (vgl. Skizze 1). Die Körperhaltung des porträtierten Künstlers ist statisch und von einer gewissen Symmetrie durchsetzt, *eventuell ein Zeichen für das Alter und die damit einhergehende Unbeweglichkeit des Künstlers*: Die Mittelwaagerechte schneidet Munchs Abbild auf Höhe der Hände und teilt die Figur somit in zwei etwa gleich große Hälften (vgl. Skizze 1). Die anderen beiden dominanten Bildgegenstände, die Standuhr und das Bett, werden durch die von links nach rechts aufsteigende Diagonale (vgl. Skizze 1) zwei unterschiedlichen Bildbereichen zugeordnet. Die Bildgegenstände erscheinen durch die formale Gegenüberstellung gleichermaßen bedeutsam. Andererseits werden Uhr und Bett durch die von links nach rechts fallende Diagonale wiederum miteinander verbunden. Die Untersuchung der Bildfläche legt weitere Verbindungen zwischen den Bildgegenständen und dem Künstler als Hauptmotiv offen: So sind beispielsweise das Ziffernblatt der Standuhr und Munchs Augen auf einer Höhe – *ein weiterer Hinweis auf das Alter des Künstlers*. Die bereits erwähnte statische, senkrechte Körperhaltung der Hauptfigur wird durch die dominanten, senkrechten Linien von Standuhr, Tür und Fußende des Bettes unterstützt (vgl. Skizze 1, X3). Eine hierzu gegensätzliche Dynamik erzeugt die Figur, die sich als Bild im Bild am rechten Bildrand befindet. Diese neigt sich zart zur Bildmitte und lenkt den Blick der Betrachter*innen zurück auf die dominierenden Bildgegenstände (vgl. Skizze 1, X4). Zudem bricht das dynamische Muster des Bettüberwurfs die senkrechte Statik, die auf dem überwiegenden Teil der Bildfläche vorherrscht, mit seinem diagonalen Linienkonstrukt teilweise wieder auf (vgl. Skizze 1, X5). Obwohl das Abbild des Künstlers Hauptbildgegenstand ist, nimmt es weniger als ein Viertel der Bildfläche ein, was eine gewisse Bescheidenheit vermittelt.

Struths Fotografie stellt ein **Einzel- bzw. Doppelporträt** dar. Dabei dominiert das Gemälde an der Wand die linke Bildhälfte und die angeschnittene Rückenansicht des Künstlers, welcher Dürers Gemälde betrachtet, die rechte. Die **Mittelsenkrechte** schneidet das Dürer-Gemälde an dessen rechtem Rand und die **Mittel-**

waagerechte teilt die Figur Struths auf Höhe seines Ellenbogens. Betrachtet man das Dürer-Gemälde genauer, so fällt auf, dass die Mittelsenkrechte, die den symmetrischen und durchdachten Aufbau des Altmeisters unterstreicht, dem **Goldenen Schnitt** der gesamten Fotografie entspricht (vgl. Skizze 2). Durch diese Bildaufteilung rückt Dürers Gemälde inhaltlich in den Mittelpunkt der Fotografie, während der Fotograf als zweites Motiv an den Bildrand gedrängt wird. Die Untersuchung der Bildachsen und des Goldenen Schnitts offenbart, dass Struth Elemente von Dürers Komposition in der Fotografie aufnimmt und folgerichtig weiterführt (vgl. Skizze 3). Auffällig ist zudem, dass die Rückenansicht des Künstlers ungefähr ein Viertel der Bildfläche der gesamten Fotografie einnimmt, **quantitativ** also etwas mehr als Dürers Gemälde (vgl. Skizze 2). Trotz des geringeren Bildanteils und der Anordnung links der Mitte dominiert das Dürer-Gemälde die Bildfläche der Fotografie. Durch die schemenhafte, angeschnittene Rückenfigur wird eine schnappschussartige, eher spontane Wirkung der Gesamtsituation erzeugt. Durch den Blickwinkel entsteht der Eindruck, als stünde man als Betrachter*in der Fotografie hinter dem porträtierten Fotografen, der wiederum das Gemälde betrachtet. Struths Augen, die außerhalb des Bildbereiches liegen (vgl. Skizze 4), blicken parallel zur Bilddiagonalen auf Dürers Gemälde. Dürers Antlitz ist den Betrachterinnen und Betrachtern frontal zugewandt, womit eine klare Leserichtung von rechts oben hin zur Bildmitte vorgegeben wird (vgl. Skizze 2). Dürer selbst schaut die Betrachter*innen an, wodurch eine direkte Interaktion zwischen ihnen und Struths Werk entsteht. Dadurch wird man zwar nicht Teil des Bildes, aber Bestandteil der Situation. Sofern man Struths Fotografie nicht selbst gegenübersteht, sollte man sie in ihrer Originalgröße rezipieren. Auf der großformatigen Fotografie wird Struth ungefähr in Lebensgröße abgebildet. Dadurch verstärkt sich der Eindruck, man stehe als stille Partnerin oder stiller Partner dieses Moments hinter Struth und betrachte gemeinsam mit ihm Dürers Gemälde.

Durch die **ausschnitthafte** Gesamtkomposition der Fotografie lässt sich die genaue **Raumsituation** für die Betrachter*innen nicht allein mithilfe der Fotografie rekonstruieren. Der Präsentationsort des Gemäldes wird im Titel erwähnt, wodurch auch der Aufnahmeort der Fotografie, ein Museum, preisgegeben wird. Jedoch wird der Ausschnitt so eng gewählt, dass die Betrachter*innen über die räumlichen Details bewusst im Unklaren gelassen werden. **Räumlichkeit** entsteht nur durch die Staffelung und das klare Verhältnis von Vorder- und Hintergrund. Plastizität entsteht durch die leichte Andeutung von Licht und Schatten an Jackett und Wand. Durch die Anordnung der Motive im Bildraum wird den Betrachterinnen und Betrachtern ein ähnlicher Blickwinkel wie der des porträtierten Fotografen vorgegeben. Diese nehmen im Vergleich zum Fotografen jedoch eine deutliche Untersicht ein, nicht unähnlich der eines Kindes. Dadurch ergibt sich eine imaginierte Horizontlinie auf Höhe der Mittelwaagerechten.

In Munchs Werk befindet sich der **Standpunkt der Betrachter*innen** in etwa auf Brust-/Schulterhöhe der dargestellten Figur, was einer leichten Untersicht entspricht. Die perspektivische Darstellung von Räumlichkeit wird durch wenige, einfache Mittel erzeugt: **Raumandeutende Linien**, wie die Fluchtlinie an der Türschwelle und dem Bettrahmen (vgl. Skizze 1, X1), spielen in der Gesamtwirkung des Bildes nur eine untergeordnete Rolle. Räumlichkeit entsteht vor allem durch vereinzelte **Überschneidungen**, z. B. bei den Oberschenkeln des Künstlers, der Figur des Künstlers mit dem Türrahmen oder dem Bett mit der Wand. Ebenso sind die malerisch interpretierten Spiegelungen auf dem Boden für die räumliche Wirkung prägend. Innerhalb des Türrahmens sind die Gegenstände im Hintergrund dicht angeordnet, wodurch dieser Bereich besonders komprimiert wirkt und inhaltlich hervorgehoben wird. Der Türrahmen fungiert als eine Art Übergang zwischen Bildhintergrund und -vordergrund und als eine klare, räumliche Trennung zwischen dem Schlafzimmer und den dahinterliegenden Räumen. Einige Elemente brechen jedoch auch mit der räumlichen Wirkung des Gemäldes: So erscheint der Bettüberwurf, anders als der ihn umgebende Bildbereich, fast schon irritierend flächig, obwohl gerade durch die Bettkante und die Größenabnahme in Richtung des Fluchtpunktes Räumlichkeit suggeriert wird. Hieraus resultiert der Eindruck, Munch habe das Bett bewusst perspektivisch „falsch" gemalt.

Ebenso irritiert die umgedrehte **Farbperspektive**: Munch platziert kalte Farben im vorderen und warme im hinteren Bildraum. Dies sorgt dafür, dass einerseits der vordere Bildbereich mit den zentralen Bildgegenständen und dem porträtierten Künstler an Vitalität einbüßt und andererseits die hintere Bildebene hervorgehoben wird. Die dominierenden Farben (kräftige Blau-, Grün-, Gelb- und Orangetöne) beeinflussen in ihrer **Intensität** zudem maßgeblich die **Stimmung** und Gesamtwirkung des Bildes. Die kühle Farbgebung in kräftigem Blau und Grün, die sich in der Gestaltung des Körpers der Figur wiederfindet, steht in deutlichem **Kalt-Warm-Kontrast** zu den warmen Orange- und Gelbtönen, die im Bereich des Kopfes intensiv und kräftig und im Bereich des hinteren Raumes leuchtend und changierend auf die Leinwand aufgetragen wurden. Das rosige und lebendige Gesicht des porträtierten Künstlers wird durch seinen fast leblosen Blick konterkariert. Das **Inkarnat** des Gesichts ist indes auch um einiges intensiver als das der Hände. Ebenso auffallend ist der **Komplementärkontrast** zwischen dem Orange des Kopfes und dem Blau der Jacke des Künstlers, wodurch die Figur des Künstlers als wichtigstes Bildmotiv auch farblich betont wird. Darüber hinaus werden die dunklen, deckenden Farben der Standuhr und des Künstlers in der linken Bildhälfte durch die deutlich helleren und teilweise weniger deckend gestalteten Stellen in der rechten Bildhälfte kontrastiert. Es ist zu vermuten, dass dieser **Hell-Dunkel-Kontrast** nicht allein auf den natürlichen Schattenwurf zurückzuführen ist, sondern auch Ausdruck von Munchs expressivem Umgang mit Farbe ist. Als farblicher Solitär im Bild kann der Bettüberwurf betrachtet werden: Das Rot des Musters wird in keinem anderen Bildmotiv noch einmal aufgenommen. Hiermit wird wieder die eigentümliche Erscheinung des Überwurfs, die bereits in Bezug auf seine räumliche Wirkung genannt wurde, hervorgehoben.

Die **farbliche Gestaltung** in Struths Fotografie ist von deutlichen Gegensätzen geprägt: Die überwiegend reduzierte Farbigkeit der Fotografie lässt die Farben des ausgestellten Gemäldes besonders hervortreten. Die Farbgebung innerhalb des Dürer-Porträts steht mit ihren warmen Gelb-Braun-Tönen in einem deutlichen

Kalt-Warm-Kontrast zu der kühlen und neutral wirkenden Wand als Umraum. Das Blau des Jacketts des porträtierten Fotografen bildet zur hellgrau erscheinenden Wand einen **Hell-Dunkel-Kontrast**. Das leuchtende Gold des Rahmens steht in einem **Qualitätskontrast** zur restlichen, eher unbunten Farbgestaltung und sticht somit in seiner Farbigkeit besonders hervor, wodurch auch das rechteckige Format des Dürer-Gemäldes betont wird.

Wie beim Rahmen des Dürer-Gemäldes dominieren in Struths Fotografie vor allem rechteckige **Formen**, die sich auch im Format der Fotografie selbst wiederfinden. Die Falten des Jacketts wirken unruhig und bilden einen Kontrast zu den gleichmäßigen, vertikalen Linien der Tapete und den Außenkanten von Dürers Gemälde. Die Formähnlichkeit (vgl. Skizze 3), die durch die Unterteilung der Fotografie und des Gemäldes im Goldenen Schnitt bzw. im Goldenen Dreieck entsteht, verweist auf eine konstruierte und beabsichtigte Beziehung zwischen den beiden Porträtierten Struth und Dürer.

Vergleicht man beide Werke, so fällt bei Munch auf, dass auch dort vor allem Formen mit senkrechter Ausrichtung, z. B. die Uhr, die Figur und die Tür, die formale Gestaltung des Gemäldes dominieren. Trotz eines komplexen Bildaufbaus mit verschiedenen Bildgegenständen sind es vor allem eckige Elemente, die die Formensprache prägen. Selbst der Körper des Künstlers wirkt gedrungen und kantig und fügt sich somit in die Komposition, die von Rechtecken wie den vielen Bilderrahmen bestimmt wird, ein. Dennoch entsteht nie der Eindruck formaler Strenge, was vor allem daran liegt, dass die Linien nicht ganz gerade, sondern malerisch frei gesetzt sind. Auch in Bezug auf die Formen wirkt der Bettüberwurf mit seinem rautenförmigen Muster im Gegensatz zum Rest des Gemäldes eigenartig, wobei sogar der Kopf des Künstlers als Rautenform angesehen werden könnte. Runde Formen wie das Zifferblatt auf der linken Seite oder der geschmeidig gebogene Körper am rechten Bildrand rahmen das Hauptmotiv und kontrastieren die übrigen Formen im Bild.

In Munchs **malerisch-gestalterischer Ausführung**, vor allem bei der Formensprache und dem Gebrauch von Farbe, spiegelt sich sein expressiver Malstil wider. Obwohl die Betrachter*innen mit einem gut lesbaren Bildinhalt konfrontiert werden, muten einige Stellen fast abstrakt an. Diese wechseln sich mit klarer modellierten, raumschaffenden Bereichen ab. Die **Farbmodulation** ist bei Munch eher **expressiv** als naturalistisch. Stellenweise, zum Beispiel unter dem Bett, ist ein deutlich erkennbarer, gestischer Pinselduktus auszumachen, der den Bildbereich gegenstandslos wirken lässt. Insgesamt überwiegt die grobe und gezielt malerische Ausführung mit Konturlinien und einem mittelhohen Grad der **Abbildhaftigkeit**, weshalb das Werk im Figurativen verortet werden kann. Auch wenn teilweise die Illusion von Räumlichkeit erzeugt wird und die anatomische Richtigkeit der Figur des Künstlers bis auf einzelne malerische Ungenauigkeiten (Hände, Gesichtsform) gegeben ist, ist die Stofflichkeit an manchen Stellen geradezu verwirrend unplastisch, wie beispielsweise beim Bettüberwurf.

Vergleicht man Munchs Malerei mit Struths Fotografie hinsichtlich des Grads der Abbildhaftigkeit, so lässt sich dieser erwartungsgemäß bei Struths Fotografie als viel höher einstufen, da die einzelnen Texturen und das Dürer-Gemälde bis ins Detail erkennbar sind. Eine Ausnahme bildet nur die Darstellung des porträtierten Fotografen: Durch das Spiel mit der Tiefenschärfe und der dabei entstehenden leichten **Unschärfe** des abgebildeten Körpers wird die ansonsten maximale Abbildhaftigkeit eingeschränkt. So lässt sich beispielsweise die Textur des Jacketts und der Haut nicht erkennen.

Aus der Analyse der beiden Werke ergeben sich Gemeinsamkeiten und Unterschiede: Beide Künstler arbeiten mit dem Motiv des „Bildes im Bild" – bei Struth als zentralem Motiv, bei Munch als Ansammlung zahlreicher Kleindarstellungen. Zudem haben beide Werke einen statischen Bildaufbau gemein, der durch senkrechte Bildelemente geprägt ist. Die Art der Selbstdarstellung der Künstler unterscheidet sich jedoch voneinander: Während Munch sich klassisch in Frontansicht zeigt, ist Struth nur angeschnitten in Rückenansicht zu sehen. Die Abbildhaftigkeit der fotografischen Selbstdarstellung wird bei Struth durch Unschärfe verringert, was innerhalb der Fotografie durch die naturalistische Darstellung des Dürer-Gemäldes kontrastiert wird. Bei Munch ist die Abbildhaftigkeit der Selbstdarstellung durch seinen expressiven Malstil nur auf einem mittleren Niveau.

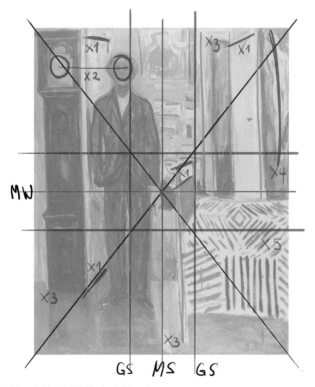

Skizze 1: Munch (Bildfläche, Bildraum)

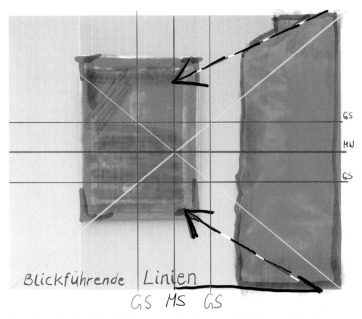

Skizze 2: Struth (blickführende Linien, quantitative Verteilung der Bildgegenstände, Bildachsen)

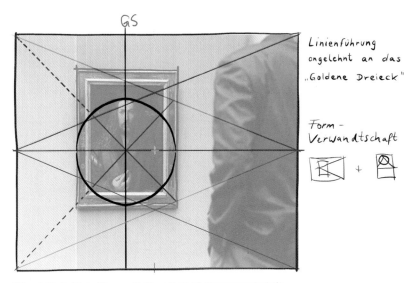

Skizze 3: Struth (Linienführung, „Goldenes Dreieck", Formverwandtschaft)

Skizze 4: Struth (Verbindung Struth – Dürer)

3. *Hinweis: Beide Werke sollen auf Grundlage der Untersuchungsergebnisse und unter Berücksichtigung der Zusatzinformationen interpretiert werden. Kenntnisse zu den Arbeitsweisen der Künstler sollen in die Deutung miteinbezogen werden.*

Munchs „Selbstporträt. Zwischen Uhr und Bett", das im Jahr 1943 fertiggestellt wurde, reiht sich in eine Vielzahl von Werken ein, in denen sich der Künstler intensiv mit seinem Selbst auseinandergesetzt hat, worauf 70 gemalte und 20 grafische Werke sowie über 100 Zeichnungen, Aquarelle und Skizzen aus Munchs Leben hinweisen (vgl. Zusatzinformationen). Munchs Arbeitsweise ist von seinen inneren Befindlichkeiten, z. B. aufgrund von Depressionen, Alkoholismus und Krankheit, geprägt. Das ist besonders gut in seinem Spätwerk zu erkennen, in dem seine Malerei unter dem Einfluss von Selbstreflexion und Isolation steht. Das hier analysierte Porträt ist das letzte dieser Art, bevor der Künstler im Jahr 1944 verstarb. Munch gibt in seinem Gemälde Hinweise, die einen Vanitas-Interpretationsansatz zulassen: die Uhr als Symbol für die verrinnende Zeit sowie das Alter des Künstlers und das Bett als Ort, in dem man geboren wird und häufig auch stirbt. Munch platziert seinen Kopf auch auf Höhe des Ziffernblatts der Standuhr (vgl. Skizze 1, X2), die dadurch fast wie eine statische, stumme Partnerin an seiner Seite steht. Bezieht man die norwegische Bezeichnung „Großvater-Uhr" mit ein, wird die Uhr am linken Bildrand regelrecht personifiziert und bekommt eine tiefergehende Bedeutung: die Uhr als Zeichen des Alters oder auch des Älterwerdens. Ebenso könnte Munch auf die Rolle eines Großvaters anspielen, der er selbst nie war. Das leere Ziffernblatt verweist auf die Uhr als Metapher: Einerseits steht die Uhr als Ganzes für das fortschreitende Alter des Künstlers, andererseits mag die nicht vorhandene Uhrzeit auch die Zeitlosigkeit der Malerei thematisieren. Die

Metapher der Schwere der Zeit könnte sich auch in der dunkleren Farbgebung des Werkes widerspiegeln. Der Kalt-Warm-Kontrast zwischen den Blaugrün- und Orangegelb-Tönen könnte ein Hinweis auf die schwindende Lebenskraft des Künstlers sein, die im Kontrast zum selbstempfundenen scharfen Verstand (Kopf) und der Vitalität seiner Kunst (Bilder im Hintergrund) steht. Durch die umgedrehte Farbperspektive löst sich Munch von den Sehgewohnheiten. Dadurch leuchtet das Hinterzimmer geradezu und lenkt die Aufmerksamkeit von Munchs Person auf den Hintergrund, wo angedeutet Kunstwerke zu sehen sind. Auch wenn der Künstler nicht mehr lebt, werden seine Werke bestehen bleiben. Diese Gewissheit mag Munch in seinen letzten Lebensjahren getragen und Kraft gegeben haben. Nicht umsonst setzt er seine Hand, das Zentrum der Schaffenskraft, in den Mittelpunkt des Bildes: die Hand, die malt und schöpferisch tätig ist. Während links von Munch die Zeit als Partnerin steht, befindet sich am äußersten rechten Bildrand direkt über dem Bett ein bläuliches Aktgemälde von Munch. Dieses Werk mit dem Titel „Krotkaja" (vgl. Zusatzinformationen) könnte ein Verweis auf die Rolle der Frauen im Leben des Künstlers sein, das von Verlusten und unsteten Beziehungen geprägt war. Seine Mutter und seine Schwester starben früh und seine große Liebe erwiderte seine Zuneigung nicht. Die Nähe des Aktbildes zum Bett könnte zudem darauf hindeuten, dass das Thema Sexualität auch noch in Munchs späten Lebensjahren von Bedeutung war. Munchs Werk ist zwar von statischen Linien geprägt, jedoch brechen diagonale Elemente die insgesamt statische Bildwirkung wieder auf. So sticht der Bettüberwurf als irritierende Fläche heraus und bildet einen abstrakten Bildbereich, der auf die Entwicklungen der Autonomie der Kunst der Moderne verweisen könnte. Zu dieser Emanzipation der Malerei im 20. Jahrhundert und der daraus resultierenden Existenzberechtigung jenseits der Abbildhaftigkeit hat auch Munch seinen Teil beigetragen.

Auch Struths Selbstporträt weist auf die Autonomie und das Selbstbewusstsein des Künstlers hin. Er zeigt sich selbst zwar nur angeschnitten und nicht identifizierbar in Rückenansicht, jedoch gemeinsam mit einem Künstler, der beispielhaft für ein neues Selbstverständnis als Künstler und nicht als Handwerker steht. Albrecht Dürer malte sich in seinem Selbstbildnis als stolzen und wohlhabenden Mann mit starker Ähnlichkeit zu Christusdarstellungen (vgl. Zusatzinformationen). Durch die Rückenansicht, Struths Weigerung, sein Gesicht zu offenbaren, den Bildaufbau sowie die Formähnlichkeiten rückt Dürers Gemälde ästhetisch und inhaltlich in den Mittelpunkt. Struth hat eine ganze Werkreihe, in die sich die vorliegende Fotografie als einziges Selbstporträt einordnen lässt, in Museen fotografiert. Darin zeigt er Menschen, die vor Kunstwerken sitzen, staunen, sich langweilen oder diese andächtig betrachten. Als Betrachter*in von „Alte Pinakothek, Selbstportrait, München 2000" wird man in die Gruppe der fotografierten Besucher*innen aufgenommen und Teil eines Ritus von zeitloser Dauer – des Betrachtens von Kunstwerken, das in Zeitlosigkeit gebannt wird. Ein weiterer biografischer Aspekt, auf den Struth mit dem Dürer-Gemälde hinweisen könnte, wäre seine Beziehung zur Malerei: Struth studierte zunächst Malerei, u. a. bei Gerhard Richter, der oftmals die Fotografie als Ausgangspunkt für seine Malerei nimmt. Erst ab 1976 wandte sich Struth dem Fotografie-Studium bei Bernd Becher zu (vgl. Zusatzinformationen).

4. *Hinweis: An dieser Stelle sollen die in den Selbstbildnissen zum Ausdruck kommenden Darstellungsinteressen der Künstler in Hinblick auf die „Konstruktion von Wirklichkeit" im individuellen und gesellschaftlichen Kontext diskutiert werden. Dabei sollen die bisher gewonnenen Erkenntnisse sowie die Zusatzinformationen berücksichtigt werden.*

Nach der eingehenden Auseinandersetzung mit beiden Werken können in Bezug auf den Aspekt „Konstruktion von Wirklichkeit" folgende Erkenntnisse abgeleitet werden: Während Munch direkte Hinweise auf seine Biografie und sein künstlerisches Selbstverständnis gibt, fordert Struth die Betrachter*innen auf, die Gesamtsituation des gezeigten und nicht gezeigten Bildinhaltes selbst zu rekonstruieren. Munch erschafft mit seiner expressiven Malweise eine ganz eigene Wirklichkeit. Die Malerei war zeitlebens Munchs Reflexionsmittel seiner selbst und seiner Umwelt und er fand im Wiederholen seiner Themen und im Prozess des Malens Halt und Kontinuität. Mit dem hier besprochenen Selbstporträt machte Munch die eigene körperliche Verfassung, aber auch seine inneren Wünsche und Befindlichkeiten zum Bildgegenstand. Munchs Krankheitsbilder waren gesellschaftlich nicht akzeptiert und wissenschaftlich wenig erforscht, weswegen ihm seine künstlerische Auseinandersetzung Halt gegeben hat.

Struth thematisiert den alten Streit zwischen Malerei und Fotografie um die Frage „Wer bildet die Wirklichkeit ab?", die beide Medien seit Entstehung der Fotografie begleitet hat. Struth nutzt das Medium der Fotografie, um gesellschaftliche Entwicklungen aufzuzeigen. Er thematisiert mit seinem Selbstporträt den (Kunst-)Konsum, indem er den Prozess des Betrachtens eines Kunstwerkes im Museum als einzigartigen Moment erhöht. Struth entzieht sich dem Kamerafokus und damit den Betrachterinnen und Betrachtern und präsentiert stattdessen Dürer als begnadeten Künstler, der sich selbst durch das Medium der Malerei erhöht und als gottgleichen Genius darstellt. Struth spielt mit der Abwesenheit seines Gesichts, wohingegen Dürer als erster Künstler sein Gesicht selbst zu einer Ikone machte. Wessen Wirklichkeit sollen wir als Betrachter*innen Glauben schenken? Struths fotografischem Kommentar oder Dürers malerischer Selbstinszenierung? Struth zeigt uns nur einen Ausschnitt und so wirft seine Fotografie mehr Fragen auf, als Antworten zu geben. Woher weiß man, dass Struth sich selbst zeigt, wenn man ihn nicht erkennen kann? Diese Frage steht im Gegensatz zum Titel des Werkes, der die Fotografie als Selbstporträt ausweist. Struth verlangt von den Betrachterinnen und Betrachtern, dass man ihm dies einfach glaubt, und bricht mit den Erwartungen, die Menschen an ein Selbstporträt haben. Wer fotografiert wen? Welche Rolle spielen die Betrachter*innen? Könnten sie die Rolle des Fotografen übernommen haben? Struth, der wahrscheinlich mit Selbstauslöser fotografiert hat, wird die fehlende Kontrolle während des Fotografierens mit einer genauen Planung und Nachbereitung ausgeglichen haben. Er konstruiert nicht nur seine Wirklichkeit, sondern auch unsere als Betrachter*innen und hinterfragt den gängigen Porträtbegriff.

Beide Künstler thematisieren und erweitern die gängigen Kunstbegriffe ihrer Zeit, indem sie uns Einblicke in ihre individuellen Arbeitsweisen geben und eine Auseinandersetzung mit diesen einfordern.

**Abiturprüfung NRW – Kunst
Übungsaufgabe 2**

Aufgabentyp: Gestalterische Aufgabe mit schriftlicher Stellungnahme

Wirklichkeit in künstlerischen Konzepten
– Konstruktion von Erinnerung in den Installationen und Objekten von Louise Bourgeois
Gestaltungs- und Arbeitsverfahren
– werkbezogene Analyseskizzen
– Entwurfsskizzen
– farbig ausgestaltete (Freihand-)Zeichnungen
– modellierte Plastiken
Fachliche Methoden
– subjektorientierte Bildzugänge (perzeptorientierte Methoden)
– werkexterne Zugänge zur Werkbeschreibung/-erfassung

Aufgabenstellung

Die 1911 in Paris geborene Künstlerin Louise Bourgeois, die 2010 fast hundertjährig in New York, ihrer Wahlheimat, verstarb, setzte sich in ihrem künstlerischen Schaffen mit Erinnerungen und traumatischen Erlebnissen auseinander, die ihr Leben prägten. In ihrem Œuvre verarbeitete sie hauptsächlich das problematische Verhältnis zu ihrem Vater sowie das liebevolle zu ihrer Mutter. Dabei bediente sie sich der unterschiedlichsten Materialien und Techniken.
Exemplarisch für ihre existentielle Auseinandersetzung mit dem menschlichen Körper und der Sexualität ist die hier gezeigte Installation „The Reticent Child" („Das verschlossene Kind"), die Bourgeois 2003 für das Sigmund-Freud-Museum in Wien schuf. Mit dem Motiv des schwangeren Körpers setzte sich die Künstlerin in ihren Zeichnungen und Skulpturen immer wieder auseinander. Die sechsteilige Installation besteht aus Skulpturen, die den Zyklus von Schwangerschaft, Geburt und Aufwachsen zeigen. Bourgeois schrieb 2003 zum Werk den folgenden Text:

Ein Kind, das sich schlicht weigerte, geboren zu werden. Es kam um einiges verspätet auf die Welt. Hat es etwas wahrgenommen, das es abgehalten hat, den Bauch zu verlassen und in die Welt hinauszugehen? Wie viel von dem, was es sein wird, von seinen Gefühlen und Taten, wird von dieser Weigerung, zum Vorschein zu kommen, vorherbestimmt sein? Wie wird dieses Kind der Zukunft begegnen? Wird es scheu sein, aufs Schweigen beschränkt, wird es sonderbar sein oder sogar feindselig? Es ist das verschlossene Kind. Es hat gezögert. Aber ich habe es ans Licht gebracht.

Quelle: http://www.freud-museum.at/d/inhalt/museumausstellungenBourgeois.html
© Freud Museum Wien

Mit der Installation „Das verschlossene Kind" verarbeitete die Künstlerin die schwierige Geburt ihres eigenen Sohnes, wie die Kuratorin Wiesener 2003 zur Ausstellungseröffnung erläuterte.

		Punkte
1.	Geben Sie den ersten Eindruck wieder, der Ihnen beim Anblick der Installation „The Reticent Child" in den Kopf kommt.	5
2.	Beschreiben Sie die Installation. Zur Verdeutlichung Ihrer Beschreibung fertigen Sie eine Analyseskizze an.	18
3.	Entwerfen Sie in Korrespondenz zur Installation von Louise Bourgeois eine eigene „Geburts- und Entwicklungsreihe". Ihre Arbeit soll Bourgeois' Thema aufgreifen, dabei aber eine eigenständige Auseinandersetzung und Reflexion aufzeigen. Ob Sie in Ihrer Werkreihe persönliche Lebenserfahrungen spiegeln oder allgemeingültige verarbeiten, bleibt Ihnen überlassen.	
	Ihre künstlerische Gestaltung in Form und Komposition soll Ihr Anliegen nachvollziehbar veranschaulichen.	
	a) Entwickeln Sie Ihre Idee zuerst als Freihandzeichnung(-en). Auf dem Weg dazu empfiehlt es sich, Ihre Überlegungen in ersten Entwurfsskizzen festzuhalten.	27
	b) Übersetzen Sie nun die Zeichnung(-en) in den Raum, indem Sie Ihre Reihe modellieren. Material: Plastilin, Höhe: maximal 15 cm.	40
4.	Geben Sie Ihrem Werk abschließend einen Titel und erläutern Sie Ihr Werk kurz in einer konzentrierten Weise. Nehmen Sie dabei auch Stellung zu Ihrer Bezugnahme zur Installation „The Reticent Child".	10

Zugelassene Arbeitsmittel
Bleistifte, Transparentpapier, Skizzenpapier, Zeichenpapier, Plastilin, Modellierwerkzeuge

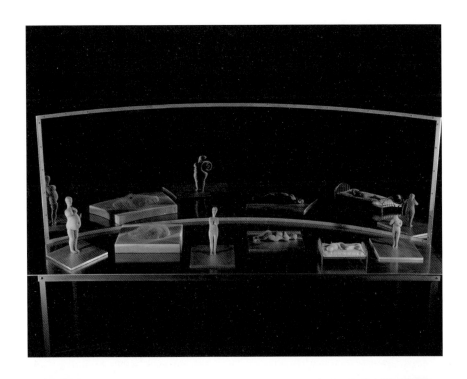

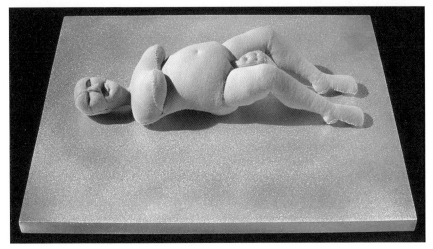

Abb. 1 und 2: Louise Bourgeois, „The Reticent Child" („Das verschlossene Kind"), 2003, fabric, marble, stainless steel and aluminium: 6 elements, 182.8 × 284.4 × 91.4 cm. / Photos: Christopher Burke

Lösungsvorschläge

1. *Hinweis: Im Folgenden finden Sie einen Lösungsvorschlag in Stichworten.*

Leidvolle Frauenfiguren; stolz bis verzweifelt; gewunden bis zerfließend; stehend und liegend sich krümmend; abbildhaft (als Figur definiert) bis rein abstrakt (undefiniertes, orangefarbenes Gebilde); polychrom – gold, silber; auf Podesten stehend, liegend; sich widerspiegelnd; verzerrte Abbildhaftigkeit; linear, aber auch versetzt; wer/wo ist das Kind?; lebendig oder tot?; angreifbar, leicht zerstörbar, filigran; fein, sensibel gearbeitet; Körper und Mensch; Beziehungen; Ängste und Obsessionen; Erinnerungen und (Alb-)Träume.

2. *Hinweis: Mithilfe der zeichnerischen Analyseskizzen können verschiedene Werkaspekte aufgedeckt werden, z. B. das Verhältnis der Figuren auf der Fläche/im Raum; das Verhältnis der Figuren untereinander (Proportionen); Farb- und Formanordnungen sowie Farb- und Formkontraste; Raumbildungen etc.*

Die fragile **Installation** „The Reticent Child" der Künstlerin Louise Bourgeois von 2003 zeigt sechs leicht versetzt vor einem konvex gewölbten Spiegel angeordnete Plastiken auf einem Metalltisch. Sind fünf von ihnen als menschliche Figuren auszumachen, stellt eine Plastik ein ungeformtes, nicht zu definierendes oranges Etwas dar. Es fällt aufgrund von Farbe und Form wie auch wegen des goldenen Podestes, auf dem es liegt, aus der figurativen Reihe heraus. Durch die organische Form erinnert es an ein fleischliches Ding, beinahe an einen Embryo (das „verschlossene Kind" als Embryo?).

Vier andere Figuren stehen oder liegen auf einer flachen, unauffälligen Metallplatte, eine weitere liegt in einem Miniaturbett auf einem weißen Laken. Die Figuren wirken alle lädiert: Zwei Hochschwangere mit voluminösen Brüsten, die Figur links außen sowie die dritte Figur von links, stehen aufrecht auf kräftigen Beinen, doch fehlen ihnen Arme. Auch die auf dem Rücken liegende, in Gebärhaltung dargestellte Figur hat keine Arme. Wie diese drei, so ist auch die stehende Figur ganz rechts aus rosa Stoff genäht; sie stellt eine männliche Figur dar, die den Kopf nach vorn geneigt hat und sich die Augen reibt – sie scheint zu weinen (das „verschlossene Kind" als Jugendlicher?). Der im Bett sich krümmende kleine Körper aus Marmor erinnert an ein Neugeborenes, das nackt auf einer weißen Stoffmatratze liegt. Durch die kleinen Podeste, auf denen die Figuren stehen, wie auch durch die **Präsentation** auf dem Metalltisch, der an einen Seziertisch erinnert, steht jede Figur für sich, vereinzelt und keine Einheit ergebend. Die verzerrte Spiegelung der Figuren trägt zu diesem Eindruck noch bei: Sie unterstützt die optische Distanzierung der Figuren untereinander, die nackt, schutz- und wehrlos auftreten, und lässt sie albtraumhaft verschwimmen.

Die stehenden Figuren, links und rechts außen, bewirken durch ihre Positionierung in der Reihe eine formale Klammer in der Gesamtinstallation. Dieses „gerahmte Bild" wird auch unterstützt durch den von einer Metallschiene eingefassten Konkavspiegel, der die Rückansicht der Figuren reflektiert.

Beugen sich die Betrachter*innen vor und etwas nach unten, um die feinen, kleinteiligen Objekte der Installation genau zu betrachten, ist die Spiegelung ihrer Selbst in der Scheibe unumgänglich. Sie werden so unmittelbar in die Installation, die „Geburts- und Entwicklungsreihe", integriert; sehen sich mal hier, mal da leicht vergrößert und verzerrt zwischen den Figuren auftauchen. Vielleicht nehmen sie erst jetzt wahr, dass es sich bei der Reihe nicht um verniedlichende „Puppenstuben-Figürchen" handelt, sondern um eine äußerst direkte Verarbeitung einer sehr persönlichen Lebenserfahrung. Diese Beobachtung passt zum Œuvre der Künstlerin – wie ja auch schon der Titel der Arbeit, „Das verschlossene Kind", auf ein traumatisches Erlebnis in ihrem Leben verweist.

Die heterogene Wahl der **Werkstoffe** bei der Fertigung dieser Installation (Holz, Bronze, Stahl, Stoff, Marmor, Gips, Kunststoff und Latex) fügt sich gut in das stilistisch nicht einzuordnende, zwischen Figuration und Abstraktion schwankende, symbolische Werk ein.

Die beigefügte Analyseskizze veranschaulicht die hier beschriebenen Beobachtungen.

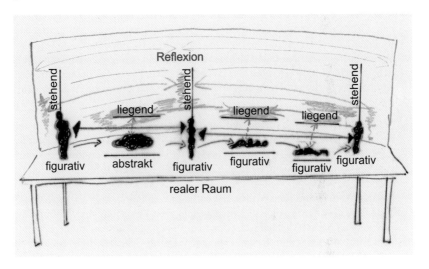

3. *Hinweis: Im Folgenden finden Sie Tipps für die Ideenfindung und Bewertungskriterien für die praktische Umsetzung der Arbeit.*

   a) Verlieren Sie sich nicht in den Zeichnungen, sondern nutzen Sie diese gezielt zur Ideenfindung. Ihre Hauptaufgabe, die Modellation der Werkreihe, steht Ihnen noch bevor. Achten Sie auf Ihr Zeitmanagement.
   Die Freihandzeichnungen ermöglichen Ihnen eine assoziative Entfaltung bei der Entwicklung Ihrer Ideen. Sie sollten sich in diesen schon auf eine Werkidee festlegen. Bei der vorausgehenden Entscheidungsfindung helfen die **Entwurfsskizzen**. Auch wenn es sich dabei um den Ausdruck Ihrer allerersten Ideen handelt, sollten Sie diese anschließend auch mit abgeben. Vergessen Sie jedoch nicht, sie durchzunummerieren. Auch müssen sie deutlich zu unterscheiden sein von den Freihandzeichnungen.
   Die **Freihandzeichnungen** sind qualitativ detaillierter und zeichnerisch anspruchsvoller ausgeführt (worin sie sich deutlich von den Entwurfsskizzen unterscheiden). Die entworfenen Formen und Figuren sind ausschraffiert. Verschiedene Oberflächenstrukturen, die anstatt einer Farbfassung in den modellierten Objekten ausgeführt werden können, müssen auch in der Freihandzeichnung schon sichtbar werden. Größenverhältnisse sowie die Relation, der Umgang mit dem umgebenden Raum und die Präsentation der Figuren/Objekte (z. B. mit/ohne Sockel etc.) sollen bereits nachvollziehbar in der Zeichnung dargestellt werden. Es ist dafür erforderlich, dass Sie Ihre **Werkreihe** als Ganzes zeichnen. Diese Zeichnung kann ergänzt werden mit weiteren Freihandzeichnungen, die die einzelnen Werkobjekte der Reihe vorstellen.

   b) Sollten Sie während der **Modellation** der einzelnen Figuren/Objekte feststellen, dass Ihnen die Zeit davonläuft, schauen Sie, ob Sie eventuell ein Objekt Ihrer Reihe weglassen können. Diese gezielte Überlegung ist besser, als die Reihe unfertig abzugeben. Unter 4. können Sie dann einen kurzen Hinweis auf Ihre Werkreduktion geben.
   Bei der Modellation Ihrer Werkreihe sollte die Ableitung von der Freihandzeichnung, also die Übersetzung der vorausgegangenen Zeichnung in den Raum hinein, nachvollziehbar sein. Dabei ist es durchaus üblich, dass Ihre modellierten Objekte von den Zeichnungen im Detail abweichen. Dieser Schritt sollte jedoch einer gewissen Logik der Entwicklung Ihrer Werkreihe entsprechen und sich den Betrachterinnen und Betrachtern verständlich erschließen. Überlassen Sie bei der Ausführung Ihrer Figuren in Plastilin nichts dem Zufall: Die **Oberflächenbehandlung/-strukturen**, **Größenverhältnisse** untereinander sowie die Ausgestaltung der Objekte im Detail muss von Ihnen präzise durchdacht sein und Ihrem gewünschten Aussagewert entsprechen. Schließlich ist es auch die Art und Weise der **Präsentation** (Aufstellung, Positionierung der Figuren/Objekte untereinander), die mit entscheidend ist für die Interpretation Ihrer Reihe. Bedenken Sie die Interpretation von Beginn an – bereits Ihre Zeichnung soll die entsprechenden Aspekte aufzeigen, nachvollziehbare Änderungen zum Abschluss sind aber durchaus möglich.

4. *Hinweis: Bei dieser Aufgabe sollen Sie Ihrem Werk einen aussagekräftigen Titel geben und es kurz erläutern. Dabei sollen Sie auch darauf eingehen, inwiefern Sie sich inhaltlich oder gestalterisch auf Bourgeois' Arbeit bezogen haben.*

Selbstverständlich soll sich Ihr Werk den Betrachterinnen und Betrachtern aus sich selbst heraus erschließen. Sie haben jedoch mit der **Titelgebung** die Möglichkeit, die Überlegungen der Rezipientinnen und Rezipienten zu Ihrem Werk in eine bestimmte Richtung zu lenken. Beachten Sie dabei, dass Ihr Titel einer allgemeinen Verständlichkeit unterliegen muss. Der Titel „The Reticent Child" („Das verschlossene Kind") der Installation von Louise Bourgeois wäre schließlich auch ohne die Zusatzinformation, dass es sich bei dem „verschlossenen Kind" um Bourgeois' eigenes Geburtserlebnis handelt, verständlich und deutbar.

Ihre schriftliche Erläuterung zum finalen Werk verfassen Sie konzentriert und auf den Punkt gebracht. Vermeiden Sie Redundanzen in Ihren Ausführungen sowie Hinweise, die selbsterklärend und offensichtlich sind. Sie haben vielmehr hier die Möglichkeit, schwächere Partien in Ihrer Figuren-/Objektreihe erklärend zu korrigieren. Geben Sie diese ruhig zu und beweisen Sie damit, dass Sie zu einer objektiven **Reflexion** fähig sind.

Vermeiden Sie bei Ihrer Bezugnahme zum Werk von Louise Bourgeois Wiederholungen der in Aufgabe 2 dargelegten Beschreibungen. Stellen Sie vielmehr konkret Ihre Überlegungen und Korrespondenzen zur Werkreihe „The Reticent Child" vor. Diese müssen für die Betrachter*innen visuell nachvollziehbar sein. Vermeiden Sie hier Aussagen darüber, welche Aspekte Sie eigentlich noch aufgreifen wollten, dann aber doch fallen ließen (die Ausführung Ihrer Selbstkritik zum Werk reicht einmal aus). Bemühen Sie sich auch hier um eine deutliche, nicht ausschweifende Sprache und beziehen Sie sich ganz konkret auf die gezeigten Werke.

Abiturprüfung NRW 2016 – Kunst Grundkurs
Aufgabe 1

Wirklichkeit in künstlerischen Konzepten
- *Konstruktion von Erinnerung in den Installationen und Objekten von Christian Boltanski*

Fachliche Methoden
- *Werkbezogene Form- und Strukturanalysen einschließlich untersuchender und erläuternder Skizzen*
- *Werkexterne Zugänge zur Analyse und Interpretation (motivgeschichtlicher Vergleich, Hinzuziehung kunstgeschichtlicher Quellentexte/von Texten aus Bezugswissenschaften)*

Aufgabenstellung Punkte

1. Beschreiben Sie das Werk „Autel Chases" (Chases Altar), 1987, von Christian Boltanski.   12

2. Analysieren Sie die formale Gestaltung des Werkes und berücksichtigen Sie dabei insbesondere
   - die Art und Beschaffenheit der verwendeten Gegenstände sowie deren Form und Materialität,
   - die Anordnung der Gegenstände und deren Beziehung zueinander,
   - den Einsatz des Lichtes.

   Fertigen Sie zur Anordnung der Gegenstände und zum Einsatz des Lichtes zunächst analysierende Skizzen an und beziehen Sie Ihre dadurch gewonnenen Erkenntnisse in Ihre Analyse mit ein.   46

3. Interpretieren Sie das Werk auf der Grundlage Ihrer Analyseergebnisse sowie Ihrer Kenntnisse über den Künstler und anderer Ihnen bekannter Werke.
   Berücksichtigen Sie dabei auch die Zusatzinformationen.
   Erläutern Sie ergänzend die Auseinandersetzung mit dem Thema der Erinnerung in Boltanskis Werk „Autel Chases" auch im Hinblick auf die Verwendung der Fotografie der Abschlussklasse (Abbildung 2) als Ausgangsmaterial.   32

Materialgrundlage
Bildmaterial:
Abb. 1: Christian Boltanski, „Autel Chases" (Chases Altar), 1987, Wandinstallation mit 32 Metalldosen, 8 schwarz-weißen Fotografien, 8 Klemmlampen und Kabel, 230×250×32,5 cm, Privatsammlung

Abb. 2: Fotografie der Abschlussklasse des jüdischen Gymnasiums Chases in Wien 1931

Textmaterial:
Zusatzinformationen zum Werk „Autel Chases":
In der Entstehungszeit von „Autel Chases" entstanden mehrere Arbeiten mit gleichem Titel. Als Grundlage dieser Serie diente eine Fotografie der Abschlussklasse des jüdischen Gymnasiums „Chases" in Wien von 1931, welches Boltanski einem Buch über den jüdischen Teil der Bevölkerung in Wien entnahm.
Der Künstler wusste zum Zeitpunkt der Erstellung seiner Arbeit nichts über die Lebensgeschichte der abgebildeten Personen. Erst bei einer Ausstellung in New York meldete sich ein Überlebender, der sich selbst auf dem Foto erkannt hatte.

(Autorentext)

Zugelassene Hilfsmittel
– Wörterbuch zur deutschen Rechtschreibung
– Skizzenpapier, Transparentpapier, Farbstifte, Bleistifte, Lineal

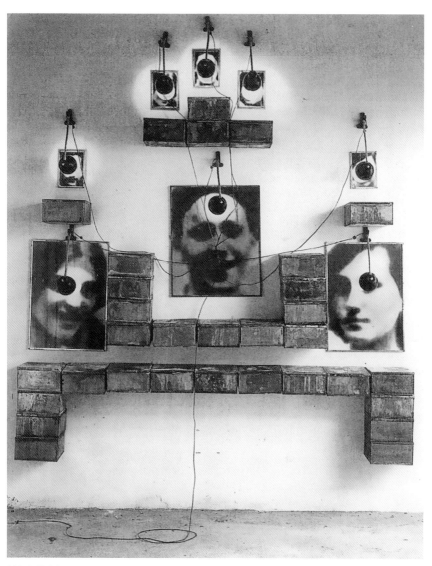

Abb. 1: Christian Boltanski, „Autel Chases" (Chases Altar), 1987, Wandinstallation mit 32 Metalldosen, 8 schwarz-weißen Fotografien, 8 Klemmlampen und Kabel, 230 × 250 × 32,5 cm, Privatsammlung

Lösungsvorschläge

1. *Hinweis: Zur Werkbeschreibung nennen Sie zuerst die angegebenen Werkdaten. Anschließend beschreiben Sie die Installation „Autel Chases" von Christian Boltanski sprachlich differenziert und nachvollziehbar. Dabei bleiben Sie sachlich in Ihrer Darstellung und geben ohne Wertung Gattung, Format und Inhalt in einer strukturierten Reihenfolge wieder.*

Bei Christian Boltanskis Werk aus dem Jahr 1987 handelt es sich um eine Installation, genauer um eine **Wandinstallation** mit dem Titel „Autel Chases". Diese besteht aus 32 großen Metalldosen, die in etwa die Größe von Schuhkartons haben, acht gerahmten Schwarz-Weiß-Fotografien hinter Glas, fünf in Postkartengröße und drei etwa im DIN-A2-Format, acht schwarzen, angeschalteten runden Klemmlampen und einem Kabel. Sie misst 230 × 250 × 32,5 cm und befindet sich in einer Privatsammlung.

Bis auf das schwarze Kabel, das die Klemmlampen miteinander verbindet, hier tatsächlich als Stromkabel dient und als solches über den Fußboden geführt wird, sind alle genannten Elemente an die Wand montiert. Dabei zeigen sie in ihrer Hängung einen **symmetrischen Aufbau**: In der Mitte hängt ein großformatiges, frontal aufgenommenes, unscharfes **Kopfporträt** einer lächelnden Frau in Schwarz-Weiß. Links, rechts und unten wird es umrahmt von insgesamt elf Metalldosen. Links und rechts von diesen hängen zwei weitere Kopfporträts, die wie das in der Mitte ebenfalls schwarz-weiß und leicht verschwommen sind. Sie zeigen zwei Frauen, die sich jeweils zur Installationsmitte hinwenden. Die Frau auf dem linken Bild lächelt, die auf dem rechten schaut neutral, aber freundlich. Diese Gruppierung wird unterfangen von neun weiteren Metalldosen, die wiederum – an einen Sockelfuß erinnernd – links und rechts mit jeweils drei weiteren Dosen verstärkt werden. Über den drei Fotografien befinden sich weitere Metalldosen – insgesamt sechs. Wiederum darüber hängen wesentlich kleinere Schwarz-Weiß-Fotografien: mittig in pyramidaler Hängung drei, und links und rechts dann jeweils noch eine.

Auf jede Fotografie ist eine eingeschaltete Klemmlampe gerichtet, dabei ist der Abstand zur Fotografie so gering, dass man die Motive der oberen fünf Fotos kaum sehen kann. Vielmehr lässt sich in Kombination mit den unteren großen Fotografien, auf denen die Lampen auf Stirn- bzw. Augenhöhe gerichtet sind, erahnen, dass sich auf ihnen ebenfalls Kopfporträts befinden. Die spiegelgleiche Werkkonstruktion wird etwas gestört durch die Kabel, die die Lampen miteinander verbinden: Auf Mundhöhe des mittleren Porträts laufen diese zusammen, um dann etwas aus der Mitte versetzt zwischen zwei Metalldosen als ein Kabel auf den Boden geführt zu werden. Das Kabel formt hier noch eine Schlaufe, ehe es links aus dem Bild verschwindet.

Die Lichtkegel der Klemmlampen unterstreichen hingegen den harmonischen Aufbau und werfen ein warmes Licht auf die **Schwarz-Weiß-Fotografien** der Installation, in der ansonsten die grauen Metalldosen den Farbklang dominieren. Sowohl die Fotografien, die schwarzen Lampen als auch die matt grau angelaufenen Dosen sowie Metallrahmen stammen nicht aus der heutigen Zeit: Der Aufnahmestil der Bilder, das Design der Dosen, die schmalen Rahmen und Klemmlampen wie auch ihre Materialien deuten auf die 30er- und 40er-Jahre des letzten Jahrhunderts hin. Die Raumsituation, in der sich die Wandinstallation befindet, passt zu diesen in die Jahre gekommenen Werkobjekten: Der Boden scheint aus rohem Beton zu bestehen, der an einigen Stellen etwas abblättert, und die weiß getünchte Wand zeigt insbesondere im unteren Bereich Stockflecken.

2. *Hinweis: In dieser Aufgabe untersuchen Sie die formalen Aspekte der Wandinstallation, also die Komposition, die Formen sowie Licht- und Farbaspekte und die Raumsituation. Die Materialien, ihre Art und Beschaffenheit wie auch die Anordnung der Gegenstände untersuchen Sie, indem Sie diese auch in Beziehung zueinander setzen. Fertigen Sie für Ihre Werkanalyse vorab Skizzen an, die u. a. die Anordnung der Gegenstände wie den Einsatz des Lichtes verdeutlichen, und integrieren Sie diese anschließend sinnvoll in Ihre schriftliche Darstellung.*

Wie in der Beschreibung (vgl. Aufgabe 1) bereits ausgeführt, stammen alle zur Installation „Autel Chases" gehörenden Objekte aus einer vergangenen Zeit; dabei sind die Metalldosen und -rahmen von der Zeit angegriffen und sind angelaufen. Zu der Art ihrer Beschaffenheit, also ihrer Materialität, passt das Formgefüge der Installation: Sie zeigt einen **modularen Aufbau**, der einer linearen architektonischen Struktur gleicht, die sich – auf einem breiten Fundament– nach oben auftürmt (vgl. Skizze 1). Dominieren die geraden Kasten- und Rahmenformen, verursachen die runden Klemmlampen mit ihren Halterungen an der Wand und den halbkugeligen Lampenschirmen einen deutlichen Kontrast dazu. Die runden Lichtkegel, die sie auf die Bilder werfen, steigern diesen Eindruck noch und heben zudem die natürlich weichen Formen der Porträts (Augenhöhlen, Kopfform, Stirnbogen etc.) hervor. Auch durch die geschwungen verlaufenden Lineaturen der Kabel wird die strenge Formation der Installation gestört.
Im Gegensatz zu allen anderen Materialien sind diese flexibel und fallen locker herab. Das links aus dem Bild laufende Kabel verdeutlicht schließlich auch die Ausschnitthaftigkeit der Fotografie, die ansonsten die Installation Boltanskis im **Hochformat** zentral und ausfüllend ins Bild setzt.
Skizze 1 verdeutlicht die räumliche Anordnung der Gegenstände: Dabei zeigt sich deutlich eine horizontale sowie vertikal blockhafte Gliederung der verschiedenen Formelemente. An einen Tisch oder Sockel erinnernd, trägt bzw. stützt die Aneinanderreihung der unteren Blechdosen optisch das darüber befindliche Objektarrangement. Tatsächlich haben die Dosen keinen physischen Kontakt zu den höher gehängten Objekten, und da sie auch den Boden nicht berühren, vermitteln sie einen schwebenden Eindruck. Diese Vorstellung überträgt sich aufs gesamte Werk. In die Höhe ausgerichtet, bilden die drei großen Fotos zusammen mit den ihnen zur Seite gehängten Kisten bzw. Dosen drei Blöcke, wobei der mittlere den oberen Abschluss bildet. Dieser wird bekrönt von dem Arrangement der kleinen Fotografien, Lampen und Kästen. In **spiegelbildlicher Anordnung** sind die Sei-

ten links und rechts der Mittelachse gestaltet; der obere Abschluss fällt hier nur einfacher aus. Die sich wiederholenden Richtungsaufbauten und Formkorrespondenzen bestärken die Symmetrie der Wandinstallation. Die Horizontale wird zudem durch die waagerechte Ausrichtung der aufgehängten Kisten verstärkt. Mit der erhöhten Positionierung der mittleren Fotografie, dem aufgetürmten oberen Abschluss und nicht zuletzt den Stromkabeln, die sich in der Bildmitte bündeln, **wird der Blick des Betrachters auf die Werkmitte gelenkt:** auf das frontal ausgerichtete Kopfporträt. Die zur Installation gehörenden Objekte werden durch ihre Präsentation neu kontextuiert. Ihr beschriebener Aufbau erinnert in seiner Form an einen Altar; der Titel „Autel Chases" (Chases Altar) unterstreicht diesen Eindruck.

Auch der **Einsatz des Lichtes** trägt hierzu bei: Die kreisförmigen gelben Lichtkegel, die die Lampen auf die Fotografien werfen, erinnern in Form und Farbigkeit und in ihrer Ausrichtung an Heiligenscheine (vgl. Skizze 2). Sie tragen nicht wirklich zur Beleuchtung der Installation bei, sondern wirken nur partiell: Auf jede der acht Fotografien gerichtet, lenken sie die Aufmerksamkeit auf diese und heben sie aus dem Gesamtkontext hervor. Dabei sind die Lichtreflexe, die sie auf den Fotografien (bzw. auf den Glasscheiben) verursachen, eher kontraproduktiv, da sie das Erkennen der Motive durch die Spiegelung erschweren. Insbesondere bei den fünf kleinen Fotografien, die durch die Lampenschirme fast vollständig verdeckt werden, ist kaum noch etwas zu erkennen und lässt sich, wie oben genannt, nur erahnen. (Betrachtet man die Installation im Original, wird man durch das nähere Herantreten und das Schauen von der Seite mehr identifizieren können.) Durch das Wechselspiel von Betonen und Verdecken wie auch der warmen Farbigkeit erzeugt das Licht eine **ganz besondere Stimmung**: Rätselhaft und anziehend zugleich lockt es den Betrachter an und taucht die ansonsten in Form und Farbe nüchternen, wenig behaglichen Werkobjekte in einen wohltuenden Schein. Ausgespart davon bleiben die grauen Metalldosen. Sie vermitteln zusammen mit dem rauen Betonboden und der nackten Wand den spröden, kalten Grundton des Werks. Die Quantität des Lichtes ist zu gering, um die kühle Atmosphäre des Ganzen zu ändern.

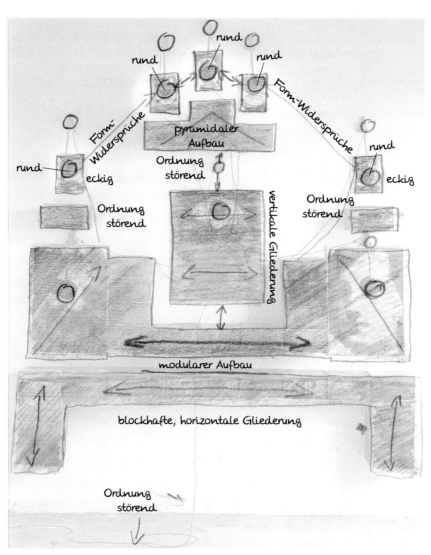

Skizze 1

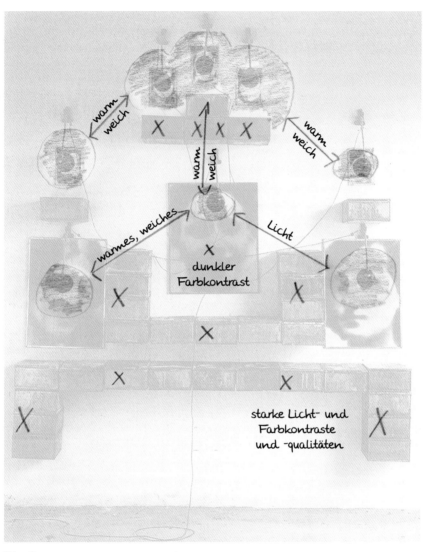

Skizze 2

3. *Hinweis: In die Interpretation des Werks beziehen Sie alle bisher gemachten Erkenntnisse aus Aufgabe 1 und 2 ein. Begründen Sie Ihre Aussagen und Schlussfolgerungen mithilfe Ihrer Beobachtungen, die Sie aus den Aufgaben 1 und 2 sowie aus Ihrem Wissen zum Werk des Künstlers und seinem Kunstschaffen allgemein herleiten.*

Die sich aus der Analyse ergebende Konnotation im Zusammenhang mit dem Titel des Werks erzeugt eine Assoziation, die zu einem ersten Deutungsansatz führt: Die Inszenierung, der modulare, an einen Altar erinnernde Aufbau, die „Heiligenscheine" der Lichtkegel und die konzentrierte Ansammlung der Kopfporträts lassen an einen sakralen Ort denken, einen **Ort des Erinnerns und der kontemplativen Einkehr**. Aber was ist mit der Unschärfe, dem Schemenhaften der Fotografien? Stören diese nicht die „heilige" Verehrung? Die unordentlich über die Fotos verlaufenden Stromkabel und die Lampen, die die Bilder verdecken? Und die profanen Materialien von angelaufenem Metall und einfachen Bilderrahmen? Diese Dinge konterkarieren doch vielmehr die sakrale Inszenierung? Die simplen Metalldosen und funktionalen Klemmlampen scheinen aus einem Büro zu stammen. Ihre Aufstapelung bzw. Montage an die Wand hat etwas von Archivierung und Inventarisierung. Sind es die Lebensgeschichten der Fotografierten, die sich in den Kisten befinden?

Die Zusatzinformation verrät, wer die unbekannten Porträtierten waren: Schüler einer Abschlussklasse des jüdischen Gymnasiums Chases in Wien. Die Aufnahme stammt aus dem Jahre 1931. Christian Boltanski entdeckte sie in einem Buch über den jüdischen Teil der Bevölkerung Wiens. Weitere Recherchen zu den einzelnen Personen auf dem Foto stellte er nicht an. Ihre Lebenswege oder Schicksale im Dritten Reich sind ihm nicht bekannt. Dennoch verwendete er sie für seine Installation: Es sind Individuen, die in ihrer singulären Erscheinung an das kollektive Gedächtnis gemahnen. Sie setzen im Rahmen der künstlerischen Präsentation ein Zeichen des Gedenkens gegen das Vergessen und namenlose Verschwinden vieler Hunderttausend europäischer Juden zur Zeit des Nationalsozialismus. So passt die Installation mit ihren sakralen, aber auch kalten und nüchternen Elementen, der Ernsthaftigkeit und Feierlichkeit wie auch dem warmen Licht und den weichen Gesichtszügen zum einen wie zum anderen: zu den unerbittlichen, mordenden Nazischergen in ihrer monströsen Ästhetik und der Fröhlichkeit der unschuldigen, ahnungslosen jüdischen Schüler zu Beginn der 1930er-Jahre. Der Künstler Boltanski vermag hier – wie in vielen anderen seiner Werke – auch seinen eigenen jüdisch-christlichen Hintergrund zu reflektieren: 1944 kurz nach der deutschen Besatzung im befreiten Paris geboren, war seine Kindheit geprägt von den **Erinnerungen** seiner aus Osteuropa stammenden jüdischen Eltern **an den Holocaust**.

Für Boltanski ganz typisch ist, dass er sich nicht einer individuellen Erinnerung verschreibt, sich also nicht an konkrete Personen bindet. Bewusst wählt er unbekannte Personen aus für das Gedenken an alle anderen. Er erinnert so nicht an eine spezielle Lebensgeschichte, sondern an die Summe aller Schicksale. Dabei verwendet er fast immer historisch-dokumentarische Fotografien, wie im vorliegenden Fall das der Abschlussklasse, als Ausgangsmaterial. Mit seiner künstlerischen Überarbeitung setzt er ein **Zeichen gegen das Vergessen**. Für die Installation „Autel Chases" wählte er acht Schülerinnen aus, die er anschließend einzeln präsentierte, also aus ihrem gemeinschaftlichen Kontext herauslöste. Ohne persönlichen Bezug zu den in seinen Arbeiten gezeigten Personen und ohne deren Einzelschicksale zu kennen, macht Boltanski die Vergänglichkeit auch selbst zum Thema: Erinnert sich heute überhaupt noch jemand an die Menschen auf den alten Fotografien? Durch die fotografischen Zitate wirft er Fragen zur Identität der gezeigten Personen auf. Dabei sind seine Fotos häufig nicht identifizierbar: Oft findet der Künstler sein Fotomaterial auf Flohmärkten. („Autel Chases" ist hier eher eine Ausnahme: Ein Überlebender erkannte sich auf der Fotografie und meldete sich beim Künstler.)

Seine Fundstücke gleichen Erinnerungsstücken, die er in seinen Installationen archiviert und bewahrt. Die sogenannte **Spurensicherung**, die er damit vollzieht, wird der **Konzeptkunst** zugeschrieben, die sich in den 1970er-Jahren formierte. In den archivarisch angelegten Objektsammlungen dieser Kunstart geht es häufig um den Umgang mit Geschichte. Zur Spurensuche Boltanskis gehören die gesammelten Flohmarktobjekte, die beim Betrachter eine individuelle Erinnerung und bestimmte Emotionen wachrufen – aber schließlich auf das kollektive Erinnern verweisen: Was bleibt an Individuellem übrig von einem Menschen? Wer erinnert sich überhaupt an ihn? Löst er sich im kollektiven Gedenken aller auf? Letztlich sind es diese existenziellen Fragen, die uns Boltanski in seinen Erinnerungs-Installationen stellt. Auf der Suche nach Antworten setzen wir uns mit dem Tod auseinander und fragen ganz allgemein, wie die Erinnerung überhaupt entsteht und inwieweit Bilder dazu beitragen können.

Abiturprüfung NRW 2016 – Kunst Grundkurs
Aufgabe 2

Bezüge zu den Vorgaben:
Wirklichkeit in künstlerischen Konzepten
– *Mensch und Raum im fotografischen Werk von Andreas Gursky*
Fachliche Methoden
– *Werkbezogene Form- und Strukturanalysen einschließlich untersuchender und erläuternder Skizzen*
– *Werkexterne Zugänge zur Analyse und Interpretation (motivgeschichtlicher Vergleich, Hinzuziehung kunstgeschichtlicher Quellentexte/von Texten aus Bezugswissenschaften)*

Aufgabenstellung Punkte

1. Beschreiben Sie das Werk „Madonna I" von Andreas Gursky. 12

2. Analysieren Sie die formale Gestaltung des Werkes, insbesondere die Aspekte
   – Bildfläche,
   – Bildraum,
   – Kameraperspektive,
   – Lichtführung,
   – Farbe.
   Fertigen Sie zunächst analysierende Skizzen zu den Aspekten „Bildfläche" und „Bildraum" an und beziehen Sie Ihre dadurch gewonnenen Erkenntnisse erläuternd in Ihre Analyse mit ein. 46

3. Interpretieren Sie Gurkys Werk „Madonna I" auf der Basis Ihrer Analyseergebnisse und Ihrer Kenntnisse über dessen Arbeitsweise und berücksichtigen Sie hierbei auch den deutlich werdenden Umgang des Künstlers mit Wirklichkeit. 32

Materialgrundlage
Bildmaterial:
Abb. 1: Andreas Gursky, „Madonna I", 2001, Foto C-Print, 281×206×6,2 cm im Louisiana Museum of Modern Art in Humlebaek, Dänemark, 2012
Abb. 2: Andreas Gursky, „Madonna I", 2001, Detail

Textmaterial:
Zusatzinformationen:
Madonna Louise Ciccone (geboren 1958) ist die bisher kommerziell erfolgreichste Sängerin der Welt. Sie prägte die Popkultur der letzten 20 Jahre des 20. Jahrhunderts

durch ihre Musik, ihre Kleidung sowie ihre Präsentationen auf Bühnen und in Videoclips.

Autorentext

Zugelassene Hilfsmittel
- Wörterbuch zur deutschen Rechtschreibung
- Skizzenpapier, Transparentpapier, Farbstifte, Bleistifte, Lineal

Abb. 1: Andreas Gursky, „Madonna I", 2001, Foto C-Print, 281 × 206 × 6,2 cm, © Andreas Gursky/ VG Bild-Kunst, Bonn, Courtesy: Sprüth Magers

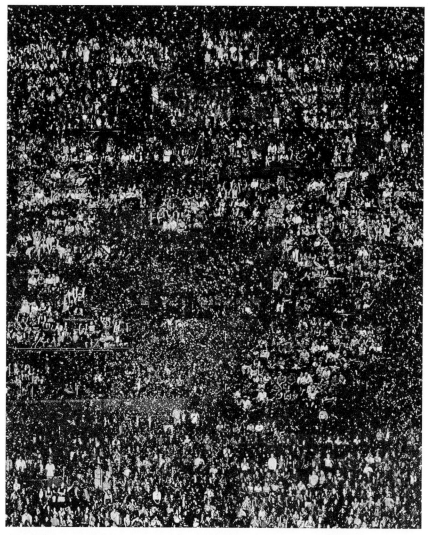

Abb. 2: Detail aus: Andreas Gursky, „Madonna I", 2001, Foto C-Print, 281 × 206 × 6,2 cm, © Andreas Gursky/ VG Bild-Kunst, Bonn, Courtesy: Sprüth Magers

Lösungsvorschläge

1. *Hinweis: In dieser Aufgabe sollen Sie die Werkdaten benennen und anschließend „Madonna I" von Andreas Gursky sprachlich adäquat und differenziert beschreiben. Die deskriptive Methode, die Sie aus dem Unterricht kennen, gibt sachlich, also ohne zu bewerten, die Gattung, das Format sowie den gezeigten Inhalt des Bildwerks wieder. Dabei stellen Sie Ihre Beobachtung der Bildgegenstände der Bedeutung nach gewichtet in einer schlüssigen Gedankenführung dar. Subjektive Urteile vermeiden Sie in Ihrer Beschreibung.*

Das Werk „Madonna I" von Andreas Gursky ist aus dem Jahr 2001 und zeigt eine **Farbfotografie**, einen Foto-C-Print, im Hochformat mit den Maßen 307 × 220,4 cm (vgl. Abb. 1). Das Werk befindet sich im Louisiana Museum of Modern Art in Humlebaek, Dänemark.

Auf den ersten Blick nimmt der Betrachter die riesige schwarze Fläche der Fotografie wahr, die von hellen, aufblitzenden Farbeinsprengseln unterbrochen wird. Insbesondere die obere Bildhälfte zeigt eine gleichmäßige, kleinteilige Struktur, die vom linken Bildrand durch größere Elemente durchbrochen wird. Im unteren Bildbereich nehmen die hellen Farbakzente zu und auf der linken Seite scheint sich die Struktur aufzulösen. Durch die auf einer hell erleuchteten Bühne stehende Sängerin, die ein Mikrofon in der Hand hält, klärt sich die Bildsituation: Die Fotografie zeigt ein **Konzert des Popstars Madonna**, so auch der Werktitel, auf das der Betrachter vermeintlich von weit oben aus einem Winkel aus der **Vogelperspektive** blickt.

Trotz des großen Formats wird nur ein **Ausschnitt** vom ganzen Geschehen gezeigt. Einzelne Ansichten, wie etwa der Bühnenbereich, sind von der Seite aufgenommen. Dies trifft auch auf die größeren Bildelemente zu, die sich mehrheitlich auf der linken Bildhälfte befinden, wie etwa Absperrgitter, Scheinwerfer- und Boxenaufbauten und die am Seil kopfüber baumelnden Tänzer in rosaroten Kostümen. Die große Masse, die die Bildfläche wie eine kleinteilige Struktur überzieht, sind die Zuschauer, die sich vom dunklen Grund – wahrscheinlich eines Stadions – zum Teil mit farbiger Kleidung abheben. Nimmt man sie im oberen Bildbereich als Einheit wahr, werden sie im unteren zu Individuen. Durch das Scheinwerferlicht angestrahlt sind einzelne Konzertbesucher in der Nahbetrachtung gut zu erkennen: ihre unterschiedliche Oberbekleidung, ihre Haltung – die Arme in die Höhe gestreckt oder klatschend –, ihre mehrheitlich zur Bühne hin ausgerichtete Blickrichtung. Dieselbe **Bildschärfe** zeigt sich auch bei der Sängerin: Man sieht ihre durchtrainierten Oberarme, das lange, blond gelockte Haar wie auch den rot-weiß gestreiften Rock zur schwarzen Hose und das schwarze Top.

Obwohl die Bühne im Bildganzen nicht viel Raum einnimmt, sticht sie durch das grelle Weiß und Violett des in künstlichen Nebel getauchten Bühnenbodens hervor. Weitere Bandmusiker sind auf ihr zu erkennen: schräg vor Madonna der Bassist, eine Chorsängerin etc. Die bereits erwähnten hängenden Tänzer wie auch die farbig angestrahlten Bühnenaufbauten inklusive der gelben Lichtkegel links

im Bild werfen Fragen in Bezug auf ihre Positionierung auf. Nicht in den Bildaufbau passen will auch die Ansicht eines Sonnenuntergangs vor Stadtkulisse in warmen Orangetönen, dessen dreigeteiltes Bild sich unterhalb der Bühne befindet. Eine Videoprojektion, die zur Bühnenshow gehört? Und rechts davon eine Wasserspiegelung, die auf den Bühnenboden projiziert wird?
Die **Entfernung zu den Zuschauern** ist in der oberen Bildhälfte wesentlich größer. So sind mehrheitlich nur noch helle Punkte zu erkennen, die einen Kontrast zur schwarzen Umgebung darstellen. Die Detailbetrachtung (vgl. Abb. 2) stellt einzelne Personen oder Personengruppen heraus, wobei ihre rhythmische Anordnung augenfällig ist.
Die verschiedenen Bildmotive legen die Vermutung nahe, dass der Betrachterstandpunkt variiert: Aus der Vogelperpektive schaut man auf das Konzertgeschehen, aber die Entfernung und die Blickrichtungen verändern sich. So ist die **Distanz** im unteren Bildbereich wesentlich geringer im Vergleich zu hinten bzw. oben, wo sie deutlich ansteigt. Auch verschiebt sich der Winkel der **Blickachse** immer wieder: So ist er mal seitlich auf die Bühne, mal frontal auf die Seiltänzer und dann fast von oben auf die Köpfe der Zuschauer gerichtet.

2. *Hinweis: In dieser Aufgabe untersuchen Sie die Fotografie im Hinblick auf Komposition, Form und Raum sowie Licht- und Farbaspekte. Ausgehend von der unter Aufgabe 1 erfassten Anordnung der Bildgegenstände auf der Bildfläche, sind die Bildraumkomposition sowie die Farbgestaltung nachvollziehbar aufzuzeigen. Der Kameraperspektive kommt hier eine besondere Bedeutung zu. Ihre vorab erstellten Skizzen dienen der schriftlichen Bildanalyse zur Erklärung und unterstützen ihre Ausführungen – insbesondere zur Veranschaulichung der Bildfläche und des Bildraums. Als Analyseinstrument bringen Sie diese in Ihre formale Bildbetrachtung verständlich ein.*

Analyseskizze I zur Farbfotografie „Madonna I" von Gursky stellt die Ausrichtung der Formelemente im Bildraum dar. Der Bildausschnitt, der auf dem Hochformat abgebildet ist, zeigt ein **Richtungsgefüge**, das sich in geschwungenen Linien zur Bühne hin bewegt: eine wogende, rhythmische Menge, die auf einen Punkt ausgerichtet ist. Einzelne Bildelemente wie die aufeinandergestapelten Boxen im Zuschauerraum und die Absperrgitter unterstreichen die Bewegung noch wie auch der weich ausgeleuchtete Bühnenboden, auf dem die Sängerin steht. Sie stellt in ihrer horizontalen Ausrichtung einen Gegenpol zur augenscheinlich pulsierenden Zuschauermenge dar. Zusammen mit den überwiegend vertikal ausgerichteten Bühnenaufbauten über ihr wie auch den hängenden Tänzern wird dieser Eindruck noch verstärkt: Die Masse wird in ihrem Bewegungsdrang gestoppt.
Die Bildfläche wird überdies noch durch die unterschiedlichen Größenverhältnisse strukturiert: Wie in Aufgabe 1 beschrieben, heben sich einzelne Personen oder Personengruppen durch ihre Größe und Farbigkeit aus der Menge heraus. Dies führt zu einer **Gliederung der Fläche**, die im unteren Bildbereich vor dem Bühnenraum durch die verstärkte Nahsicht wesentlich unruhiger wird.

Die **Formkontraste** auf der Bildfläche von Einzelfigur und Masse sowie von den verschiedenen Richtungsbezügen führen zu einer deutlichen Trennung des Bühnenraums vom Zuschauerraum. Unterstützt wird dieser Eindruck auch durch die **Tiefenschärfe** in manchen Bildpartien. So sind die Sängerin wie auch einzelne Zuschauer sehr deutlich und scharf zu erkennen, wohingegen andere Bildbereiche sich im Schwarz aufzulösen scheinen und nicht mehr zu differenzieren sind.

Die genannten **collageartigen Überschneidungen** im Bildraum insbesondere auf der linken Seite der Fotografie stellen die uneinheitlichen Größenverhältnisse heraus und irritieren. Die Facettierung des Raumgefüges ist an vielen Stellen unklar: So ist die Sängerin im Verhältnis zu den Zuschauern im oberen Bildbereich viel zu groß und die Quantität der Menschen fügt sich nicht stimmig in die Raumgröße: Die unübersichtliche Menschenansammlung scheint die Sängerin zu überschwemmen, drängt sie in die linke Bildecke. Die Distanzen variieren, sodass der Raum von einer Masse überdeckt zu sein scheint, die diesen aus seiner natürlichen Begrenzung heraushebt. Betont wird dies durch die Ausschnitthaftigkeit, die trotz des riesigen Bildformats das Popkonzert Madonnas mit seiner Besuchermenge nicht zu fassen scheint.

Die unterschiedlichen Bildfacetten, die – wie oben dargestellt – räumlich nicht zusammenpassen, sind ein Hinweis auf eine **wechselnde Kameraperspektive**. Auch die Tiefenschärfe in den fernen wie auch nahen Bildbereichen weist darauf hin. Durch diese Perspektivenwechsel ist der Betrachter gezwungen, seine Positionierung im Bild immer wieder neu zu bestimmen. Dies führt zu einer optischen Bewegung beim Betrachten, die eine Dynamik hervorruft, die zum Motiv der ausgelassenen Konzertstimmung passt.

Die **Lichtführung** unterstützt die Unübersichtlichkeit des Bildganzen: So ist keine eindeutige Lichtquelle auszumachen (vgl. Skizze 2). Über den gesamten Bildraum verteilt sind einzelne Bereiche erhellt. Die Intensität dieser partiellen Beleuchtung nimmt im unteren Bildbereich zu: Die unmittelbar vor der Bühne jubelnden Fans werden wie auch die Protagonisten grell angestrahlt, wobei das Licht aus verschiedenen Richtungen auf sie fällt. Der erhellte Bühnenboden tritt aus dem Dunkel deutlich hervor: Zum dicht an dicht gefüllten Zuschauerraum bildet er einen starken Kontrast und unterstreicht zudem die Trennung von Bühne und Zuschauerraum. Unklare Lichtreflexe und Lichtbilder bzw. -spiegelungen unterhalb und oberhalb der Bühne (die gelben Lichtkegel, die farbig angestrahlten Gitter und Bühnenaufbauten, die vermeintlichen Videobildprojektionen etc.) irritieren und ergeben kein stimmiges Gesamtbild.

Die heterogene **Hell-Dunkel-Verteilung** im Bildraum erfüllt einen ähnlichen Zweck: Starke Kontraste werden durch die Dominanz der Farbe Schwarz und der eingestreuten Vielfarbigkeit der unterschiedlich bekleideten Zuschauer verursacht. Die Farbe Weiß sticht dabei besonders hervor, was an der grellen Ausleuchtung einzelner Bildpartien liegt.

Die Quantität der Farbe Schwarz kennzeichnet hier die Masse, wohingegen die **Farbqualität** der vereinzelt aufblitzenden roten Oberteile sowie die violetten Farbsegmente, etwa auf der Bühne, am Bühnenrand und bei den Seiltänzern, die

Details betonen wie auch die Hauptfigur des Geschehens, die Popsängerin Madonna.

Lichtführung und Farbe des riesigen Bildformats veranlassen den Betrachter, sein Auge auf der Bildfläche in ständiger Bewegung zu halten, und fordern ihn auch physisch heraus. Er tritt zurück, um die Fotografie als Ganzes zu erleben: die Struktur der wogenden Masse, die aus der Distanz einen gleichbleibenden Rhythmus erzeugt. Und er tritt vor, um sich im Detail zu verlieren, die Begeisterung des Individuums zu erkunden.

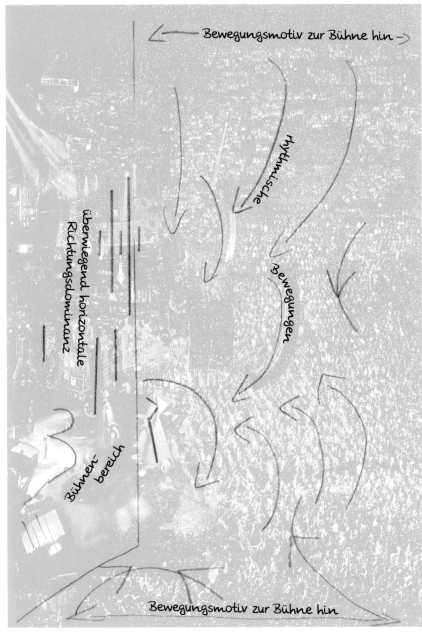
Skizze 1

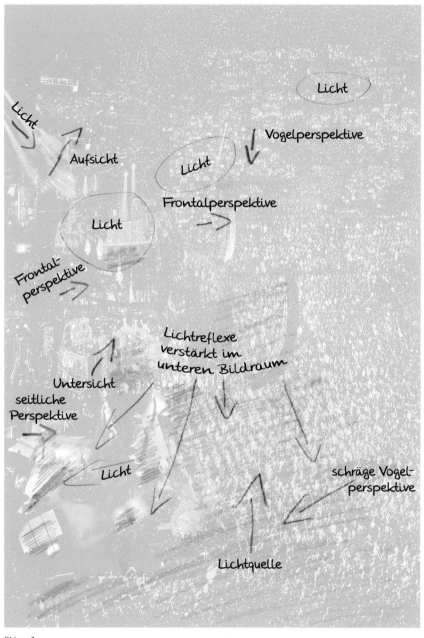

Skizze 2

3. Hinweis: *In die Interpretation des Bildes beziehen Sie alle Ergebnisse aus Aufgabe 1 und 2 ein wie auch Ihre Kenntnisse zum Künstler und seinem Kunstschaffen. Begründen Sie Ihre Aussagen und Deutungen mithilfe Ihrer Beobachtungen, die Sie aus den Aufgaben 1 und 2 sowie aus Ihrem Wissen zum Werk des Künstlers herleiten.*

Aus der Ferne betrachtet, erinnert Gurskys „Madonna I" an den Blick in eine Galaxie, in der man eine Ansammlung von Sternen, Gasnebeln und Planeten entdeckt. Erst aus der Nähe erkennt man das tatsächliche Bildmotiv: die amerikanische Popqueen Madonna bei einem ihrer Konzertauftritte vor einer riesigen, jubelnden Zuschauermenge. Das große Bildformat passt zum Phänomen der Massenveranstaltung von heute: Selbst der überdimensionierte Bildraum wird noch gesprengt, da nur ein Ausschnitt des Ganzen zu sehen ist. Wie in der Analyse dargestellt, handelt es sich bei der auf den ersten Blick vermeintlich realen Situation um eine **konstruierte Wirklichkeit**. Das Bildkonstrukt reflektiert nicht nur das Popkonzert als zeittypisches Kuriosum, sondern hinterfragt auch unsere Wahrnehmung: Ist nicht alles mehr Schein als Sein? Wie weit geht unsere Idolisierung und Idealisierung eines Popstars? Die digitalisierte Fotografie Gurskys, die auch der kenntnisreiche Betrachter erst nach genauem Hinschauen begreift, betont durch die beschriebene Lichtführung, die Farbakzentuierungen sowie die Formgegensätze genau diese Aspekte: Madonna wird einerseits kompositorisch hervorgehoben und scheint sich zu behaupten, andererseits wird sie von der unüberschaubaren Masse durch ihre nebensächliche Positionierung im Bildraum geradezu verschluckt. Sie ist für ihre Fans unerreichbar, wirkt aber auch an ihrem isolierten Platz verloren.

Durch den **Einsatz unterschiedlicher Lichtquellen** steigert Gursky die Dominanz der Masse und kreiert gleichzeitig auch eine Ambivalenz: Scheint das Individuum in der Menge unterzugehen, zeigt es doch Präsenz in der Nahansicht. Gerade weil der Betrachter das Original wegen seiner riesenhaften Größe nicht überblicken kann, tritt er heran und betrachtet es aus der Nähe. Durch die Lichtführung werden einzelne Besucher im unteren Bildteil hervorgehoben: Ihre weißen oder farbig leuchtenden Oberteile, ihre begeisterten Gesten und Blicke zur Bühne hin sind gut zu erkennen. Der Betrachter wandert mit seinen Augen über die Fotografie und nimmt dabei den **Bewegungsrhythmus** auf: Alles richtet sich dynamisch zur Bühne hin. Dabei ist jeder einzelne Bildbereich scharf zu sehen. Mit der analogen, unbearbeiteten Fotografie wäre dies nicht möglich: Würde man auf die Bühne scharfstellen, würden die Seiten und der Hintergrund der Aufnahme verschwimmen. Wie schon in der Analyse festgestellt, hat der Künstler hier verschiedene Bildszenen, die er aus unterschiedlichen Perspektiven mit der Kamera aufnahm, zu einem Bild am Computer komponiert. (Schaut man lange genug in die Zuschauermenge, meint man sogar Wiederholungen zu entdecken: Einige Personen tauchen an verschiedenen Orten mehrfach auf.) Mithilfe von nachträglich geschärften Bildbereichen, ausgewählten Motivausschnitten, Vergrößerungen wie Verkleinerungen wurde ein **neues Bildgefüge** geschaffen. Damit knüpft Gursky an ganz traditionelle Kunstverfahren an, wie etwa an das Kunstschaffen des deutschen Romantikers Caspar David Friedrich, der aus vielen einzeln angefertigten Naturskizzen seine Ölbilder aufbaute.

Es ist also eine konstruierte Wirklichkeit, mit der Gursky uns hier konfrontiert. Und da wir – noch immer – an die Echtheit der Fotografie glauben, fühlen wir uns getäuscht. Diese **Irritation des Betrachters** durch die erkennbare Künstlichkeit der digital veränderten Welt in den Fotografien Gurskys ist beabsichtigt. Der Künstler fordert uns damit zu einer intensiven Auseinandersetzung mit der Wirklichkeit heraus sowie zur **Hinterfragung von Wahrnehmungen** und Sinneseindrücken. Insbesondere seine Fotografien, die sich mit Massenveranstaltungen beschäftigen (das Werk „Madonna I" gehört zu einer Reihe von Popkonzert-Fotografien Gurskys), regen zur Reflexion von gesellschaftlichen Phänomenen unserer Zeit an: der sich in der Menge verlierende, gleich gebärdende Mensch als Sinnbild für die gleichgeschaltete Gesellschaft? Sein Spiel mit Distanz und Nähe, des Aufgehens in der Gemeinschaft und des Verlorenseins in der Masse sind ein Spiegel der Ambivalenz der menschlichen Existenz.

Die **kritische Haltung des Künstlers** gegenüber Idealisierungen und scheinbar grenzenloser Zuneigung und Zustimmung zeigt sich nicht nur in seinen Fotografien von Großveranstaltungen. Auch seine Fotoarbeiten aus der Welt des Konsums (z. B. „99 Cent" aus dem Jahr 2001) und der Technik (z. B. „Kamiokande" aus dem Jahr 2007) senden Botschaften, die die Konsumgesellschaft und die Globalisierung hinterfragen.

Alle Fotografien Gurskys sind eine **künstlerische Synthese visueller Strukturen**, die zwischen Realität und fiktionaler Wirkung changieren. Mit seinen Arbeiten ist Andreas Gursky zu einem der berühmtesten und teuersten Fotografen der Welt geworden.

Abiturprüfung NRW 2016 – Kunst Leistungskurs
Aufgabe 1

Bezüge zu den Vorgaben:
Wirklichkeit in künstlerischen Konzepten
- *Mensch und Raum im plastischen Werk von Alberto Giacometti*
- *Konstruktion von Erinnerung in den Installationen und Objekten von Louise Bourgeois*

Fachliche Methoden
- *Werkbezogene Form- und Strukturanalysen einschließlich untersuchender und erläuternder Skizzen*
- *Werkexterne Zugänge zur Analyse und Interpretation (motivgeschichtlicher Vergleich, Hinzuziehung kunstgeschichtlicher Quellentexte/von Texten aus Bezugswissenschaften)*

Aufgabenstellung Punkte

1. Beschreiben Sie die Werke „Femme assise" von Alberto Giacometti und „Spider" von Louise Bourgeois. 12

2. Analysieren Sie vergleichend die formale Gestaltung beider Werke. Beziehen Sie sich dabei insbesondere auf die Aspekte
   - Körper-Raum-Bezug,
   - Proportion, Volumen und Plastizität,
   - Materialität und Oberflächenbeschaffenheit.

   Fertigen Sie zunächst analysierende Skizzen zum Aspekt „Körper-Raum-Beziehung" an und beziehen Sie Ihre dadurch gewonnenen Erkenntnisse erläuternd in Ihre Analyse mit ein. 46

3. Interpretieren Sie beide Kunstwerke auf der Grundlage Ihrer bisherigen Untersuchungsergebnisse und unter Einbeziehung Ihrer Kenntnisse der jeweiligen Werk- und Entstehungskontexte sowie der Textmaterialien.
   Erläutern Sie vergleichend den in den künstlerischen Konzepten der beiden vorgelegten Werke „Femme assise" und „Spider" jeweils zum Ausdruck kommenden Wirklichkeitsbezug. 32

Materialgrundlage

Bildmaterial:
Abb. 1 und 2: Alberto Giacometti, Femme assise (Sitzende Frau), 1946, Exemplar 2/6, Bronze, 77×14,5×19 cm, Fondation Beyeler, Riehen/Basel, Sammlung Beyeler
Abb. 3: Louise Bourgeois, Spider (Spinne), 2003, Rostfreier Stahl und Tapisserie, 59,7×71,1×63,5 cm, Private Collection
Abb. 4: Louise Bourgeois, Spider, 2003, Detail

Textmaterial:
Information zur Materialangabe (Abbildungen 3 und 4):
„Tapisserie" – sogenannte Bildwirkerei, eine der Weberei verwandte manuelle Technik zur Herstellung von Stoffen und deren Bezeichnung, ursprünglich verwendet für Wand- bzw. Bildteppiche

Autorentext

Informationen zum Hintergrund der Verwendung von Tapisserien im Werk von Louise Bourgeois:
„Materialien und Techniken der Tapisserie wurzeln tief in Bourgeois' Kindheit. Ihre Mutter und deren Eltern stammten aus der für ihre Tapisserie-Manufakturen berühmten französischen Gemeinde Aubusson. Bourgeois' Eltern besaßen in Paris eine Galerie, in der ihr Vater historische Tapisserien verkaufte, während die Mutter […] [als Weberin] die Tapisserien in ihrer Werkstatt restaurierte. Es sind die persönlichen Erinnerungen an die Arbeit im mütterlichen Atelier, welche dazu führten, dass die Tapisserie ein so wichtiger Bestandteil ihrer Arbeiten wurde."

Zitat der Künstlerin:
„Meine Mutter hat sich oft in die Sonne gesetzt, um eine Tapisserie […] auszubessern. Daran hatte sie wirklich Freude. Dieser Sinn für Wiederherstellung steckt tief in mir drin."

Louise Bourgeois in einem Interview mit Trevor Rots, 10. Mai 1990, zitiert aus: Presseinformation der Galerie Hauser & Wirth anlässlich der Ausstellung „Louise Bourgeois, L'araignée et les tapisseries" („Die Spinne und die Tapisserien", Zürich 2014)

Zugelassene Hilfsmittel
– Wörterbuch zur deutschen Rechtschreibung
– Skizzenpapier, Transparentpapier, Farbstifte, Bleistifte, Lineal

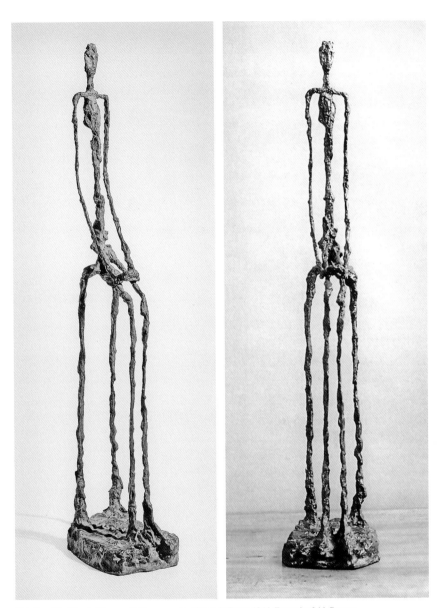

Abb. 1 und 2: Alberto Giacometti, Femme assise (Sitzende Frau), 1946, Exemplar 2/6, Bronze, Susse Fondeur Paris, 77 × 14,5 × 19 cm, Fondation Beyeler, Riehen/Basel, Sammlung Beyeler
Foto Abb. 1: Peter Schibli, Basel; Foto Abb. 2: Ernst Scheidegger © 2016 Stiftung Ernst Scheidegger-Archiv, Zürich

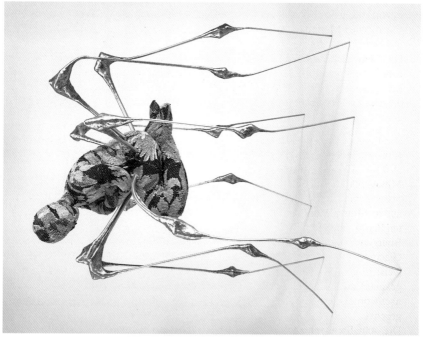

Abb. 3 (unten): Louise Bourgeois, Spider (Spinne), 2003, stainless steel and tapestry, 59,7 × 71,1 × 63,5 cm, Private Collection; Photo: Christopher Burke

Abb. 4 (oben): Louise Bourgeois, Spider, 2003, Detail

Lösungsvorschläge

1. **Hinweis:** *In dieser Aufgabe sollten Sie beide Werke sachangemessen, differenziert und strukturiert beschreiben. Dabei führen Sie die Werkdaten und den sichtbaren Bildbestand auf. Subjektive Beurteilungen sind hier zu vermeiden.*

Die Plastik „Femme assise" (Sitzende Frau) von Alberto Giacometti entstand im Jahre 1946. Gegenstand der Analyse ist das Exemplar 2/6. Es besteht aus Bronze, ist 77 × 14,5 × 19 cm groß und befindet sich momentan in der Sammlung Beyeler in Riehen/Basel.

Die von allen Seiten zu betrachtende, also **allansichtige Plastik** zeigt eine menschliche Figur ohne deutlich zu erkennende Gesichtszüge und Bekleidung, die mit sehr geradem Rücken auf einem Stuhl/Hocker sitzt. Insgesamt weist die Figur die für Giacometti typischen dünnen, lang gezogenen Gliedmaßen auf und die grobe, unbearbeitet wirkende Oberfläche der Bronze.

Die menschliche Figur blickt den Betrachter in der **Frontalansicht** direkt an. Der Kopf ist eher klein und vorne sowie hinten abgeflacht, der Hals dagegen eher dick und länglich. Die Schulterpartie besteht aus einer waagerechten Achse, die in die dünnen, überlangen Arme übergeht, deren Hände auf den Oberschenkeln ruhen. Auch der Körper wirkt zusammengedrückt und weist keine geschlechtsspezifischen Merkmale auf. Insofern ist nur dem Titel zu entnehmen, dass es sich hier um eine weibliche Person handelt.

Die Beine der Person sind gleichzeitig zwei der Beine des Hockers, wobei sie näher zusammenstehen als die hinteren beiden Beine der Sitzgelegenheit. Schließlich gehen die vier Füße des Hockers bzw. der sitzenden Frau verschmelzend in die Plinthe über. Diese weist eine ebenso zerklüftete Oberfläche auf wie der Rest der Figur.

Die **Plastik „Spider"** (Spinne) ist im Jahre 2003 von der Künstlerin Louise Bourgeois **aus rostfreiem Stahl und Tapisserie** gestaltet worden. Sie hat die Maße 59,7 × 71,1 × 63,5 cm und steht heute in einer Privatsammlung.

Mittelpunkt des an eine Spinne erinnernden Werkes ist eine menschliche aus Tapisserie genähte Figur, die Ausgangspunkt für acht spinnenähnliche lange Beine aus rostfreiem Stahl ist. Diese halten die Figur etwa auf halber Höhe der gesamten Plastik über dem Boden.

Bourgeois verzichtet bei der Gestaltung der anthropomorphen Figur – wie auch Giacometti – auf Gesichtszüge und geschlechtsspezifische Merkmale. Jedoch weist Bourgeois' Figur rundere Formen auf. Ihre Haltung ist fast als zusammengekauert zu bezeichnen: Auf den Unterschenkeln kniend, beugt sie sich leicht nach vorne; die Arme sind vor dem Oberkörper verschränkt, der Kopf nach vorne gesenkt.

Die acht Spinnenbeine sind durch die Tapisserie gespießt. Ähnlich des natürlichen Vorbilds echter Spinnenbeine verlaufen die des Kunstwerks auch zuerst leicht nach oben, bevor sie schräg nach unten spitz zulaufend auf den Boden auftreffen. Die Gelenke der Beine sind jeweils an zwei Stellen verdickt zu knotenartigen Gebilden.

2. *Hinweis: Analysieren Sie vergleichend die formale Gestaltung beider Werke. Dabei sollen insbesondere die Aspekte Körper-Raum-Bezug, Proportionen, Volumen und Plastizität sowie Materialität und Oberflächenbeschaffenheit betrachtet werden. Erstellen Sie zu beiden Werken zum Aspekt „Körper-Raum-Beziehung" analysierende Skizzen. Beziehen Sie die Ergebnisse in Ihre Analyse mit ein.*

Beginnend mit der Plastik „Femme assise" von Giacometti verdeutlicht die Skizze 1a die **Beziehung des Körpers zu dem sie umgebenden Raum**. Diese ist gekennzeichnet durch **Gegensätze**: Auf der einen Seite bewirken die Zwischenräume zwischen den Beinen im unteren Teil der Bronzeplastik, dass der Raum die Plastik durchdringt und sie dadurch **instabil und fragil** wirken lässt. Es erscheint dem Betrachter fraglich, wie die menschliche Figur auf diesen Beinen (des Hockers) stehen oder sitzen könnte. Dieser Eindruck wird unterstützt von den typischen zusammengedrückt und lang gezogen wirkenden Gliedmaßen der Figur. Der Künstler formt den Oberkörper hin zum Becken der Figur und auch im Übergang zu den geraden (Stuhl-)Beinen leicht geschwungen. Auch dies unterstützt die Wirkung von **Bewegtheit**. Auf der anderen Seite verschmelzen die spinnenartigen Beine mit der Plinthe. Wenn die Figur dem Betrachter gerade noch fragil und wackelig erschien, gibt nun die Plinthe diesem Konstrukt Halt – nicht nur durch die Verschmelzung, sondern auch durch die recht kantige, geschlossene Form. In der Gesamtansicht (siehe Skizze 1b) von vorne zeigt sich die für Giacomettis Werke bekannte Betonung der Vertikalen durch die Höhe der Figur im Gegensatz zur geringen Fläche des Sockels. Wieder lässt sich hier der **Gegensatz zwischen Instabilität bzw. Bewegtheit** durch die Betonung der Vertikalen und **Stabilität bzw. Statik** durch die auffällige Achsensymmetrie in der Frontalansicht feststellen.

Die geschilderte Instabilität wird auch wesentlich bestimmt durch die langen, dürren Gliedmaßen, die kaum **Volumen** einnehmen. Sie lassen die Figur und den Stuhl wie ein Skelett oder eine Zeichnung erscheinen – ein Objekt, das zugleich lebt und tot ist. Giacometti differenziert das Volumen des Körpers nur wenig. Skizze 1b zeigt, dass nur der Kopf, das Becken und die Füße verdickt sind, während alle anderen Körperteile, abgesehen von der Ungleichmäßigkeit der Oberfläche, gleichbleibend dick sind.

Die **Proportionen** der Gliedmaßen passen nicht zueinander: Während Oberschenkel und Kopf verkürzt sind, verlängert der Künstler die Unterschenkel, den Hals, die Arme und den Oberkörper.

Durch den Verzicht auf kennzeichnende Gesichtsmerkmale ist die sitzende Frau nur durch die Gliedmaßen als Mensch auszumachen. Charakterisiert ist sie durch ihre **Haltung und Gestik**. Diese erscheinen durch die aufrechte Haltung, den gestreckten Rücken und die aufrechte Kopfhaltung einerseits aktiv. Andererseits wirken die im Schoß verharrenden Hände und die verwachsenen Füße passiv.

Nachdem nun deutlich gemacht wurde, dass Giacomettis Plastik gekennzeichnet ist durch Gegensätze, ist es auffällig, dass in Bezug auf die **Materialität und Oberflächenbeschaffenheit** keine Unterschiede auszumachen sind. Die dunkle, zerfurchte Oberfläche der Bronze findet sich auf der Figur, auf dem Hocker und auch auf der Plinthe wieder. Zusätzlich zur Verschmelzung von Füßen und Plinthe wird durch die Oberfläche und das Material der Zusammenhang zwischen Stuhl, Figur und Untergrund deutlich.

Vergleicht man diese formalen Eigenschaften mit der Plastik Louise Bourgeois', so zeigt die Kompositionsskizze 2a zur **Körper-Raum-Beziehung**, dass „Spider" und „Femme assis" einige Gemeinsamkeiten aufweisen. Wie auch die „Sitzende Frau" wird die „Spinne" von langen, dürren, nur an den Gelenken verdickten Beinen gehalten. Auch hier bewirken die Zwischenräume den Eindruck von **Instabilität und Bewegtheit**. Dies wird bei Bourgeois noch durch die Tatsache verstärkt, dass die Spinnenbeine in unterschiedliche Richtungen streben. Im Gegensatz zu Giacomettis Plastik orientiert sich Bourgeois jedoch nicht an der Vertikalen oder einer Achsensymmetrie.

Eine weitere Gemeinsamkeit ist das Spiel mit der **Ambivalenz von Raumoffenheit und Geschlossenheit**: Während bei Giacometti die Plinthe statisch wirkt und die Figur letztendlich hält, formt Bourgeois aus Tapisserie eine in sich geschlossene menschliche Figur, die durch ihre Haltung deutlich den Raum und auch den Betrachter abweist. Sie wird von den raumgreifenden Beinen gehalten oder emporgehoben. Beide Künstler arbeiten mit dem Kontrast zwischen Ruhe und Bewegung, zwischen Geschlossenheit und Offenheit, wobei dies bei Giacometti in der Gesamtwirkung eher festgewachsen und statisch wirkt, bei Bourgeois wackelig und unsicher. Dies mag an dem deutlichen **optischen Gewicht** der spinnenartigen Beine liegen, obwohl die menschliche Figur mehr Masse bzw. mehr **Volumen** einnimmt.

Hinsichtlich der **Proportionen** gestalten beide Künstler ihre Plastiken unterschiedlich: Im Gegensatz zu Giacometti sind die Proportionen der Figur und der Spinnenbeine bei Bourgeois annähernd naturnah. Die Formen der menschlichen Figur sind im Gegensatz zu der Giacomettis weich und abgerundet und lassen dadurch erkennen, dass es sich um eine weibliche Figur handelt. Obwohl die Spinnenbeine im Verhältnis zur Figur überproportional groß sind, sind sie dennoch in sich der Spinne nachempfunden. Lediglich die stark verdickten Gelenke der Beine sind bei bekannten Spinnen nicht zu finden und demzufolge wohl bewusst vergrößert dargestellt. Insgesamt fallen dem Betrachter die beiden Teile, Frau und Spinnenbeine, durch Unterschiede im Volumen und der Plastizität auf. Die Künstlerin erreicht jedoch trotz der Kombination unterschiedlicher Formen eine in sich stimmige Gesamtform durch die Vereinigung der Teile zu einem Spinnenkörper.

Auch in Bezug auf den Aspekt der **Oberflächenbeschaffenheit und Materialität** sind werkspezifische Unterschiede zu konstatieren: Während Giacometti mit dem verbindenden Material der Bronze und der zerfurchten Oberfläche arbeitet, verwendet Bourgeois unterschiedliche Materialien. Auf der einen Seite die weiche, gewebte und farbige Tapisserie, auf der anderen Seite den kalten, glänzenden und harten rostfreien Stahl. Dieser Gegensatz wird noch dadurch betont, dass die Beine aus Stahl die Tapisserie durchbohren und die durch ihre Haltung verletzlich wirkende Figur auch in der äußeren Hülle schädigen. Durch die unterschiedlichen Materialien betont die Künstlerin die beiden Teile der Plastik in ihrer Andersartigkeit, während Giacometti auf das Verschmelzen von Hocker, Frau und Plinthe Wert legt.

Zusammengefasst trägt die formale Gestaltung beider Plastiken dazu bei, dass der Betrachter bei Teilen von Giacomettis Werk und bei Bourgeois' Werk insgesamt die Assoziation von **Spinnen** und Spinnenbeinen hat. Im Wesentlichen ist dies den langen, verschlankten Gliedmaßen und Stuhlbeinen bzw. den naturnahen Spinnenbeinen zu verdanken. Beide Plastiken wirken auf den Betrachter durch die Ambivalenz von raumoffenen und geschlossenen Formen. Unterschiedlich verarbeiten die beiden Künstler allerdings die **Figur der Frau**, die bei Giacometti hart, unbeweglich und festgewachsen erscheint, bei Bourgeois rund, weiblich und beweglich. Dieser Unterschied wird zudem verstärkt durch den Einsatz der Materialien und ihre jeweiligen Oberflächen sowie durch die unterschiedlichen Volumina der Teile der Plastiken.

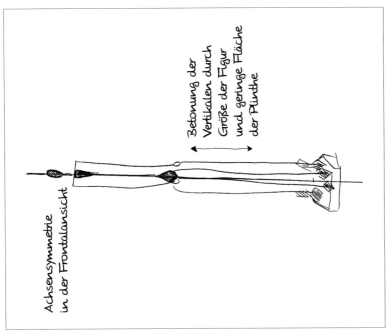

Skizze 1a: Körper-Raum-Beziehung

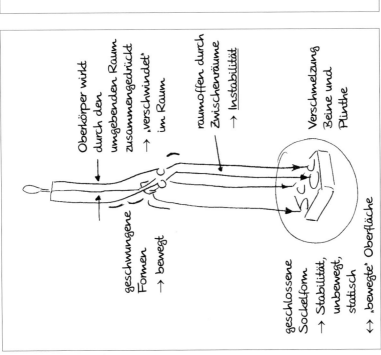

Skizze 1b: Körper-Raum-Beziehung

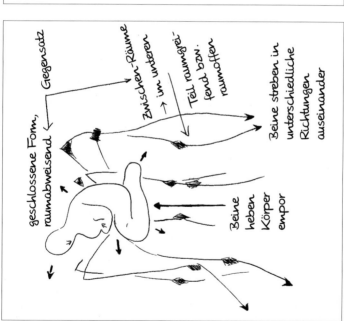

Skizze 2a: Körper-Raum-Beziehung

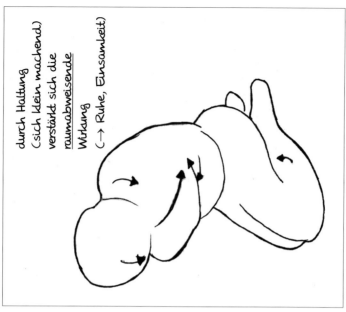

Skizze 2b: Körper-Raum-Beziehung

3. *Hinweis: Nutzen Sie die aus der Beschreibung und Analyse gewonnenen Erkenntnisse zur Interpretation beider Werke. Beziehen Sie Ihr kunstgeschichtliches, werkspezifisches, künstlerbiografisches Wissen und die Erkenntnisse aus den Texten zielführend und aufgabenbezogen mit ein, um abschließend den in den beiden Werken jeweils zum Ausdruck kommenden Wirklichkeitsbezug zu erläutern.*

Louise Bourgeois und Alberto Giacometti kannten sich – Bourgeois formulierte sogar, in Giacometti einen Seelenverwandten gefunden zu haben. Das verbindende Moment sah sie in der Angst gegenüber der Außenwelt. Diese Haltung lässt sich in beiden vorliegenden Werken durch die formale Gestaltung nachvollziehen.

Giacometti war grundsätzlich in seinem gesamten Werk an der Darstellung des Menschen durch die Betonung der **Allgemeingültigkeit** interessiert. Auch im vorliegenden Werk arbeitete er durch die Verschlankung der Glieder und den Verzicht auf ein wiedererkennbares Gesicht oder Geschlecht das für ihn Typische des Menschen heraus. Die Figur scheint zu entschwinden, ausgeliefert zu sein. Auch ist sie gefesselt, festgewachsen und gefangen und kann damit wiederum nicht aus dem Raum verschwinden. Hier denkt der Betrachter vielleicht an den **Existenzialismus** Jean Paul Sartres. In diesem Konflikt zwischen Entschwinden und Dableibenmüssen wirkt die Figur durch ihre Haltung und Gestik verloren und in sich gekehrt. Im Gegensatz zu vielen anderen Plastiken beschäftigte Giacometti sich hier nicht mit dem Thema der Bewegung, des Gehens oder Fallens, sondern mit dem Thema des Bleibens und des Sich-Fügens in das Unvermeidliche. Wenn das Vorwärtsschreiten einen Menschen lebendig sein lässt, so verkörpert die „Femme assise" die Erstarrung und den Stillstand. Die Verwendung der spinnenartigen Beine unterstützt diese eher negative Wirkung der Plastik und hat auch bei Giacometti durchaus **biografische Züge**. So taucht die Spinne in seinem Werk „Der Traum, die Sphinx und der Tod von T." als Symbol für das weibliche Geschlecht auf, das in diesem Zusammenhang bei ihm Abscheu und Schuldgefühle hervorruft. Der kleine Kopf der „Sitzenden Frau" erinnert ebenso an den Spinnenkörper auf einer Masse dürrer Glieder wie Bourgeois' Spinne. Giacometti spricht dem Kopf und den Augen die wichtigste Funktion zu, der Rest habe die Funktion von Antennen. Die Stuhlbeine lassen also auch die Deutung als Antennen zu. Damit wird Giacomettis dialektische Verwendung der Stuhlbeine deutlich, die offensichtlich gekennzeichnet ist durch Ekel und Faszination gleichermaßen.

Auch Louise Bourgeois arbeitete mit Gegensätzen, um die **Ambivalenz** der menschlichen bzw. der weiblichen Existenz zu verdeutlichen. Die Kombination von menschlicher Figur und tierischen Extremitäten und der Einsatz unterschiedlicher Materialien mit gegensätzlicher optischer und haptischer Qualität zeigen **die verschiedenen Seiten des Frau- und Mutter-Seins**: Die Frau hat gleichzeitig die Aufgabe, zu schützen und zu stützen, aktiv und passiv zu sein, ist für ihre Kinder und sich selbst in ihrer Rolle aber auch fixiert und verletzt bzw. verletzend. Dies meint Bourgeois, wenn sie den weiblichen Körper von den Spinnenbeinen emporheben, ihn aber auch gleichzeitig von ihnen durchbohren lässt. Diesem Thema hat sich Bourgeois in ihrem Œuvre zum Beispiel auch mit den „Femmes Maison" gewidmet, die besonders das Gefangensein der Frau in der häuslichen Umgebung zeigen.

Auch der **formale Gegensatz** zwischen bewegten und statischen Elementen unterstreicht diese Ambivalenz. Genauso mehrdeutig ist die Haltung der Figur in der Mitte der Plastik: Die zusammengekauerte Position und das Sich-selbst-Festhalten durch die Armhaltung drücken Halt und Schutz, aber auch Gefangensein und Isolation aus. Antriebskraft für Bourgeois' Schaffen war die tief empfundene Einsamkeit und Angst vor dem Verlassenwerden und dem Verrat, die ihre Ursache in dem Vertrauensbruch des Vaters gegenüber der Mutter hatten. Dieser betrog seine Frau jahrelang mit Louises Lehrerin, wobei die Mutter dieses Verhalten duldete.

Bourgeois' Werk scheint durch und durch biografisch zu sein – es geht aber noch weit darüber hinaus, da die auch mit der „Spinne" angesprochenen Themen von universeller Bedeutung sind.

Insbesondere das **Motiv der Spinne** findet sich in Bourgeois' Œuvre an vielen Stellen wieder und ist in seiner Bedeutung vielfältig. Seit den 1940er-Jahren hat die Künstlerin die Tiere gezeichnet, druckgrafisch dargestellt oder als Plastik gezeigt. Auch die vorliegende Spinne hat wie alle anderen trotz ihrer eher geringen Größe eine suggestiv-bedrohliche Wirkung und spricht eine der Urängste des Menschen an. Louise Bourgeois setzte das Bild der Spinne jedoch nicht nur ein, um das Bedrohliche der Natur zu verdeutlichen. Diese hatte für die Künstlerin vielmehr eine **positive Bedeutung**, da die Spinne als eine Art Wächtertier vor Moskitos schützt. Mit ihrer Fähigkeit, Netze zu spinnen, ist das Tier in der Lage, zu reparieren und zu erneuern.

Diese Eigenschaften schrieb die Künstlerin auch der Frau, genauer: der Mutter zu. Das vorliegende Zitat der Künstlerin verweist genau auf diese Eigenschaft der Spinne bzw. der Mutter. „Dieser Sinn für die Wiederherstellung" stecke tief in ihr. In einem anderen Text verglich die Künstlerin ihre Mutter direkt mit der Spinne und betonte die positiven Eigenschaften des Tiers, das klug, geduldig, raffiniert, ordentlich und nützlich sei. Das vorliegende Werk „Spider" ist also trotz seiner auch deutlich werdenden Ambivalenz durchaus als **Hommage an die Mutter** zu sehen und steht für die Mutterschaft an sich, da diese für ihre Kinder sorgt, sie beschützt, verteidigt, aber auch bedrohlich ist.

Eine weitere Verbindung des Werkes zu Bourgeois' Biografie liefert die **Verwendung der Tapisserie** zur Gestaltung der weiblichen Figur. Dazu geben der erste und der zweite Text die Informationen: Tapisserien sind gewebte Bilder. Insofern hatten sie für Bourgeois die doppelte Funktion als Träger von Erinnerungen. Zum einen Erinnerungen an die Familientradition des Restaurierens von Tapisserien in Aubusson (Text 2), zum anderen sind Tapisserien an sich gewebte Geschichten und erinnern damit an etwas. Die Tatsache, dass eben die Figur in der Mitte der Plastik aus Tapisserie gestaltet ist und die Beine dagegen aus Stahl, weist noch einmal mehr darauf hin, dass das Weben, Reparieren und das Erneuern für die Künstlerin weibliche Eigenschaften sind, die Bourgeois als schicksalhaft für die Frau empfand.

Zusammengefasst lassen die Konzepte der beiden Künstler sowohl Gemeinsamkeiten als auch Unterschiede hinsichtlich ihres **Wirklichkeitsbezugs** erkennen. Beide beschäftigen sich in ihrem hier vorliegenden Werk mit der Verletzlichkeit und **Entindividualisierung des Menschen** in der Welt. Dabei arbeiten beide verallgemeinernd bei der Darstellung des Menschen, wobei Giacometti durch seine abstrahierende Darstellungsweise Distanz zum Betrachter schafft und Bourgeois durch die Schutz suchende Haltung der Figur den Betrachter deutlicher mit einbezieht.

Beide Künstler kombinieren Mensch und Spinne. Bourgeois zeigt nachdrücklicher durch die bekannten autobiografischen Verbindungen durch das Motiv der Spinne ihre Sicht der ambivalenten Rolle der Frau als Mutter auf, während Giacometti das Bild der Spinne versteckter autobiografisch verwendet und hier auch eher negative Assoziationen zum Thema Frau und Mutter entstehen lässt. Seine Sicht der Wirklichkeit ist im Gegensatz zur Bourgeois' Sicht zeichenhaft dargestellt und abstrahiert. Beide arbeiten mit zur Allgemeingültigkeit erhobenen Erfahrungen mit dem Menschsein.

Abiturprüfung NRW 2016 – Kunst Leistungskurs
Aufgabe 2

Bezüge zu den Vorgaben:
Wirklichkeit in künstlerischen Konzepten
- *Auseinandersetzung mit Individualität in den Porträts der grafischen und malerischen Werke von Rembrandt Harmenszoon van Rijn und Otto Dix*

Fachliche Methoden
- *Werkbezogene Form- und Strukturanalysen einschließlich untersuchender und erläuternder Skizzen*
- *Werkexterne Zugänge zur Analyse und Interpretation (motivgeschichtlicher Vergleich, Hinzuziehung kunstgeschichtlicher Quellentexte/von Texten aus Bezugswissenschaften)*

Aufgabenstellung Punkte

1. Beschreiben Sie die Werke „Selbstbildnis mit zwei Kreisen" von Rembrandt Harmenszoon van Rijn und „Selbst mit Palette vor rotem Vorhang" von Otto Dix. Berücksichtigen Sie dabei die Zusatzinformationen zum Gemälde Rembrandts. 12

2. Analysieren und vergleichen Sie die formale Gestaltung beider Werke. Berücksichtigen Sie insbesondere die Aspekte
   - Bildfläche,
   - Bildraum,
   - Farbe und Form unter Einbeziehung der Lichtführung,
   - malerisch-gestalterische Ausführung von Figur und Umraum.

   Fertigen Sie zunächst analysierende Skizzen zum Aspekt „Bildfläche" an und beziehen Sie Ihre hierdurch gewonnenen Erkenntnisse erläuternd in Ihre Analyse mit ein. 47

3. Interpretieren Sie die beiden Werke auf der Grundlage Ihrer Ergebnisse aus den Teilaufgaben 1 und 2.
   Deuten Sie vergleichend, wie Individualität in den Werken „Selbstbildnis mit zwei Kreisen" von Rembrandt und „Selbst mit Palette vor rotem Vorhang" von Dix zum Ausdruck kommt.
   Beziehen Sie Ihre Kenntnisse über andere Werke der Künstler sowie zu den jeweiligen Entstehungskontexten der vorgelegten Werke mit ein. 31

Materialgrundlage
Bildmaterial:
Abb. 1: Rembrandt Harmenszoon van Rijn, Selbstbildnis mit zwei Kreisen, um 1665–1669, 116,3 × 97,2 cm, Öl auf Leinwand, The Iveagh Bequest, Kenwood House, London
Abb. 2: Rembrandt Harmenszoon van Rijn, Selbstbildnis mit zwei Kreisen, Detail
Abb. 3: Otto Dix, Selbst mit Palette vor rotem Vorhang, 1942, Öl auf Holz, 100 × 80 cm, Kunstmuseum Stuttgart, Dauerleihgabe aus Privatbesitz

Textmaterial:
Zusatzinformationen zum Gemälde von Rembrandt (siehe Abbildung 1):
Es besteht die Auffassung, dass Rembrandt sich vor einer Leinwand oder einer Holztafel dargestellt hat.
Der Stab bzw. Stock in der Hand des Künstlers ist ein sog. Malstock, welcher dazu diente, der Malhand des Künstlers durch Auflegen auf diesen während des Malvorganges einen sicheren Halt zu geben. Dabei wurde der Malstock mit der nicht malenden Hand schräg gegen die Bildkante gedrückt, sodass der Maler seine Malhand vor der aufrecht stehenden Bildfläche auf diesen auflegen und den Pinsel so sicher führen konnte.
Autorentext, in Teilen auf der Grundlage von: Kat. d. Ausst. „Der späte Rembrandt", a. a. O., S. 51

Zugelassene Hilfsmittel
– Wörterbuch zur deutschen Rechtschreibung
– Skizzenpapier, Transparentpapier, Farbstifte, Bleistifte, Lineal

Abb. 1: Rembrandt Harmenszoon van Rijn, Selbstbildnis mit zwei Kreisen, um 1665–1669, 116,3 × 97,2 cm, Öl auf Leinwand, The Iveagh Bequest, Kenwood House, London

Abb. 2: Rembrandt Harmenszoon van Rijn, Selbstbildnis mit zwei Kreisen, Detail

Abb. 3: Otto Dix, Selbst mit Palette vor rotem Vorhang, 1942, Öl auf Holz, 100 × 80 cm, Kunstmuseum Stuttgart, Dauerleihgabe aus Privatbesitz

Lösungsvorschläge

1. *Hinweis: In dieser Aufgabe sollten Sie beide Werke sachangemessen, differenziert und strukturiert beschreiben. Dabei führen Sie die Werkdaten und den sichtbaren Bildbestand auf. Subjektive Beurteilungen sind hier zu vermeiden.*

   Rembrandt Harmenszoon van Rijn malte sein „Selbstbildnis mit zwei Kreisen" um 1665 bis 1669 mit Öl auf Leinwand. Das Hochformat hat die Maße 116,3 × 97,2 cm und befindet sich zurzeit im Kenwood House in London.
   Der Künstler porträtiert sich selber frontal als Halbfigur. Mit Palette, Pinsel und Malstab in der linken Hand steht der Künstler vor der Staffelei und blickt den Betrachter ernst an. Das von oben links einfallende Licht fokussiert den Kopf, der sich mittig in der oberen Hälfte des Gemäldes befindet. Durch den Lichteinfall betont Rembrandt seine weiße, einem Barett ähnliche Kopfbedeckung auf seinen grauen Locken sowie den Hals und den weißen Ausschnitt seines Gewandes. Während der Großteil des Körpers durch einen groben Pinselduktus und schwarze bzw. dunkelbraune Farbigkeit nicht detailliert ausgeführt wird, ist das Gesicht für den Betrachter sehr genau zu erkennen. Kennzeichnend sind hier die faltige Stirn, ein fahler Hautton, ein grauer Oberlippenbart und die rotfleckige breite Nase. Die Augen wirken verschwollen, das Hautgewebe an Wangen und Hals schlaff. Rembrandt malt seinen schwarz-braunen Mantel und ein braunes Unterkleid mit flächigem Pinselduktus. Durch einen helleren Braunton deutet er an den Rändern des Mantels einen Pelzbesatz an. Die Malutensilien und die sie haltende linke Hand sind nur schemenhaft angedeutet. Der untere Teil des Körpers ist durch das fehlende Licht nicht zu erkennen.
   Der Hintergrund scheint aus einem hellen, grauen Wandbehang zu bestehen. Dies wird durch Falten am oberen rechten Bildrand angedeutet. Auf diesem zeichnen sich zwei Kreise ab, die jeweils durch die Bildränder oben, rechts und links beschnitten werden. Rembrandts Kopf befindet sich fast mittig zwischen diesen Kreisen. Am rechten Bildrand ist eine dreieckige dunklere Fläche zu erkennen – vielleicht der Rahmen eines Bildes auf einer Staffelei.
   Das zweite vorliegende Werk ist ein Selbstporträt des Künstlers Otto Dix. „Selbst mit Palette vor rotem Vorhang" von 1942 wurde in Mischtechnik auf Holz gemalt und hat die Maße 100 × 80 cm. Das Gemälde befindet sich im Kunstmuseum Stuttgart.
   Es zeigt den Künstler, ebenfalls im Hochformat, sitzend vor einem roten Vorhang, der links schräg zur Seite geschlagen ist und den Blick auf eine dunkle, bedrohlich wirkende Landschaft freigibt. Dix ist nahezu formatfüllend und bis zu den Knien zu erkennen. Er beugt sich auf seinem Hocker leicht nach links und wendet dem Betrachter sein Gesicht direkt zu. Das Gesicht befindet sich ebenfalls mittig in der oberen Bildhälfte und zeigt den Künstler ernst, fast grimmig und konzentriert. Dies ist an seinen Stirnfalten und den zusammengezogenen grauen Augenbrauen zu erkennen. Das von oben links einfallende Licht betont diese Falten sowie die ernste, gerade Mundpartie. Durch den Lichteinfall ist die

Blickrichtung der verschatteten Augen kaum zu erkennen. Sie scheinen am Betrachter nach rechts vorbeizuschauen. Otto Dix' detaillierte Malweise erstreckt sich im Gegensatz zu Rembrandts Selbstporträt auf das gesamte Gemälde. So sind alle Falten seines weißen Malerkittels, der am Bauch mit roter Farbe verschmutzt ist, genau zu erkennen. Die rechte Hand des Künstlers hält eine mit dunklen Farben und Rot verschmierte Palette sowie zwei Pinsel. In der linken Hand am unteren Bildrand befindet sich ein weiterer Pinsel. Der Hintergrund besteht in der rechten Bildhälfte aus dem roten, in Falten gelegten und zurückgeschlagenen Vorhang. Hinter einem Tisch oder einer Fensterbank mit zwei Gefäßen am linken Bildrand ist der Blick freigegeben auf eine düstere Vulkanlandschaft. Sie besteht aus einem dunkelgrünen Wald und einem rauchenden schwarzen Gebirge, das rot zu glühen scheint.

2. *Hinweis: Analysieren Sie vergleichend die formale Gestaltung beider Werke. Dabei sollen insbesondere die Aspekte Bildfläche, Bildraum, Farbe und Form unter Einbeziehung der Lichtführung und die malerisch-gestalterische Ausführung von Figur und Umraum betrachtet werden. Erstellen Sie zu beiden Werken zum Aspekt „Bildfläche" analysierende Skizzen. Beziehen Sie die Ergebnisse in Ihre Analyse mit ein.*

Die in Aufgabe 1 beschriebene **Halbfigur** des Künstlers Rembrandt füllt das Format des Bildes nicht ganz aus. Der obere Rand sowie die Seiten oberhalb der Arme bleiben frei, sodass der Rezipient die Kreisteile ausreichend betrachten kann. Unterhalb des Oberkörpers scheint Rembrandt wie aus einem schwarzen Nebel aufzutauchen. Der Oberkörper rückt durch das schwarze untere Viertel des Werkes in den Fokus und scheint wie durch einen Sockel emporgehoben. Durch die beschriebene **Statik** dieser Komposition der **Bildfläche** (Skizze 1) mutet das Werk an wie ein Repräsentationsbildnis, auf dem sich der Maler mit seinen Attributen zeigt. Die raumfüllende, statische Wirkung wird noch betont durch die fast vollkommene **Symmetrie:** Die Figur des Künstlers befindet sich nur wenig nach links von der Mittelsenkrechten versetzt. Das Licht von links betont den Oberkörper – verschattet ist der Unterkörper fast genau unterhalb der Mittelwaagerechten. Somit ist der Oberkörper einem Dreieck eingeschrieben, aus dem nur die Palette ein wenig rechts herausragt. Ebenso wie der beschriebene statische Aufbau der Fläche schafft der Betrachterstandpunkt Distanz: Obwohl der etwa lebensgroß gemalte Künstler den Betrachter auf Augenhöhe direkt anblickt, sind sein Blick, seine Mimik und Gestik nicht einladend oder auffordernd. Seine strenge Körperhaltung scheint eine weitere Kontaktaufnahme zu verhindern.

Auch der **Hintergrund**, mit dem der Künstler durch den Einsatz von Licht und Schatten nahezu verschmilzt, unterstützt durch die Anordnung der Kreise links und rechts von Rembrandt die symmetrische, strenge Wirkung. Ebenso schafft Rembrandt durch den Hintergrund eine zweite Raumebene, die allerdings nur wenig für räumliche Tiefe sorgt. Da der Raum nur angedeutet wird – beispielsweise durch die Falten des Vorhangs – und mit der Person verschmilzt, wirkt er auf den

Betrachter eher unbestimmt. Im Vergleich zum erzeugten Raum dominiert der Künstler die Bildfläche und den angedeuteten Bildraum, obwohl er Fläche und Raum nicht komplett ausfüllt.

Die oben erläuterte Verschmelzung der Bildebenen ist auch bedingt durch den Aspekt der **Farbe** und der **Lichtführung**. Das gesamte Werk wird dominiert von einer nahezu monochromen Farbpalette und wirkt dadurch insgesamt harmonisch: Rembrandt verwendet viele Valeurs von Braun. Sehr helle Abstufungen der Farbe befinden sich auf der beleuchteten rechten Körperseite. Der Kopf mit seiner Bedeckung in hellen Farbtönen bis hin zum Weiß bildet den optischen Schwerpunkt des Bildes. Ein starker Hell-Dunkel-Kontrast, für den Rembrandt bekannt ist, findet sich nicht nur wie oben beschrieben in der Gesamtfläche (oben heller, unten dunkel), sondern insbesondere auch im Gesicht. Zwischen den weißen Formen, dem Hemd und der Kopfbedeckung, hebt der Künstler dies durch einen differenzierten Einsatz von Licht und Schatten hervor. Rembrandts rechte Gesichtsseite ist hell beleuchtet und sehr genau durch die Farben und einen feineren Pinselduktus modelliert. Besonders an den Haaren und im Gesicht schafft der Künstler den Eindruck von Stofflichkeit, der jedoch im unteren Teil des Körpers immer weiter abnimmt. So ist die Stofflichkeit des Mantels oder des Pelzes nur sehr vage angedeutet. Selbst die Gegenständlichkeit ist durch den Einsatz der Farbe im unteren Teil des Werkes fast als offen zu bezeichnen.

Der **Farbauftrag** wirkt, außer im Bereich des Gesichts, wie mit einem groben Palettenmesser pastos auf die Leinwand geschmiert. Kratzend ritzt Rembrandt mit dem Pinselgriff in die nasse Farbe (z. B. bei den Haaren) und verwischt an Kleidung und Unterkörper klare Konturen. Der lockere Pinselduktus ist an vielen Stellen deutlich zu erkennen. Im Gegensatz dazu ist der Pinselduktus im Hintergrund feiner: Farbübergänge und die Form der Kreise sind sehr differenziert und genau gemalt.

Skizze 1 veranschaulicht ergänzend das **Formenrepertoire**. Während das Bild durch die Komposition in einer Dreiecksform statisch und distanziert wirkt, verwendet der Künstler für die Form seines Körpers eher runde Formen. Mütze, Gesicht, Haare, Schultern und Kragen sind rundlich, leiten den Blick des Betrachters am Körper entlang auf die Palette. Sie lassen Rembrandt vor dem ruhigen, gleichmäßigen Hintergrund trotz der starren Haltung lebendig wirken.

Insgesamt gestaltet der Künstler die Figur im Umraum so, dass das Gesicht durch den feineren Pinselduktus, den Einsatz von Licht und Schatten und die Unbestimmtheit des Hintergrunds im Fokus ist.

Vergleicht man diese formalen Eigenschaften mit dem Selbstporträt von Otto Dix, so zeigt die Kompositionsskizze 2 zur **Bildfläche**, dass es sich trotz der grundsätzlichen Dominanz der Körper beider Künstler hier um ein Werk handelt, das eine ganz andere Wirkung auf den Betrachter ausübt.

Der **Bildausschnitt** ist ähnlich gewählt: So ist auch auf Dix' Selbstporträt die Halbfigur des Künstlers zu sehen, allerdings sitzend, die mindestens drei Viertel der Bildfläche einnimmt. Vom Hintergrund ist wie bei Rembrandt durch die Dominanz der Person nicht viel zu sehen. Ähnlich ist bei Dix auch die Positionierung des Kopfes wenig links neben der Mittelsenkrechten und etwas oberhalb der Mittelwaagerechten. In Bezug auf die Analyse des Aspektes der Bildfläche enden hier die Gemeinsamkeiten, denn Dix' Selbstporträt wirkt durch viele gestalterische Mittel viel dynamischer und insgesamt lebendiger als Rembrandts. Die offensichtlichsten Merkmale sind die leicht nach vorne und dem Betrachter zugewandte gebeugte Haltung und die lässig auf den Tisch und das Knie gestützten Ellenbogen. Die Komposition des Körpers ist nicht symmetrisch, sodass sich der Körper schwerpunktmäßig im linken und im unteren Teil des Bildes befindet. Das verwendete Liniengefüge im Bild ist rund und geschwungen: Die Außenform des Körpers, die Falten des Malerkittels und des Vorhangs sowie die Wolken- und Waldformationen im Hintergrund wirken unruhig. In der Körpermitte bündeln sich die Liniengebilde und leiten den Blick des Betrachters vom Gesicht über die Falten nach unten bis zur linken Hand des Künstlers, die den Pinsel hält. Ebenso fällt der Betrachterblick durch die Linienführung auf die Palette.

Einen weiteren Unterschied findet sich im Aspekt des **Bildraumes**. Dieser wird durch den auffällig roten Vorhang im Mittelgrund und die Hintergrundlandschaft gebildet. Obwohl Dix ebenso wie Rembrandt den Raum durch die Größe der Person dominiert, wird der Betrachter durch den detailliert gestalteten Mittel- und Hintergrund von der Künstlerfigur abgelenkt. Der **Betrachterstandpunkt** ist wie bei Rembrandt so gewählt, dass der Künstler dem Betrachter auf Augenhöhe lebensgroß gegenüberzusitzen scheint. Jedoch lehnt Dix sich dem Betrachter entgegen und rückt damit in eine deutlichere Nähe zu ihm. Obwohl Dix am Betrachter vorbeischaut, sind seine konzentrierte, besorgte Mimik und bewegte Gestik so gewählt, dass sie unmittelbar ansprechen.

Dynamik und Nähe werden auch durch die **Farbigkeit, Formen und Lichtführung** des Künstlers geschaffen. Das **Farbrepertoire** ist im Gegensatz zu Rembrandts Selbstporträt vielfältig: Die Palette reicht vom Weiß des Kittels über das Rot des Vorhangs bis zum Grün im Hintergrund. Die Farben sind jedoch nicht leuchtend eingesetzt, sondern überwiegend dunkel getrübt, sodass das an einigen Stellen (Palette, Kittel, Vorhang) noch kräftige Rot leuchtend hervorsticht. Wie auch Rembrandt arbeitet Dix mit **Hell-Dunkel-Kontrasten**, die durch die Beleuchtung von links hervorgerufen werden. Sowohl im Gesicht, bei den Falten der Stoffe und beim Blattwerk der Bäume tragen sie zum einen zu einer differenzierten und genauen Modellierung bei. Zum anderen betonen sie die Dynamik und insbesondere den besorgten Blick durch die Verschattung der Augenpartie. Kontrastreich ist auch die direkte Kombination vom Rot des Vorhangs mit dem Grün des Waldes, die einen auffälligen **Komplementärkontrast** darstellt. Der **Pinselduktus** ist besonders im Gesicht des Künstlers sehr fein, sodass jede Falte und jedes Haar genau herausgearbeitet sind. Der **Farbauftrag** ist nicht wie bei Rembrandt pastos, sondern eher glatt. Alleine der rote Vorhang scheint gröber gemalt worden zu sein.

Das mit der Skizze 2 veranschaulichte **Formenrepertoire** ist schon aufgrund der Hintergrundgestaltung und dynamischen Linienführung vielfältiger als bei Rembrandt und unterstützt einmal mehr die kontrastreiche Gesamtwirkung. Alleine die Palette ist eckig gestaltet und leitet den Blick des Betrachters über die Figur in die Landschaft im Hintergrund.

Durch den Einsatz der weißen Farbe, der vielfältigen Formen des Künstlergewandes und der Kontraste hebt Dix die Figur deutlich mehr hervor, als Rembrandt dies durch seine starre Dreieckskomposition tut. Die malerisch-gestalterische Ausführung der Figur in ihrem Umraum ist insgesamt gekennzeichnet durch die detaillierte Darstellung der Figur mit ihren fein modellierten Falten und die genaue Ausarbeitung des Hintergrundes.

Zusammengefasst trägt die formale Gestaltung beider Selbstporträts dazu bei, den Blick des Betrachters auf das Hauptmotiv zu lenken. Dies erreicht jeder Künstler jedoch mit anderen gestalterischen Mitteln, sodass beide Selbstporträts eine grundsätzlich **konträre Bildwirkung** hervorrufen. Während Rembrandt durch seine starre Komposition, die monochrome Farbigkeit und den groben Farbauftrag Distanz schafft, nehmen Dix' Haltung, der Blick, die Bildräumlichkeit und Farbigkeit den Betrachter viel dynamischer für das Motiv ein.

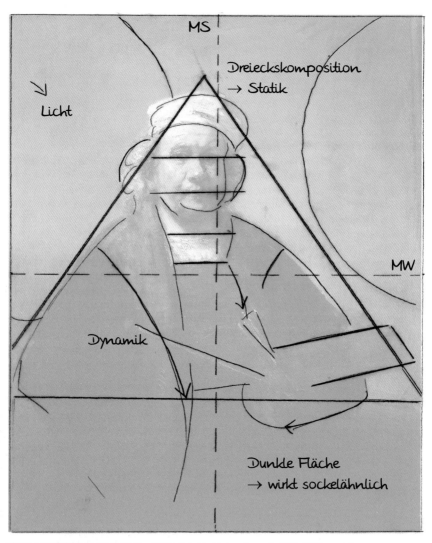

Skizze 1: Bildfläche: Figur nahezu formatfüllend, nur wenig/gerade aus der Mitte (MS) versetzt; gerade/waagerechte Linien (Augen, Mund, weißes Hemd, Palette) versus runde Formen und Linien am Körper und Mantel, Kreise

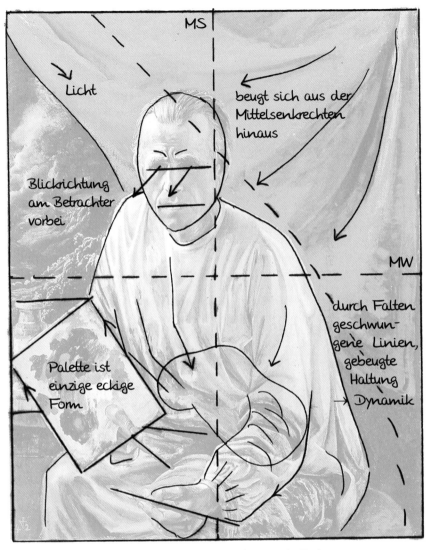

Skizze 2: Figur nahezu formatfüllend; Falten lenken den Blick nach unten zu den Händen; Kanten der Palette leiten Blick zur Landschaft

3. *Hinweis: Nutzen Sie die aus der Beschreibung und Analyse gewonnenen Erkenntnisse zur Interpretation beider Werke. Beziehen Sie Ihr werkspezifisches und künstlerbiografisches Wissen zielführend und aufgabenbezogen mit ein. Deuten Sie anschließend vergleichend, wie Individualität in den beiden Werken zum Ausdruck kommt.*

Rembrandt malt sein Selbstporträt als eines seiner letzten in seinen **späten Schaffensjahren**. Diese Lebensjahre sind gekennzeichnet durch den Tod seiner Geliebten Hendrickje Stoffels 1663 und seinen finanziellen Ruin. Der finanzielle Ruin ist nicht zuletzt dadurch begründet, dass seine Arbeitsweise in den späten Jahren freier und lockerer wird, was für die barocke Zeit revolutionär ist und nicht überall auf Anerkennung stößt. Hendrickje war ihm Stütze und Ansporn. Das Fehlen von Geld und privatem Glück spiegelt sich in seinem „Selbstbildnis mit zwei Kreisen". Schon auf den ersten Blick ist es ein schonungslos intimes Bild: Die dünnen Haare, das zerfurchte Gesicht und die pergamentartige Haut lassen den körperlichen Verfall ahnen. Der Betrachter erkennt den Mann, der trotz wirtschaftlicher und künstlerischer Blütezeit vor einem Abgrund steht. Trotzdem stellt sich Rembrandt insgesamt würdevoll und aufrecht durch seine Körperhaltung und seinen stolzen Blick dar. Er schaut nicht beschämt zu Boden, sondern hält dem Blick des Betrachters stand. Die Tatsache, dass seine Darstellung an ein barockes **Repräsentationsbildnis** erinnert, liefert den Hinweis auf die Intention des Künstlers: Er zeigt sich selbst als Künstler, der seine malerische Meisterschaft erreicht und es nicht nötig hat, sich dem gängigen künstlerischen Geschmack zu beugen. Er malt nach seinem eigenen Gusto gegen die traditionelle **Feinmalerei** z. B. eines Frans Hals und schmiert die Ölfarbe stellenweise fast expressiv auf die Leinwand. Indem er sein Gesicht allerdings lasierend und feiner ausdifferenziert darstellt, beweist er, dass er handwerklich betrachtet auch dazu fähig ist. Ebenso verweisen die Kreise im Hintergrund auf diesen Aspekt – dokumentieren sie doch die Geschicklichkeit des Malers beim Zeichnen eines perfekten Kreises. Abgesehen vom Beweis seiner künstlerischen Fähigkeiten bewirken die Kreise, dass das Gesicht inmitten der Geometrie lebendig wirkt.
Das Bild ist weder signiert noch datiert. Insofern malt Rembrandt ein Selbstbildnis, das als unemotionale Selbstbefragung eines Menschen gelten kann, dem die Meinung der Mitwelt nicht mehr so wichtig scheint. Damit passt das Werk in die lange Reihe der Selbstporträts des Künstlers. Auch schon in den frühen Selbstporträts widmet er sich intensiv und uneitel emotionalen Zuständen, Befindlichkeiten und der Darstellung seiner Stellung als Künstler in der barocken Gesellschaft.

Otto Dix' Selbstbildnis entsteht auf dem Höhepunkt des **Zweiten Weltkrieges** und zeigt einen sichtlich gealterten, gebrochen-grüblerischen, aber weiter produktiven Künstler. Nachdem seine Kunst unter dem nationalsozialistischen Regime als entartet eingestuft wird, befindet Dix sich in innerer Emigration und malt lange Zeit Landschaften und andere Motive, die oberflächlich Konformität mit den nationalsozialistischen Kunstansprüchen suggerieren. Die Natur wirkt dabei aber keineswegs harmlos oder idyllisch, sondern unnahbar oder unbewohnbar.

Auch im vorliegenden Selbstporträt dient die Vulkanlandschaft im Hintergrund als Metapher für eine sich zuspitzende politische und persönliche Krise.

Diese Wirkung erzielt auch die aktiv-dynamische Haltung des Künstlers mit seinem konzentrierten Gesichtsausdruck. Während Rembrandt seine Bildaussage auf die Darstellung des selbstbewussten Künstlers fokussiert, stellt sich Dix als Künstler dar, der das Unglück vorausahnt und mit der Situation umgehen muss, um weiter künstlerisch aktiv sein zu können. Vor dem Hintergrund der Kriegsereignisse (Hintergrund) ist Dix ein Mensch, der selber im Ersten Weltkrieg aktiv war und dies auch in einigen Soldatenbildnissen dargestellt hat. Nun scheint er sich zu distanzieren, indem die Kriegslandschaft wie auf einer Bühne durch den roten Vorhang von ihm abgetrennt ist. Die dominierende rote Farbe auf dem Vorhang, der Palette und seinem Kittel kann auch ein Verweis auf seine Vergangenheit als Soldat und die vorausgeahnte Gefahr sein.

Gemeinsam ist beiden Werken die zum Ausdruck kommende **Individualität** durch die Hervorhebung individualisierender physiognomischer Merkmale (Gesicht, Haare) und die Charakterisierung der Figur als Maler. Dies zeigt Rembrandt durch seine differenzierte Malweise, sein angedeutetes Werkzeug und die Kreise im Hintergrund. Dix beweist es ebenfalls durch sein Werkzeug, seine Hände in künstlerischer Aktion und durch seine für die **Neue Sachlichkeit** typische Feinmalerei, die insbesondere den Faltenwurf beeindruckend modelliert. Die Art, sich selber fast formatfüllend ins Bild zu setzen und körperliche Merkmale schonungslos zu malen, zeugt bei beiden Künstlern von einem Bedürfnis nach Selbstinszenierung und Ausdruck des künstlerischen Selbstbewusstseins.

Unterschiede bezüglich des Ausdrucks von Individualität lassen sich feststellen in Bezug auf die analysierte Statik bzw. Dynamik: Während Rembrandt nicht aktiv den Künstler repräsentiert und sich durch seine Malweise sogar etwas vom zeitgenössischen Künstler des Barock distanziert, tritt Dix als Künstler in Aktion auf, der seine Umgebung kritisch als Augenzeuge beobachtet.

Abiturprüfung NRW 2017 – Kunst Grundkurs
Aufgabe 1

Bezüge zu den Vorgaben:
Künstlerische Sichtweisen und Haltungen zwischen Distanz und Nähe
– im grafischen und malerischen Werk von Rembrandt Harmenszoon van Rijn
Fachliche Methoden
– Werkbezogene Form- und Strukturanalysen einschließlich untersuchender und erläuternder Skizzen
– Werkexterne Zugänge zur Analyse und Interpretation (hier insbesondere durch motivgeschichtliche Vergleiche und Hinzuziehung kunstgeschichtlicher Quellentexte sowie von Texten aus Bezugswissenschaften)

Aufgabenstellung Punkte

1. Beschreiben Sie das Werk „Der Mennonitenprediger Cornelis Claesz. Anslo und seine Frau Aeltje Gerritsdr. Schouten" von Rembrandt. 12

2. Analysieren Sie die formale Gestaltung des Werks und berücksichtigen Sie dabei insbesondere die Aspekte
   – Bildfläche,
   – Bildraum,
   – Farbe und Form unter Einbeziehung der Lichtführung,
   – malerisch-gestalterische Ausführung von Figur und Umraum.
   Fertigen Sie zunächst eine analysierende Skizze zum Aspekt „Bildfläche" an und beziehen Sie Ihre hierdurch gewonnenen Erkenntnisse erläuternd in Ihre Analyse mit ein. 45

3. Interpretieren Sie das vorliegende Werk auf der Grundlage Ihrer Analyseergebnisse und unter Berücksichtigung der Zusatzinformationen.
   Beziehen Sie Ihre Kenntnisse über den Künstler und sein Werk sowie den Entstehungskontext des vorgelegten Werks mit ein. 33

Materialgrundlage
Bildmaterial:
Abb. 1: Rembrandt Harmenszoon van Rijn, „Der Mennonitenprediger Cornelis Claesz. Anslo und seine Frau Aeltje Gerritsdr. Schouten", 1641, Öl auf Leinwand, 173,7 × 207,6 cm, Staatliche Museen zu Berlin – Preußischer Kulturbesitz, Gemäldegalerie, Berlin
Abb. 2: siehe oben (Detail)

Textmaterial:
Zusatzinformationen
Der abgebildete Cornelis Claesz. Anslo war zur Zeit Rembrandts ein reicher Tuchhändler und zugleich einer der führenden Laienprediger und Lehrer unter Hollands Mennoniten.
Mennoniten sind Angehörige einer evangelischen Freikirche, welche auf die Täuferbewegungen der Reformationszeit zurückgeht. Die Mennoniten hatten ausschließlich nicht geweihte Prediger (Laienprediger). Ein ausgewählter Interpret der heiligen Schriften führte die Gemeinde und predigte bei den Gottesdiensten. Die Mennoniten gaben, wie auch andere Reformierte, in der Vermittlung der heiligen Schriften dem Wort den unbedingten Vorzug gegenüber dem Bild.
Anslo genoss hohes Ansehen in seiner mennonitischen Gemeinde und stand ihr als Prediger vor. 1641 bezog er im Zentrum Amsterdams ein neues großes Haus, in welchem er mitunter auch sein Predigeramt ausübte. Das von ihm in Auftrag gegebene Bild war aller Wahrscheinlichkeit nach für dieses Haus bestimmt.

(Autorentext auf der Grundlage von:
- *Katalog: Rembrandt. Genie auf der Suche, Gemäldegalerie Staatliche Museen zu Berlin (Hrsg.) 2006, S. 300*
- *Nils Büttner: Rembrandt – Licht und Schatten. Eine Biographie, Stuttgart: Reclam 2014, S. 85/86)*

Zugelassene Hilfsmittel
- Wörterbuch zur deutschen Rechtschreibung
- Skizzenpapier, Transparentpapier, Farbstifte, Bleistifte, Lineal

Abb. 1: Rembrandt Harmenszoon van Rijn, „Der Mennonitenprediger Cornelis Claesz. Anslo und seine Frau Aeltje Gerritsdr. Schouten", 1641, Öl auf Leinwand, 173,7 × 207,6 cm, Staatliche Museen zu Berlin – Preußischer Kulturbesitz, Gemäldegalerie, Berlin

Abb. 2: Rembrandt Harmenszoon van Rijn, „Der Mennonitenprediger Cornelis Claesz. Anslo und seine Frau Aeltje Gerritsdr. Schouten", 1641, Öl auf Leinwand, 173,7 × 207,6 cm, Staatliche Museen zu Berlin – Preußischer Kulturbesitz, Gemäldegalerie, Berlin – Detail

Lösungsvorschläge

1. *Hinweis: In dieser Aufgabe sollen Sie den Bildbestand des Bildes sprachlich adäquat und differenziert nachvollziehend beschreiben. Ihre Darstellung soll die im Unterricht erlernte deskriptive Methode aufzeigen, die sachlich den ersten Gesamteindruck des Betrachters wiedergibt. Die Bildgegenstände werden dafür in einer sinnvollen Reihenfolge beschrieben – vom Hauptmotiv zu den Nebenmotiven. Subjektive Urteile sind in der Beschreibung, die der Analyse vorangestellt wird, zu vermeiden.*

   Das Bild „Der Mennonitenprediger Cornelis Claesz. Anslo und seine Frau Aeltje Gerritsdr. Schouten" malte Rembrandt Harmenszoon van Rijn in Öl auf Leinwand im Jahre 1641. Es zeigt ein **Querformat** mit den Maßen 173,7 × 207,6 cm. Das Werk befindet sich heute in der Gemäldegalerie der Staatlichen Museen zu Berlin – Preußischer Kulturbesitz.

   Das Bild zeigt ein **Doppelporträt** der im Titel genannten Personen, des Mennonitenpredigers Anslo und seiner Frau Aeltje. Das Paar ist in **Untersicht** dargestellt. Es sitzt in einem mäßig beleuchteten, überwiegend in Braun- und Schwarztönen gehaltenen Raum. Während der Mennonitenprediger als **Kniestück** im **Dreiviertelprofil** gezeigt wird, sehen wir seine Frau ebenfalls als **Kniestück** fast im **Vollprofil**. Die beiden nehmen die rechte Bildhälfte ein: Anslo mit schwarzem Vollbart und kräftiger Gestalt erscheint rechts von der Mittelachse des Bildes. Sein weit nach rechts geneigter Körper verschwindet fast im Raumdunkeln, wohingegen sein helles Gesicht und der weiße Kragen aufblitzen. Die rechte Faust auf den Tisch gestützt, ist seine linke Hand zu einer Gebärde erhoben. In ihrer verkürzten, nach vorn ausgerichteten Darstellung stellt sie das Zentrum der gesamten Bildkomposition dar und durchbricht optisch die zweidimensionale Bildfläche. Sein Körper ist der Frau zugewandt, sein halb geöffneter Mund scheint zu sprechen. Der nach vorn gerichtete Blick unterstreicht das Momenthafte der Darstellung. Ruhig, fast in sich zusammengesunken sitzt hingegen seine Frau da. Die kleine, schmale Gestalt steht im deutlichen Gegensatz zum voluminösen Körper ihres Mannes. Auf einem einfachen Holzschemel sitzend, hat sie den Kopf leicht gehoben und scheint den Worten ihres Mannes zuzuhören. Ihren aufmerksamen Blick hat sie nach links gerichtet: auf das aufgeschlagene Buch, das mit anderen Büchern auf dem Tisch liegt. Aus dem Bildgrund heraus leuchten ihr Kopf sowie ihre in den Schoß gelegten Hände im hellen Inkarnatston. Zusammen mit der Haube, dem Manschettenkragen sowie dem weißen Tuch, das sie mit den Händen festhält, sind dies die lichtstärksten Partien im Bild. Sie stehen im deutlichen Kontrast zu ihrem schwarzen Gewand, das mit kostbarem Pelzbesatz verziert ist. Auch sein schwarzes Mantelkleid zeigt Pelz, auf dem Kopf trägt er einen breitkrempigen schwarzen Hut und um den Hals den zu dieser Zeit modischen weißen Kragen.

   Der Tisch nimmt die linke Bildhälfte ein und wird durch den von links ins Bild fallenden Lichtstrahl betont. Bücher, ein Buchpult sowie ein silberner, zweiarmiger Kerzenleuchter mit einer erloschenen Kerze zeigen ein Stillleben, das auf zwei kostbaren Teppichen arrangiert wurde: obenauf ein schwerer, faltenwerfender, gemusterter Orientteppich in Dunkelrot-Schwarz, der, an der Seite etwas aufgeschlagen, den darunterliegenden helleren, mit einer Bordüre verzierten zeigt.

Hinter Anslo erkennen wir noch ein Bücherregal aus Holz mit schwerem Vorhang, der die meisten Bände verdeckt. Links von diesem eine ungeschmückte Wand und rechts über dem Kopf der Frau eine schwarze Leere, die eine Raumöffnung erahnen lässt.

2. *Hinweis: In dieser Aufgabe wird das Gemälde auf seine Komposition sowie Farb- und Formgebung bezogen systematisch analysiert. Ausgehend von der Erfassung des zentralen Raumgefüges, der räumlichen Situation sind die Bildkomposition sowie die Farbgestaltung nachvollziehbar aufzuzeigen. Dazu dient die Skizze als praktisch-rezeptives Verfahren der Bildanalyse, die schlüssig und aussagekräftig als Instrument angewandt wird, um die formale Bildbeschreibung zu unterstützen.*

Wie in Aufgabe 1 beschrieben, teilt sich das Bild Rembrandts motivisch in zwei Hälften. Die Analyseskizze verdeutlicht diesen Aspekt: Die Figuren werden rechts der **Mittelsenkrechten** angeordnet, die Gegenstände des Stilllebens befinden sich auf der linken Bildseite. Stellt dieser Aspekt eine Trennung der Bildobjekte dar, werden sie mithilfe der **Mittelwaagerechten** wiederum verbunden: Die Skizze zeigt, dass diese durch das Tischinventar verläuft wie auch durch die Körper der Porträtierten und die Hand des Mannes.

Die Gewichtung der Inventarteile zu den Figuren zeigt auch deren quantitative Verteilung auf der Bildfläche (s. Skizze): links die detailreiche, raumgreifende Anhäufung von Objekten, rechts dann das Paar raumeinnehmend – fast gleichwertig gliedern diese Elemente die **Bildfläche**. Das Querformat, auf dem die Augen von links nach rechts – unserer gewohnten Leserichtung folgend – wandern, unterstützt diesen Aspekt. Die **Ausschnitthaftigkeit** der Szene bringt trotz vieler statischer Elemente, beispielsweise der Senkrechten des schweren Holzregals und der klaren Wandgliederung (s. Skizze), eine Dynamik ins Bild: Werden die Figuren nicht ganz gezeigt, sind auch der Tisch, der Teppich, der Raumabschluss (rechts) angeschnitten. Das wirre Linienspiel des Teppichs, die Falten am Mantelkleid der Frau, die flatternden Buchseiten und letztlich die kraftvolle Gestik des Mannes verursachen ebenso eine gewisse Unruhe im **Bildraum**. Neben diesem Zusammenspiel zeigt das Gemälde auch eine ausgeklügelte **Linienführung**: Folgt man dem Blick der Frau, so gehorcht dieser der richtungsweisenden Hand des Mannes und heftet sich auf das aufgeschlagene Buch. Eine die Bildfläche diagonal durchschneidende Linie bilden die Köpfe, eine zweite die Hände, die sich bis zur erloschenen Kerze fortführen lässt.

Stellt man diese Überlegungen im Hinblick auf die Raumebenen an, zeigt sich, dass die Linienführung auch die **Raumtiefe** unterstützt: So markieren der faltenreiche Teppich, der Pelzbesatz am Kleid der Frau sowie die ausgestreckte Hand Anslos den Bildvordergrund. Im Mittelgrund spielt sich das Hauptgeschehen ab und der schlichte, statische Bildhintergrund beruhigt die Szene schließlich. Die

Linienführung bewirkt eine Durchdringung der **Raumstaffelung**. Trotz der klaren Trennung der Bildelemente werden sie damit verwoben und stehen nicht isoliert zueinander.

Wir sehen das Paar aus der **Untersicht**, Anslo noch deutlicher als seine Frau. Schafft dies eine bestimmte Distanz zu den Porträtierten, so zieht uns seine ausgestreckte Hand ins Bild hinein. Wir bekommen so die Rolle des Zuhörers zugewiesen und nehmen am Geschehen teil, folgen diesem aber eher passiv – wie seine ihm ergebene Ehefrau.

Bewusst scheint Rembrandt das Bild wie eine Bühne inszeniert zu haben. So ist der Bildhintergrund ruhig und lenkt von der Hauptszene nicht ab. Die **Lichtführung** unterstreicht diesen theatralischen Eindruck: Das Licht fällt von links ins Bild und erleuchtet den Tisch samt Requisiten, die leere Wandfläche darüber sowie Gesicht und Hand des Mannes. Die rechte Bildhälfte ist überwiegend in tiefes Schwarz getaucht – bis auf den Kopf der Frau sowie ihre Hände: Sie scheinen aus sich selbst heraus zu leuchten und stellen mit den weißen Kleidungsstücken der Frau die hellsten Stellen im Bild dar, was die Frauenfigur hervorhebt. Die kontrastreiche, ungleiche Gewichtung von hellen und dunklen Partien führt zu einer Betonung der beleuchteten Bildelemente, der Köpfe, Hände und Bücher, der Kerze. Die Qualität des Lichtscheins ist schwach, sodass eine starke Schattenbildung den Bildhintergrund (rechts) zu negieren scheint und die Körper in ein Nachtschwarz taucht. Mit Ausnahme der erleuchteten Körperstellen heben sich diese kaum ab. Wenige Bücher, vom Vorhang halb verdeckt, tauchen ebenfalls im schwachen Lichtschein auf. Quantitativ dominiert das Schwarz das Bildgeschehen. Das begrenzte **Farbrepertoire** Rembrandts unterstützt diese Wirkung noch: Die Palette zeigt überwiegend dunkle Braun-, Rot- und Beigetöne sowie die Unfarbe Schwarz, die mit dem strahlenden Weiß stark kontrastiert. Der rote Farbton des Teppichs hebt diesen aus der monochromen Farbpalette etwas heraus.

So wie die Farben inhaltliche Bezüge der Darstellung verdeutlichen, setzte Rembrandt auch bewusst Formen ein, die dieses vermögen (s. Skizze). Kreisförmig zeigen sich die vom Licht betonten Partien. Überhaupt dominieren die amorphen Formen. Als Kontrast dagegen steht lediglich die Linearität der Bücher im Bildmittelgrund, die des Kerzenleuchters sowie des Regals. Der Teppich auf dem Tisch wird durch seine unregelmäßige Form hervorgehoben. Das Formspiel dieser Faltungen wiederholt sich in der Kleidung der Figuren. Auch dies führt zu einem harmonischen Ausgleich aller Bildelemente.

Außer durch die Lichtführung und die Farbkontraste ist es auch die feine **Modellierung** der Gesichter und Hände, der Kleidung der Frau sowie der Buchseiten, mit denen Rembrandt unsere Aufmerksamkeit auf diese Partien lenkt. Blickpunkte sind zudem der ornamentreiche Teppich sowie der ziselierte Leuchter mit Kerze, an der sogar die Wachsspuren zu erkennen sind. Wandfläche, Holzschemel und das Regal wurden im Gegensatz dazu in einem gröberen Duktus ausgeführt. So werden wir von den nebensächlichen Objekten nicht abgelenkt und richten unseren Blick konzentriert auf die sorgfältig ausgestalteten Bilddetails.

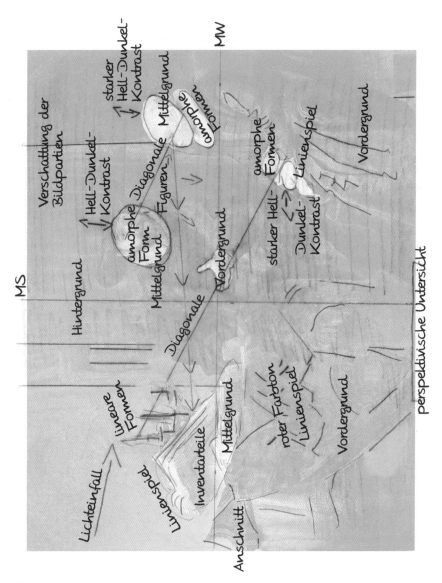

Skizze: Rembrandt

3. *Hinweis: In die Interpretation des Bildes beziehen Sie alle bisher gemachten Erkenntnisse auf Basis der Werkbeschreibung (Aufgabe 1) und der formalen Werkanalyse (Aufgabe 2) ein. Darüber hinaus stellen Sie gewonnene Erkenntnisse zur Gestaltungsintension Rembrandts dar. Dabei berücksichtigen Sie auch den Umstand der Auftragsarbeit und erschließen die Absicht, die dahintersteckte. Begründen Sie Ihre Aussagen!*

Nachdem der begabte Mennonitenprediger Cornelis Claesz. Anslo mitten in Amsterdam ein neues großes Haus bezogen hatte, vergab er an den berühmtesten Porträtisten seiner Zeit einen Auftrag: Er, Rembrandt Harmenszoon van Rijn, möge ihn, den zu Reichtum gelangten Tuchhändler, gemeinsam mit seiner Frau auf einer großformatigen Bildtafel verewigen. Der höchstwahrscheinlich **lukrative Auftrag** war in seiner Ausführung gar nicht so einfach. Wollte der fromme Laienprediger Anslo, der unter den Mennoniten Hollands hohes Ansehen genoss und auch als Lehrer seiner Gesinnung auftrat, sich in erster Linie als Vermittler der Heiligen Schrift dargestellt wissen, galt es doch auch, seinen erlangten Reichtum in Szene zu setzen. Dabei durfte Rembrandt nicht den Fokus der primären Bildaussage aus den Augen verlieren. So fallen das kostbare Tischtuch in Form der schweren Teppiche sowie die teuren Stoffe und Felle der Mantelkleider mithilfe der durchdachten Licht- und Rauminszenierung des Malers äußerst dezent ins Blickfeld des Betrachters. Vielmehr ist es der **demonstrative, predigende Gestus des Mannes**, der die Aufmerksamkeit mit allen künstlerischen Mitteln – wie in Aufgabe 1 und 2 dargestellt – auf sich zieht. Dabei ist es nicht nur die Frau, die den Ausführungen ihres Mannes ruhig folgt, sondern Rembrandt vermochte auch uns, die Betrachter, mittels des uns zugewiesenen Standpunktes zu Zuhörern zu machen. Die ausdrücklichen Verweise auf das aufgeschlagene Buch, nämlich die Heilige Schrift, unterstreichen die Forderung der Mennoniten, dem Wort den unbedingten Vorzug gegenüber dem Bild zu geben. Geschickt hat Rembrandt dafür die **kommunikative Ausrichtung des Bildgeschehens** auf das gesprochene, gehörte und geschriebene Wort gelenkt. So stehen nicht Auftraggeber samt Frau im Bildmittelpunkt, sondern die Figuren wie auch die übrigen Attribute verteilen sich gleichwertig über die gesamte Bildfläche. Wie in einem Buch reihen sich die Bildelemente in einer vorgegebenen Leserichtung aneinander.

Trotz der Interaktion der Personen und der **bühnenhaften Gestaltung des Raums** drängt sich die Szene nicht auf, sondern bleibt auf den dargestellten Moment konzentriert. Insbesondere die Figur der Ehefrau stützt diesen kontemplativen Eindruck. Durch ihre tugendhafte Kleidung mit weißer Spitzenhaube, dem breiten Kragen und dem Tuch auf ihrem Schoß symbolisiert sie die treu ergebene Gemahlin. Dabei veranschaulicht ihr kostbares Kleid wie auch seine prächtige Ausstattung mit Pelz und Hut den hohen materiellen Status, den das Paar erreicht hat. Die Teppiche, die sich dezent in den Vordergrund drängen, unterstreichen diese Aussage und machen schließlich Anslos Profession als Tuchhändler kenntlich.

Dennoch legt Rembrandt die Betonung auf den Laienprediger: So stellt er das Paar in seinem Arbeits- bzw. Studierzimmer dar – ihn als frommen Schriftgelehrten vor bzw. inmitten seiner Bücher. Seine **didaktische Geste** erläutert programmatisch das Heilige Wort, die Schrift. Und wie seine Frau nehmen auch wir als Betrachter die **Rolle des Zuhörers** ein: Untergeordnet, so als würden wir zur Kanzel aufblicken, folgen wir seiner Predigt. Ob wir davon auch erleuchtet würden wie seine Frau?

Dienen die auf dem Tisch aufgeschlagenen Bücher sowie der Kerzenleuchter mit erloschener Kerze als religiöse Verweise auf die Heiligen Schriften sowie die Vergänglichkeit des irdischen Lebens, sind die Bücher im Regal geschlossen und mehrheitlich verdeckt: ein Hinweis auf das weltliche Wissen, das Anslo Autorität verleiht, was mit seinem Tod aber auch erlischt.

Neben diesen inhaltlich **geschickt ausbalancierten Facetten** vermochte der Künstler auch mit der Größe seines Gemäldes den **repräsentativen Ansprüchen dieses Auftrags** gerecht zu werden. Als Blickfang in seinem neuen großen Haus stellte Anslo damit schließlich auch sein Selbstwertgefühl als ehrbarer gehobener Bürger zur Schau, der sich den besten Maler der Stadt leisten konnte für sein Porträtbild nebst Ehefrau. Wir können vermuten, dass der fast fünfzigjährige Anslo geschmeichelt war von Rembrandts Darstellung seiner Person: dynamisch und kraftstrotzend mit schwarzem Vollbart.

Letztlich erfüllte auch für den Maler Rembrandt das Werk seinen Zweck: Er stellte damit sein großes Können einem wohlhabenden Publikum vor – potenziellen künftigen Auftraggebern – und wurde so zeitweise selbst auch Teil der oberen Gesellschaftsschicht.

Abiturprüfung NRW 2017 – Kunst Grundkurs
Aufgabe 2

Bezüge zu den Vorgaben:
Künstlerische Sichtweisen und Haltungen zwischen Distanz und Nähe
- *in der Porträtmalerei (1965 bis 1990) von Gerhard Richter unter Verwendung der von ihm im sogenannten „Atlas" gesammelten fotografischen Vorlagen*

Fachliche Methoden
- *Werkbezogene Form- und Strukturanalysen einschließlich untersuchender und erläuternder Skizzen*
- *Werkexterne Zugänge zur Analyse und Interpretation (hier insbesondere durch motivgeschichtliche Vergleiche und Hinzuziehung kunstgeschichtlicher Quellentexte sowie von Texten aus Bezugswissenschaften)*

Aufgabenstellung   Punkte

1. Beschreiben Sie das Werk „Familie Hötzel" (Abbildung 1) von Gerhard Richter.   10

2. Analysieren Sie die formale Gestaltung des Werkes. Berücksichtigen Sie insbesondere die Aspekte
   - Bildfläche,
   - Bildraum,
   - Farbe unter Einbeziehung der Lichtführung,
   - malerisch-gestalterische Ausführung des Motivs.

   Untersuchen Sie zunächst mittels einer analysierenden Skizze den Aspekt „Bildfläche" und beziehen Sie Ihre hierdurch gewonnenen Erkenntnisse erläuternd in Ihre Analyse mit ein.   45

3. Interpretieren Sie das Werk auf der Grundlage Ihrer bisherigen Untersuchungsergebnisse und unter Berücksichtigung von Abbildung 2 sowie Ihrer Kenntnisse über Richters Arbeitsweise.
   Diskutieren Sie, inwiefern Gerhard Richter im vorliegenden Werk den Betrachter/die Betrachterin in ein Wechselspiel von Distanz und Nähe einbezieht.   35

Materialgrundlage
Bildmaterial:
Abb. 1: Gerhard Richter, „Familie Hötzel", 1966, Öl auf Leinwand, 76×50 cm, Standort unbekannt
Abb. 2: Gerhard Richter, „Atlas"-Blatt 2, 1962, 51,7×66,7 cm, Sammlung Städtische Galerie im Lenbachhaus und Kunstbau München

Textmaterial:
Zusatzinformationen:
- Abbildung 1: Bei dem auf der Abbildung erkennbaren hellen Bildrand handelt es sich um die grundierte Leinwand.
- Abbildung 2: Das Gerhard Richters Werk „Familie Hötzel" zugrunde liegende Foto ist rot umrandet.

Zugelassene Hilfsmittel
- Wörterbuch zur deutschen Rechtschreibung
- Skizzenpapier, Transparentpapier, Farbstifte, Bleistifte, Lineal

Abb. 1: Gerhard Richter, „Familie Hötzel", 1966, Öl auf Leinwand, 76 × 50 cm, Standort unbekannt

Abb. 2: Gerhard Richter, „Atlas"-Blatt 2,1962, 51,7 cm × 66,7 cm, Sammlung Städtische Galerie im Lenbachhaus und Kunstbau München

Lösungsvorschläge

1. *Hinweis: In dieser Aufgabe sollen Sie den Bildbestand sprachlich adäquat und differenziert nachvollziehend beschreiben. Ihre Darstellung soll die im Unterricht erlernte deskriptive Methode anwenden, die sachlich Ihre Beobachtungen der Bedeutung nach gewichtet und eine schlüssige, nachvollziehbare Gedankenführung aufzeigt. Die Bildgegenstände werden dafür in einer sinnvollen Reihenfolge beschrieben. Subjektive Urteile sind in der Beschreibung, die der Analyse vorangestellt wird, zu vermeiden.*

Das Bild „Familie Hötzel" malte Gerhard Richter im Jahr 1966 in Öl auf Leinwand mit den Maßen 76 × 50 cm, der Standort des Bildes ist unbekannt. Zu sehen ist eine **Schwarz-Weiß-Darstellung** im **Hochformat** mit einem weiß grundierten Rand, die ein stark verschwommenes Familienporträt der „Familie Hötzel" zeigt. Das Motiv erschließt sich erst bei genauer Betrachtung: eine Kleinfamilie, Vater, Mutter und Kind, als **Ganzkörperporträts** draußen in einer Landschaft stehend. Dadurch, dass das **Bildmotiv** nur wage zu erkennen ist, die schwarzen Konturen mit dem hellen Hintergrund verwischen und sich zum Teil auflösen, erinnert das Bild sogleich (trotz seiner Größe) an eine verblichene Schwarz-Weiß-Aufnahme. Was sehen wir und können wir eindeutig beschreiben? Die drei Familienmitglieder sind zentral auf der **Bildfläche** platziert. Um sie herum ist nach oben, unten und zu den Seiten noch Raum. Links steht der Vater, der größte der Gruppe, er lächelt – wie auch die übrigen beiden Figuren im Bild. Gekleidet mit einem weit geschnittenen hellen Anzug mit weißem Hemd steht er, dem Betrachter frontal zugewandt, mit sicherem Stand da, sein rechter Arm hängt lässig herab.

Sein linker Arm wird etwas verdeckt: Hier steht der Sohn, gerahmt vom Vater (links) und seiner Mutter auf der rechten Seite. Er reicht dem Vater gerade einmal bis zur Armbeuge und trägt – vermutlich – zu dunklen kurzen Hosen und Hemd auf dem Rücken einen Schulranzen. Diese Annahme drängt sich dem Betrachter auf, da der Junge mit seinem linken Arm eine Schultüte umarmt. Sie ist sehr groß und reicht vom Boden, auf dem sie aufgestellt ist, bis zu seinem Kopf. So wie er sich leicht schräg dem Betrachter zuwendet, nimmt seine neben ihm stehende Mutter, die etwas kleiner als ihr Mann ist, dieselbe Haltung ein: Ihre linke Körperhälfte ist uns mehr zugewandt als die rechte, die zum Teil auch vom Knaben verdeckt wird. Es lässt sich erahnen, dass sie ihre linke Hand locker in die Tasche ihres weiten Mantels gesteckt hat. Dieser zeigt eine helle Farbigkeit, drei dunkle Knöpfe und einen geöffneten, großen Mantelkragen. Erscheint das Gesicht des Kindes frontal mit blonder Seitenscheitel-Frisur, sehen wir die Mutter im Dreiviertelprofil mit dunklem, üppigem Haar.

Soweit erkennbar, blicken alle drei aus dem Bild heraus den Betrachter direkt an. Obwohl sie gestisch nicht unmittelbar in Beziehung zueinander treten, ist ihre Körperhaltung einander zugewandt, sodass sie eine geschlossene **Figurengruppe** bilden. Zu diesem Eindruck trägt auch der sie umgebende landschaftliche Rahmen bei: Die drei stehen draußen, was die Baumstämme und Äste im Bildhintergrund sowie der unregelmäßige Vordergrund, der an eine Wiese oder einen Weg im Park erinnert, vermuten lassen. Die Nacktheit der Bäume, die kein Laub zeigen, wie auch der dicke, üppige Mantelstoff der Mutter deuten auf einen kühleren Tag hin. Wir erblicken die Familie perspektivisch aus einer **Untersicht**, was – zusammen mit ihrer Positionierung im Landschaftraum – zu einer **Distanz** in der Wahrnehmung führt.

Der bereits erwähnte weiß gelassene Rahmen auf der Leinwand verstärkt den Eindruck der Schwarz-Weiß-Fotografie noch, indem er an ein Passepartout erinnert.

2. *Hinweis: In dieser Aufgabe sollen Sie das Bild auf seine kompositorischen Aspekte der Form- und Raumgebung sowie der Licht- und Farbdarstellung systematisch untersuchen. Ausgehend vom zentralen Hauptmotiv, der Erfassung der Linienführung (Richtungsgefüge) und der räumlichen Situation, sind die Bildkomposition sowie die Farbgestaltung nachvollziehbar aufzuzeigen. Die Skizze dient als praktisch-rezeptives Verfahren der Veranschaulichung der schriftlichen Darstellung. Sie soll verständlich und aussagekräftig als Analyseinstrument angewandt und in Ihre formale Bildbetrachtung eingebracht werden.*

Die Skizze verdeutlicht die zentrale Ausrichtung des Motivs auf der **Bildfläche**: Die Protagonisten nehmen vollständig die Mitte des Formats ein. Diese Positionierung wird durch den doppelten Rahmen, den die Gruppe umgibt, noch unterstrichen. So ist es zum einen der Außenraum der Natur, der sie von allen Seiten gleichmäßig „umrahmt", und zum anderen die passepartoutähnliche Umrandung, die die ausgewogene Ausrichtung des Gruppenporträts betont. Die Ausschnitthaftigkeit wird durch den angelegten Außenrahmen negiert, da das Bildmotiv wegen des Rahmens als in sich abgeschlossen wahrgenommen wird.

Die Anordnung der Figuren ist sehr ausgewogen. So steht der Junge, die Hauptfigur des Bildthemas, in der **Mittelsenkrechten** und wird seitlich fast gleichmäßig flankiert von Vater und Mutter. Auch die **Mittelwaagerechte** – wie die Skizze ebenfalls verdeutlicht – zeigt, dass der Fokus auf dem Jungen liegt: Sie verläuft exakt durch sein Gesichtsfeld, etwas unterhalb der Augenpartie.

Die blockhaft angeordnete **Figurengruppe** vermittelt durch ihre senkrechte Ausrichtung im Bildraum etwas Statisches. Partiell erfährt diese Wirkung eine Auflockerung durch die das Bild durchziehenden Schrägen und die spitzwinklige Linienführung: ausgehend von der Schultüte, sich fortsetzend in den Pflanzenformationen im Bildhintergrund (s. Skizze). Schließlich wird der Blick des Betrachters immer wieder auf die zentrale Figur gelenkt.

Quantitativ nimmt die Gruppe etwa die Hälfte der **Bildfläche** ein. Deshalb und weil sie sich im Mittelgrund des **Bildraums** aufhält, ergibt sich die in Aufgabe 1 bereits genannte Distanz zum Betrachter. Auch der tiefe **Betrachterstandpunkt** erzeugt einen optischen Abstand zu den dreien. Das Bild zeigt zudem wenig Tiefe. Durch die ausgewogene Figur-Grund-Beziehung dominiert der Eindruck der **Flächigkeit**. Verursacht wird dieser auch durch die Verschmelzung der Raumebenen: Die Schultüte verdeckt teilweise den Körper des Jungen, der wiederum Vater und Mutter etwas überlagert. Die Konturen und Flächen der Gruppe scheinen vor dem Hintergrund aufgelöst und zerfließen auch im unteren Bildraum. Der großzügige Platz über und unter den Figuren lässt nicht nur die Gruppe kleiner erscheinen, sondern gewinnt dadurch auch an Gewicht.

Das reduzierte **Farbrepertoire** sowie die ausgewogene **Hell-Dunkel-Verteilung** über die gesamte Bildfläche steigern den Eindruck der Zweidimensionalität noch: So verwendete Richter Grautöne, setzte wenig schwarze Akzente und grundierte die Leinwand in einem unauffälligen Weißton. Neben dem geringen Farbspektrum trägt auch die gleichmäßige Hell-Dunkel-Verteilung dazu bei, dass keine Bildpartie hervorgehoben wird, also dem Betrachter ins Auge fällt. Das von links bzw. links oben ins Bild fallende Licht hat wenig Kraft, sodass sich Licht- und Schattenpartien nur an wenigen Stellen abzeichnen, etwa an der linken Körperhälfte des Vaters, die leicht im Schatten liegt, sowie an seinen Hosenbeinen. Die geringe Intensität des Lichts zeigt sich auch im gleichmäßigen Farbauftrag, der kaum Kontraste aufweist und sich dadurch einer optischen Schwerpunktsetzung entzieht. Es sind diese Farb- und Lichtaspekte, die schließlich den Eindruck von Verschwommenheit hervorrufen.

Trotz der zurückgenommenen malerischen Ausgestaltung der **Bildgegenstände** ist das Motiv grundsätzlich identifizierbar. Hier zeigt sich ein interessanter Gegensatz: Wird auf die Detailschärfe wie eben auch auf die Ausarbeitung dieser vollkommen verzichtet, vermag das Repertoire der grauen Farbtöne eine zwar eingeschränkte, aber doch erkennbare **Abbildhaftigkeit** des Bildmotivs zu erzielen. Auch die malerisch geringe Differenzierung der Bildgegenstände, die die Bildebenen aufhebt und die Flächigkeit verursacht, verhindert nicht das Auseinanderhalten und Erkennen der Bildobjekte.

Dies alles fällt zuungunsten einer subjektiven Autorenschaft aus. Das heißt, die Art der Malweise steht im Widerspruch zu einer ausgeprägten künstlerischen Handschrift. Die Distanziertheit des Bildmotivs, die der Betrachter wahrnimmt, spiegelt sich damit auch in der formalen künstlerischen, eben objektivierten Ausführung des Werks wider.

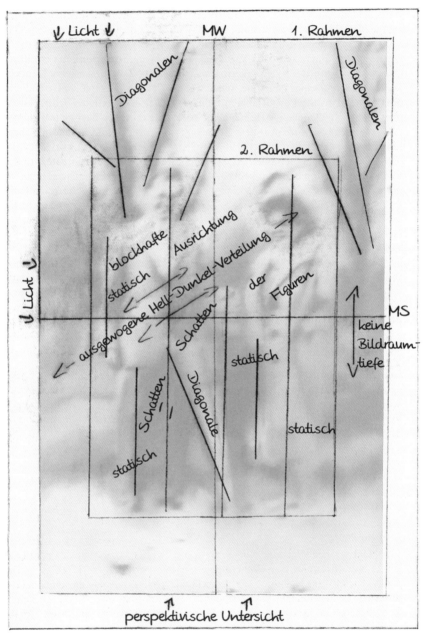

Skizze: Richter

GK 2017-18

3. *Hinweis: In die Interpretation des Bildes beziehen Sie alle bisher gemachten Erkenntnisse auf Basis der Bildbeschreibung (Aufgabe 1) sowie -analyse (Aufgabe 2) ein. Darüber hinaus bringen Sie Ihr Wissen zum Künstler und zum Werk Gerhard Richters ein. Begründen Sie Ihre Aussagen mithilfe Ihrer bereits gemachten Beobachtungen und Ihres Kenntnisstands nachvollziehbar.*

Der Titel des Bildes, „Familie Hötzel", führt uns gleich zum Kern der Darstellung: Wir sehen ein **Familienporträt in klassischer Aufstellung** an einem ganz besonderen Tag, der Einschulung des Sohnes. Es erfüllt – wie die Familienbildnisse zu allen Zeiten – die **Funktion des Bewahrens**. So dokumentiert es als Erinnerung diesen speziellen biografischen Moment für die drei Protagonisten sowie – langfristig – für alle nachfolgenden Generationen der Familie. Die gezeigte Situation stellt auch die **familiäre Zusammengehörigkeit** dar: Der Sohn wird flankiert von Vater und Mutter an diesem bedeutsamen Ereignis in seinem Leben. Der Bildcode ist dabei genretypisch. Er zeigt eine private Erinnerungskultur, die keine spezifische, außergewöhnliche Familienszene charakterisiert, sondern einer **typisierten Bildsprache** folgt. In dieser stellt die Figurenaufstellung auch die Verhältnisse der Personen untereinander dar: Frontal, raumeinnehmend dem Betrachter zugewandt das Familienoberhaupt, der Vater. Klassisch zu diesem hin ausgerichtet und ihm zugewandt die Mutter. In der Mitte der kleine Sohn, der von der Mutter schützend flankiert wird und der seinen Körper etwas dem Vater zuwendet. Als Hauptfigur des im Bild festgehaltenen Ereignisses steht er im Zentrum des Geschehens. Der Bildcode des fotografischen Mediums, der den Moment eingefangen hat, wird hier explizit von Richter malerisch zitiert, wodurch das Motiv in einen **künstlerischen Kontext** gehoben wird. Die Fotovorlage, eine Schwarz-Weiß-Aufnahme in den üblichen Maßen, die in Richters „Atlas" (Blatt 2, 1962) auftaucht, erfährt durch den Künstler eine malerische Realisierung. Durch diese findet nicht nur eine funktionale Verschiebung der Bedeutung statt, sondern das Motiv gewinnt auch an **Repräsentativität**. Durch die „Bildwerdung" wird der Moment des Ereignisses aufgewertet, indem er zum einen monumentalisiert wird, also die ursprüngliche Größe der Fotovorlage sich etwa verachtfacht, und zum anderen in Öl auf Leinwand eine dauerhafte, hochwertigere Ausführung erfährt. Dadurch, dass wir die Personen wie auch die Umgebung (z. B. die Jahreszeit) auf dem Bild nicht wirklich identifizieren können, verursacht durch die gemalte „Unschärfe", findet eine **Entkoppelung von der fotografischen Vorlage** statt, die jegliche individuelle Referenzen ausschließt. Die Folge dieser Entpersonalisierung ist eine allgemeine Gültigkeit, die das Bildsujet in den kunsthistorischen Kontext des Familienbildnisses hebt. Der individualisierende Werktitel vermag hier zu irritieren, dürfte aber vom Künstler absichtsvoll gewählt worden sein: Die malerische „Unschärfe" lässt keine Details zu; sie verdeckt und versteckt, lenkt nicht ab vom klassischen, idealisierenden Familienporträt. Wurden die namentlich genannten königlichen Porträts von einst nicht vergleichbar künstlerisch „präpariert" für die respektvolle Würdigung durch die Nachwelt?

Das Bild „Familie Hötzel" malte Richter im Jahre 1966. Er griff dafür auf seinen „Bild-Atlas" zu und zwar auf das 2. Blatt aus dem Jahr 1962. Der „Atlas" verdeutlicht die **Arbeitsweise des Künstlers:** Über Jahre, mittlerweile Jahrzehnte sammelt der Künstler Bildvorlagen, die er chronologisch, thematisch systematisiert auf große Bildtafeln klebt (s. Abb. 2). Sie zeigen eine Sammlung von privaten Fotografien des Künstlers wie auch öffentlich-medialen Bildern. Auf dem hier gezeigten 2. Blatt des „Atlas'" sind insgesamt 24 Bilder zu sehen, die Einzel- und Gruppenporträts aus familiären und beruflichen Kontexten zeigen. Der „Atlas" stellt mittlerweile ein umfangreiches genealogisches Kompendium dar, das Richter nach wie vor als **Motivfundus** dient, so wie es auch beim vorliegenden Beispiel der Fall war: Wir entdecken die Fotografie zum Bild „Familie Hötzel" in der unteren Bildreihe der „Atlas"-Tafel.

Zur malerischen Übertragung der Fotovorlagen auf die Leinwand zeichnet Richter zuerst die Konturlinien (manchmal mithilfe des Rasterverfahrens) auf die Leinwand. Anschließend malt er die fotografische Vorlage möglichst exakt ab. In einem zweiten Schritt überarbeitet er das Gemalte dann mit einem weichen Pinsel: Durch das **Verwischen der Konturlinien** entsteht die „Unschärfe" im Bild. Voraussetzung dafür ist, dass die Ölfarbe noch nicht getrocknet ist.

Mit seinen „Fotomalereien" thematisiert Richter immer wieder die **Wechselbezüge zwischen Malerei und Fotografie**, der Abbildhaftigkeit und Abstrahierung eines Bildsujets: Es ist sein großes Thema in der Malerei. In seinem „Bild-Atlas" finden sich auch von ihm selbst angefertigte Fotografien, darunter auch Porträts aus der eigenen Familie. Auch Fotoübermalungen gehören zu seinem Œuvre, bei diesen wird der intermediale Bezug zwischen dem Bild und der Fotografie nicht nur inhaltlich und formal, sondern auch materiell vollzogen.

Welche Haltung nimmt nun der Betrachter zum Bild „Familie Hötzel" ein? Durch die formale Ausrichtung des Bildmotivs (Rahmung, Untersicht – wie in Aufgabe 2 ausgeführt) wie auch durch die spezifische malerische Reproduktion der Fotovorlage, der **Entindividualisierung** sowie **Vermeidung eines subjektiv-malerischen Gestus'** werden wir auf Distanz gehalten. Dazu trägt auch die konventionelle Erwartungshaltung bei, die die Bildgattung „Porträt" in uns auslöst und die hier noch gefördert wird durch den individualisierten Werktitel: Wir werden durch die Anonymisierung der Porträtierten enttäuscht, rechneten wir doch mit einem identifizierbaren Porträt der namentlich genannten Familie. Auf der anderen Seite schafft Richter mit der Auswahl des wiedererkennbaren, vertrauten Motivs – eines zumeist doch selbst erlebten, fotografisch festgehaltenen Familienereignisses – auch Nähe. Dieses **ambivalente Gefühl**, das bei der Bildbetrachtung aufkommt, wird durch die **universelle Typologisierung** des Motivs, also die Übertragung des vermeintlich privaten Bildcodes in eine allgemeine Gültigkeit, schließlich noch gesteigert.

Abiturprüfung NRW 2017 – Kunst Leistungskurs
Aufgabe 1

Bezüge zu den Vorgaben:
Künstlerische Sichtweisen und Haltungen zwischen Distanz und Nähe
- *im grafischen und malerischen Werk (1930 bis 1944) von Pablo Ruiz y Picasso*
- *im Werk von Marlene Dumas*

Fachliche Methoden
- *Werkbezogene Form- und Strukturanalysen einschließlich untersuchender und erläuternder Skizzen*
- *Werkexterne Zugänge zur Analyse und Interpretation (hier insbesondere durch motivgeschichtliche Vergleiche und Hinzuziehung kunstgeschichtlicher Quellentexte sowie von Texten aus Bezugswissenschaften)*

Aufgabenstellung   Punkte

1. Beschreiben Sie die Werke „Tête de femme (Portrait Dora Maar)" von Pablo Ruiz y Picasso und „Dora Maar (the Woman who saw Picasso cry)" von Marlene Dumas.   12

2. Analysieren Sie vergleichend die formale Gestaltung der Werke. Berücksichtigen Sie dabei besonders die Aspekte
   - Bildfläche,
   - Bildraum,
   - Farbe und Form,
   - malerisch-gestalterische Ausführung in Bezug auf deren Abbildhaftigkeit.

   Fertigen Sie zunächst analysierende Skizzen zum Aspekt „Bildfläche" an und beziehen Sie Ihre dadurch gewonnenen Erkenntnisse erläuternd in Ihre Analyse ein.   44

3. Interpretieren Sie die beiden Werke auf der Grundlage Ihrer Untersuchungsergebnisse. Beziehen Sie Ihre Kenntnisse zu den jeweiligen Entstehungskontexten der vorgelegten Werke auch unter Berücksichtigung der Zusatzinformationen in Ihre Deutungen ein.   22

4. Diskutieren Sie die in den Bildnissen zum Ausdruck kommenden künstlerischen Sichtweisen und Haltungen zwischen Distanz und Nähe.
   Stellen Sie in diesem Zusammenhang Bezüge zu anderen Ihnen bekannten Werken und Bildkonzepten von Picasso und Dumas her.   12

Materialgrundlage
Bildmaterial:
Abb. 1: Pablo Ruiz y Picasso, Tête de femme (Portrait Dora Maar), 1939, Öl auf Leinwand, 65,5 × 54,5 cm, Musée Picasso, Paris
Abb. 2: Marlene Dumas, Dora Maar (the Woman who saw Picasso cry), 2008, Öl auf Leinwand, 80 × 60,3 cm, Privatbesitz

Textmaterial:
Zusatzinformationen zu Abbildung 1:
Dora Maar, beliebtes Modell vieler Künstler und selbst künstlerisch tätige, ausgebildete Fotografin, die den Entstehungsprozess von Picassos Monumentalgemälde ‚Guernica' (1937) dokumentierte, wurde vor allem durch ihre Liebesbeziehung zu Picasso (1936–1943) bekannt, der sie in dieser Zeit häufig porträtierte. Das vorliegende Gemälde mit dem Titel „Tête de femme (Portrait Dora Maar)", dt. Übersetzung: „Frauenkopf (Porträt Dora Maar)", entstand am 4. Oktober 1939 in der westfranzösischen Hafenstadt Royan. Dorthin hatte sich Picasso kurz nach Kriegsausbruch mit Dora Maar, Marie-Thérèse Walter und Tochter Maya für längere Aufenthalte aus Paris zurückgezogen.

Autorentext auf der Grundlage von:
Dirk Luckow (Hrsg.): Picasso in der Kunst der Gegenwart, Katalog anlässlich der Ausstellung „Picasso in der Kunst der Gegenwart" in der Halle für Aktuelle Kunst der Deichtorhallen Hamburg, April bis Juli 2015, Köln: Snoeck Verlagsgesellschaft mbH 2015, S. 331
Anne Baldassari: Picasso. Masterpieces from the Musée National Picasso, Paris (Exposition San Francisco, de Young Museum, 2011), Ausstellungskatalog, Paris: Skira Flammarion 2011, S. 254

Zusatzinformationen zu Abbildung 2:
Marlene Dumas schuf 2008 eine Werkgruppe weinender Filmfiguren als Reaktion auf den Tod ihrer Mutter ein Jahr zuvor. Im Umfeld dieser Bilder malte sie das vorliegende Porträt von Dora Maar unter Verwendung der folgenden Fotografie des mit Picasso und Dora Maar befreundeten Künstlers Man Ray.

Man Ray, Portrait de Dora Maar, 1936, Schwarz-Weiß-Fotografie (Bromsilbergelatine-Abzug), 24 × 30 cm, Privatsammlung, Paris

Bildquelle: Anne Baldassari (Hrsg.): Picasso – Dora Maar. Das Genie und die Weinende. Paris: Flammarion (u. a.) 2006, Tafel 34

Der Titelzusatz „the Woman who saw Picasso cry" (‚die Frau, die Picasso weinen sah') geht auf eine Anekdote von Dora Maar zurück, sie habe Picasso in seinem Atelier weinen sehen.

Picasso stellte Dora Maar in zahlreichen grafischen und malerischen Variationen dar, unter anderem in den Werkserien weinender Frauen (1937) sowie ‚Frauen mit Hut' (ab 1938).

Autorentext auf der Grundlage von:
Writings by Marlene Dumas, For Whom the Bell Tolls (http://marlenedumas.nl/for-whom-the-bell-tolls-2/ (Zugriff: 22. 02. 2016)

Zugelassene Hilfsmittel
– Wörterbuch zur deutschen Rechtschreibung
– Skizzenpapier, Transparentpapier, Farbstifte, Bleistifte, Lineal

Abb. 1: Pablo Ruiz y Picasso, „Tête de femme (Portrait Dora Maar)", 1939, Öl auf Leinwand, 65,5 × 54,5 cm, Musée Picasso, Paris

Abb. 2: Marlene Dumas, „Dora Maar (the Woman who saw Picasso cry)", 2008, Öl auf Leinwand, 80 × 60,3 cm, Privatbesitz

Lösungsvorschläge

1. *Hinweis: Es sollen beide Werke sachangemessen, differenziert und strukturiert beschrieben und dabei Werkdaten und der sichtbare Bildbestand aufgeführt werden. Subjektive Beurteilungen sollten vermieden werden.*

Das **Gemälde** „Tête de femme (Portrait Dora Maar)", das Picasso 1939 mit Öl auf Leinwand malte, hat die Maße 65,5×54,5 cm und ist im Musée Picasso in Paris ausgestellt. Auf dem **hochformatigen** Gemälde sieht man **formatfüllend** auf den ersten Blick eine Anhäufung von geometrischen Formen, die in unterschiedlichen Schwarz-Grau- und Weiß-Abstufungen aufgetürmt zu sein scheinen. Bei genauerem Hinsehen kann man das kubistische Bildnis einer Person, mit einem Hut und einem ärmellosen Oberteil bekleidet, zurückgelehnt auf einem Stuhl erahnen, welches aus Porträtfragmenten besteht. Es handelt sich um ein **Bruststück** in **Dreiviertelansicht**. Auf dem graublauen Hintergrund zeichnet sich ein schwacher Schatten ab.

Man erkennt unten rechts im Bild die linke Schulter der Dame, die quaderförmig aufrecht angeordnet ist und an einer schräg in die untere rechte Bildecke verlaufenden schwarzen Stuhllehne lehnt. Der Ausschnitt des schwarzen Oberteils grenzt durch eine geschwungene Linie an eine pyramidenförmige helle Form an, welche die zweite Schulter und den Hals darstellen könnte. Diese Form weist mit der Spitze nach oben, woran sich eine weitere, auf dem Kopf stehende Pyramidenform anschließt, deren Seiten die Wangen der Frau bilden. In der vorderen Seitenkante dieser Form ist ein kleines Oval zu erkennen. Es könnte der zu einem „O" geformte Mund sein. An der Oberkante der Pyramide springt eine scharfkantige Keilform nach links vor, welche die Nase bildet. Auf ihrer Vorderseite ist ein Auge angedeutet. Rechts davon schließen drei Dreiecke an, deren mittleres das andere, tiefer liegende Auge zeigt. Es wird nicht deutlich, ob die Person den Betrachter ansieht. Die Spitzen der langschenkligen Dreiecke treffen sich mit der Nasenwurzel und münden in spitz zulaufende ovale Formen – rechts bräunlich, links etwas kleiner und schwarzgrau mit hellerer Oberfläche: Hier könnte es sich um schwarze Haare und einen braunen Hut mit einem würfelförmigen Element in der Mitte handeln.

Links und rechts von Wangen und Hals kann man aus dreieckigen, abwechselnd helleren und dunkleren Formen gebildete Haare erkennen, die einen leichten Schwung nach außen aufweisen. Sie wirken räumlich nach hinten gesetzt. Das Porträt zeigt laut Titel die damals 32-jährige Dora Maar, ein beliebtes Modell vieler Künstler. Von 1936 bis 1943 war sie mit Picasso liiert und häufig Motiv seiner Arbeiten.

Auf dem zweiten Gemälde mit dem Titel „Dora Maar (the Woman who saw Picasso cry)" malte Marlene Dumas als **Kopfbild** dieselbe Frau, allerdings unter Verwendung der Fotografie „Portrait de Dora Maar" von Man Ray aus dem Jahr 1936, deren Motiv sie nah heranholte und anschnitt, sodass Dora Maars Bildnis formatfüllend den Betrachter **frontal** von einer Leinwand der Größe 80×60,3 cm anschaut. Rechts ist nur ein dünner Streifen ihres Ärmels zu sehen – auf dem Foto hält sie den Arm über dem Kopf –, und unten links erkennt man einen kleinen Ausschnitt von ihrem Hals. Dora Maar wirkt blass, ihre Augen und Lippen dagegen wirken leicht geschminkt und scheinen ein bisschen verwischt zu sein, was sinnlich anmutet, ihr aber auch einen traurigen Ausdruck verleiht. Ihre Haut ist faltenlos jung dargestellt, Stirn, Haare und Ohren kann man aufgrund des Bildausschnitts nicht sehen. Von den Augeninnenwinkeln verlaufen leichte helle Pinselspuren nach unten zu den Nasenflügeln, die wie Tränen aussehen. Während die Augen den Betrachter direkt und ernst anschauen und dabei detailliert mit angedeuteten Wimpern und kleinen Lichtreflexen gemalt wurden, sind Nase und Mund weniger präzise ausgearbeitet, sodass den Augen eine besondere Rolle im Werk zukommt. Bis auf einen leichten roten Schimmer am geschlossenen Mund, der dazu beiträgt, dass auch der Mund in den Fokus des Betrachters rückt, wurde das Porträt hauptsächlich mit Weiß, Schwarz und Grau und wenig Hautfarbe gemalt. Es ist aufgrund des Bildausschnitts kein Hintergrund sichtbar.

2. *Hinweis: Es soll die formale Gestaltung beider Werke in Bezug auf die Aspekte Bildfläche, Bildraum, Farbe und Form und malerisch-gestalterische Ausführung von Figur und Umraum analysiert und verglichen werden. Dazu müssen analysierende Skizzen zum Aspekt „Bildfläche" angefertigt und die daraus gewonnenen Erkenntnisse erläuternd in die Analyse mit einbezogen werden.*

In Bezug auf die **Bildfläche** (vgl. Skizze 1a) ist bei Picassos Gemälde erkennbar, dass die Figur mittig und aufrecht entlang der **Mittelsenkrechten** im Bild platziert wurde. Die **Mittelwaagerechte** teilt das Gesicht in etwa auf Höhe des Mundes, womit diesem eine zentrale Rolle zukommt. Vom höchsten Punkt der Figur bis in beide Bildecken unten lässt sich ein Dreieck zeichnen, dessen Schenkel links und rechts von der Mittelsenkrechten den etwa gleichen Winkel bilden, wodurch das Dreieck und damit auch die Figur, die es umzeichnet, **ausgewogen** und **statisch** wirkt. Durch die Zergliederung der Figur in geometrische Formen ergeben sich viele **richtungsweisende Linien**, die die äußere Form aufbrechen. Auffallend sind dabei die Linien, die entlang des Kinns und des Schlüsselbeins laufen. Sie bilden gemeinsam ein nach unten links orientiertes Dreieck. Dagegen streben einige gebogene Linien, z. B. entlang der Nasenunterseite und am Haar, schwungvoll nach oben links. Insgesamt wird dadurch die linke Bildhälfte etwas stärker betont und die Figur erhält dynamische Konturen.

Im Gemälde von Marlene Dumas (vgl. Skizze 2a) ist die Nasenspitze als angenommene Gesichtsmitte nach rechts von der **Mittelsenkrechten** versetzt, die **Mittelwaagerechte** verläuft unterhalb der Nase, etwas höher als bei Picassos Gemälde. Entlang der Mundwinkel und durch beide Pupillen lassen sich fast waagerechte Linien ziehen, die leicht nach rechts oben tendieren, insgesamt aber auch Ruhe ausdrücken. Auch die Tatsache, dass das Bild fast ausschließlich aus den Gesichtselementen besteht und dadurch auf der großen Bildfläche leer wirkt, unterstreicht die Ruhe und den Eindruck von Stillstand in diesem Gemälde. Allein die nur schwach zu erkennenden Tränenspuren und die deutlich dreiecksförmige Nasenspitze weisen nach unten und brechen damit die ausgeglichene Stimmung des Gemäldes auf.

Das Verhältnis von Motiv und restlicher Bildfläche ist in „Tête de femme (Portrait Dora Maar)" etwa 1:1, jedoch wird der Hintergrund dadurch, dass er insgesamt **flächenhaft** und nur durch die leichte Schattenandeutung hinter der Figur **räumlich** wirkt, nicht weiter betont. Räumlichkeit wird hier erzeugt durch das für den Kubismus typische **mehrperspektivische** Flächenrepertoire der einzelnen Gesichtselemente und deren freie Positionierung, die dem Betrachter wie bei einer Plastik einen vermeintlichen Rundumblick gewährt. Die einzelnen Gesichtsformen zeigen durch Licht- und Schattenandeutungen an, welche Flächen nach oben, unten, rechts oder links weisen, was dafür sorgt, dass Räumlichkeit entsteht. Der Bildraum ist durch die flächenhaft angedeutete Wand hinter der Figur begrenzt.

Das Motiv nimmt bei Dumas die volle Bildfläche ein, geht sogar gedacht darüber hinaus. Räumlichkeit entsteht durch formgebende Schatten und eine **Überlappung** des Ärmels am rechten Bildrand. Durch die extreme **Nahaufnahme** und die zentrale Anordnung der Nase als **Bildmittelpunkt** wirkt das Gemälde statisch. Ein Umraum ist durch die extreme Nähe nicht auszumachen. Dadurch wird das Motiv dem Betrachter viel nähergebracht als bei Picasso, sodass der mehrdeutige Gesichtsausdruck deutlich stärker auffällt.

Das Bild Picassos ist überwiegend **monochrom** schwarz-weiß-braun gefärbt mit Ausnahme der graublauen Wandfläche, welche durch ihre Farbigkeit optisch nach vorne rückt (vgl. Skizze 1b). Hier liegt ein **Qualitätskontrast** vor. Die Figur selbst wurde aus unterschiedlichen Schwarz-, Grau- und Weißtönen komponiert. Dieser **Hell-Dunkel-Kontrast** wirkt durch die scheinbar wahllose Anordnung etwas ungeordnet und dynamisch. Bei näherem Hinsehen erkennt man, dass dadurch beleuchtete Oberflächen und solche, die im Schatten liegen, kenntlich gemacht werden. Die Verteilung von hellen und dunklen Flächen ist relativ gleichmäßig, auch dadurch, dass in einzelnen Flächen Abstufungen zu finden sind. Auffallend ist, dass die lebendige Frau in Schwarz-Weiß-Tönen, der Hut und die Wand aber farbig gestaltet wurden: Umgekehrt wäre es näherliegend. Der Pinselduktus ist weich fließend und oft formgebend erkennbar. Die im Bild verwendeten **Formen** sind überwiegend geradlinig und geometrisch, es existieren nur wenige runde Formen wie Haare, Hut, Augen und Mund. Die Frau wirkt dadurch kantig und hart und eher wie ein Objekt als eine Frau. Die **autonome Figuration** führt zu einer **Deformation** des Motivs.

Auch „Dora Maar (the Woman who saw Picasso cry)" zeigt eine überwiegend **monochrome** Farbigkeit aus Schwarz-Weiß-Abstufungen mit leichtem hautfarbenem Schimmer, wodurch auch hier ein **Hell-Dunkel-Kontrast** entsteht (vgl. Skizze 2b). Insgesamt überwiegen aber die hellen Farbtöne, was die Frau blass aussehen lässt. Die leicht blaugraue Färbung der Iris und die der rötlichen Lippen ziehen den Blick des Betrachters im Verhältnis zur großen, blassen Hautfläche auf sich und bilden einen **Quantitätskontrast**. Die Farbe wurde **lasierend** mit kaum sichtbarem Pinselduktus aufgetragen, sodass ein Eindruck von Inkarnat aufgebaut wird.

Vor allem die Augen wurden hier nahezu naturalistisch im Sinne Georg Schmidts (Illustion von Stofflichkeit, Räumlichkeit, Körperlichkeit; anatomische, zeichnerische und farbige Richtigkeit) ausgearbeitet, sodass der Eindruck einer Transformation nach der von Man Ray angefertigten Fotografie entsteht. Eine besonders lebendige Wirkung erhalten die Augen durch kleine Lichtreflexe. Die koloristische Gestaltung der Lippen, die aber deutliche Pinselspuren und damit eine malerische Gestaltung aufweisen, betont den Mund. Ebenso zeigen der Rand des Gemäldes und damit auch des Gesichts und die Nase deutlichere Pinselspuren und eine weniger akkurate Ausarbeitung in Farbe und Details. Es wird deutlich, dass Augen und Mund akzentuiert werden. Die Spur der Tränen wurde ausschließlich durch Pinselspuren in der nassen Farbe erzeugt und ist erst bei genauerem Hinsehen erkennbar. Dumas verwendete in dem Gemälde insgesamt eine **naturalistische** Formsprache, wodurch dem Motiv eine weiche, sanfte Ausstrahlung zukommt.

Die malerisch-gestalterische Ausführung ist bei Picassos Gemälde geprägt von der Hervorhebung des Körperlich-Plastischen. Die Figur bekommt **Monumentalcharakter** durch die mehrperspektivische Darstellung im **kubistischen** Stil. Das Gemälde ist als **abstrakt** zu bezeichnen, da Gesichtsmerkmale frei positioniert sind und kein Wert auf **Stofflichkeitsillusion** sowie **zeichnerische und anatomische Richtigkeit** gelegt wurde, sondern nur leicht erkennbar einheitliche Flächen gebildet wurden. Lediglich durch die Hell-Dunkel-Verteilung wird **Körperlichkeit** und ansatzweise **Räumlichkeit** vermittelt, die aber durch den flächigen bläulichen Hintergrund wieder zurückgenommen wirken. Es entsteht ein neues menschliches Erscheinungsbild einer unabhängigen Figuration.

Dumas dagegen malte Dora Maar deutlich näher am fotografischen Vorbild, folglich beachtete sie die **anatomische Richtigkeit** und arbeitete an Augen und Mund besonders detailliert, indem sie auch die **farbige und zeichnerische Richtigkeit** in etwa übernahm. So entstehen auch die **Illusion von Plastizität und Stofflichkeit**, die jedoch stellenweise aufgehoben werden im Sinne der Akzentuierung von Augen und Mund, welche auch durch die koloristische Gestaltung die Aufmerksamkeit des Betrachters finden. Marlene Dumas schafft durch ihre eher naturalistische Malweise eine Polyvalenz in der malerischen Übertragung der fotografischen Vorlage.

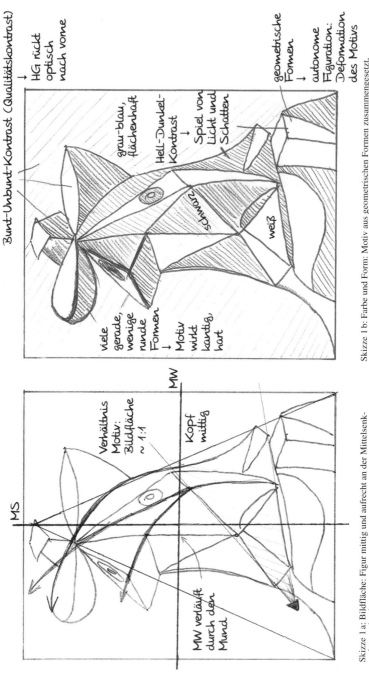

Skizze 1b: Farbe und Form: Motiv aus geometrischen Formen zusammengesetzt, monochrome Gestaltung, gleichmäßige Verteilung von hellen und dunklen Flächen

Skizze 1a: Bildfläche: Figur mittig und aufrecht an der Mittelsenkrechten orientiert

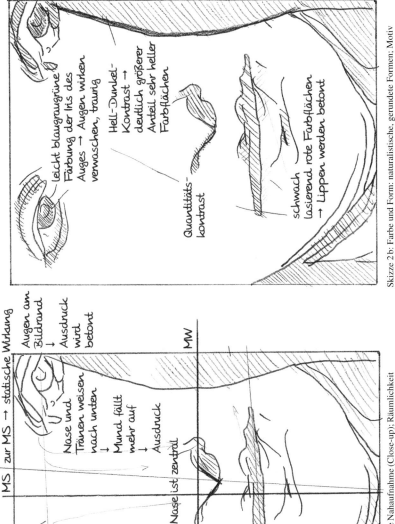

Skizze 2 b: Farbe und Form: naturalistische, gerundete Formen; Motiv rückt näher, weil angeschnitten; deutliche Farbkontraste

Skizze 2 a: Bildfläche: extreme Nahaufnahme (Close-up); Räumlichkeit durch tiefe Schatten am rechten und unteren Bildrand

3. *Hinweis: Beide Werke sollen auf der Grundlage der Untersuchungsergebnisse interpretiert werden. Kenntnisse zu den jeweiligen Entstehungsarten der vorgelegten Werke auch unter Berücksichtigung der Zusatzinformationen sollen in die Deutung einbezogen werden.*

In Picassos Arbeit entsteht ein Gemälde, das durch seine Vielansichtigkeit an eine Plastik erinnert und durch die autonome Figurenkonstellation befremdlich auf den Betrachter wirkt. Man kann häufig Picassos seelischen Zustand und seine Auffassungen zur dargestellten Persönlichkeit in seinen Bildern ablesen. So auch in diesem Gemälde, in dem Dora Maar kantig und zerstückelt wirkt. Eventuell könnte man hier eine Andeutung ihres zielstrebigen und extrovertierten Charakters erkennen. Auch die kühle Farbigkeit des Gemäldes und die starre, skulpturartig zusammengefügte Figuration lassen auf eine Gefühlskälte Dora Maars schließen, die Picasso möglicherweise gespürt hat.

Bei Marlene Dumas ist der Betrachter durch die stark akzentuierten Augen und den mehrdeutigen Gesichtsausdruck, der zum einen ernst und sinnlich, zum anderen aber auch traurig wirkt, etwas verwirrt, aber auch emotional betroffen. Dumas zeigt durch den extrem nahen Gesichtsausschnitt ihren emotional geprägten Zugang zur Person. Dieser ist intim, distanzlos und spontan und konfrontiert den Betrachter mit den Emotionen der Porträtierten. Die dargestellte Person wirkt einerseits authentisch, weil Dumas' Malweise ihr physische Präsenz verleiht; gleichzeitig erzeugen aber ihr abwesender Blick und die z. T. erkennbaren Pinselstriche eine gewisse Distanz zum Betrachter.

Dadurch, dass bei beiden Gemälden keine weiteren Andeutungen – z. B. im Hintergrund – auf einen Kontext gegeben werden, bleibt der Betrachter im Hinblick auf weitere Bedeutungsmöglichkeiten im Ungewissen.

4. *Hinweis: Die in den Bildnissen zum Ausdruck kommenden künstlerischen Sichtweisen und Haltungen zwischen Distanz und Nähe sollen diskutiert und in diesem Zusammenhang Bezüge zu anderen bekannten Werken und Bildkonzepten Picassos und Dumas' hergestellt werden.*

Möglicherweise wird in Picassos Bild seine **Ambivalenz** Dora Maar gegenüber deutlich, die er scheinbar als unnahbar erlebte, ihm aber als Geliebte sehr nahestand. Ebenso kommt aber seine abweisende Haltung den gesellschaftlichen Umständen und für ihn konkreten Lebensbedingungen gegenüber zum Ausdruck, die ihn in seinem Leben und Wirken stark einschränkten. Dass die politischen Umstände in Picassos künstlerische Arbeit eingeflossen sind, zeigt wohl am deutlichsten sein Monumentalwerk „Guernica".

Immer wieder finden sich Porträts seiner jeweiligen Geliebten in Picassos Werk. Viele seiner unterschiedlichen Werksphasen sind durch eine neue Liebesbeziehung initiiert worden. Die Porträts drücken nicht nur die Befindlichkeit der Porträtierten aus, sondern auch den inneren Zustand Picassos sowie seine Einstellung zu der dargestellten Person. Dora Maar wird hier nicht, wie man das erwarten könnte, als sinnliche, warme Person gezeigt. Die Liebesbeziehung zu ihr wird nicht deutlich. Vielleicht machte Picasso die Bedrohung des Krieges in der zerstückelten, scharfkantigen Form des Porträts sichtbar. Picasso malte unzählige Bilder von Dora Maar allein im Jahr 1939, in dem die beiden kurz nach Kriegsausbruch von Paris in die westfranzösische Hafenstadt Royan gezogen waren. Picassos Werke wurden wie die vieler anderer zur entarteten Kunst gezählt, und damit wurde ihre öffentliche Präsentation verboten. Es war nicht abzusehen, wie lange der Krieg andauern bzw. welche weiteren Einschränkungen folgen würden.

Auch für Dumas ist das vorliegende Werk typisch. Die Konfrontation des Betrachters mit emotionalen Zugängen wird von Dumas häufig erreicht. So auch z. B. in dem Projekt „Con Vista al Celestiale": Die Porträtierten zeigen deutliche Tötungsspuren, die den Betrachter verunsichern. Ebenso ist es in dem Porträt Marilyn Monroes, das die Künstlerin nach einem Autopsiefoto des Stars gemalt hat: Dumas mutet dem Betrachter den Anblick des Todes zu. Um den Verlust ihrer Mutter zu verarbeiten, malte sie eine Werkgruppe weinender Filmfiguren. Darin findet sich mit „Glass Tears (For Man Ray)" eine Abwandlung seines berühmten Fotos und damit eine weitere Arbeit mit Bezug zu dem Fotografen Man Ray, der Picasso und Dora Maar persönlich kannte. Der Titelzusatz „the Woman who saw Picasso cry" bezieht sich auf eine Anekdote Dora Maars, die erzählte, sie habe Picasso in seinem Atelier weinen sehen. Dies steht im Kontrast zu Picassos malerischer Darstellung von Dora Maar: Er malte sie häufig weinend mit Taschentuch in der Opferrolle. In der Anekdote wird Picasso selbst zum Leidenden. Dabei wird er in der Literatur häufig vor allem in seinen Beziehungen zu Frauen als skrupellos und ichbezogen beschrieben, erscheint in dieser Aussage jedoch als verletzbar.

Typisch für Dumas ist auch die Rückbeziehung auf die Kunstgeschichte wie hier auf die Fotografie Man Rays. So malte sie z. B. auch in „Frau bei Delacroix" oder im o. g. „Glass Tears (For Man Ray)" bekannte Werke der Kunstgeschichte, wobei sie die Vorlagen nach ihren Intentionen vor allem im Bildausschnitt, aber auch in der übrigen malerischen Gestaltung veränderte. Auf der Fotografie Man Rays sind z. B. keine Spuren von Tränen zu erkennen. Dora Maar wirkt vielmehr kühl, berechnend und sinnlich. Daraus ist zu folgern, dass Dumas die Tränen eventuell aus den ihr sicherlich bekannten Arbeiten Picassos übernommen hat, um das allgemein präsente Bild Dora Maars als zerbrechliche, sensible Frau hervorzuheben, das Picasso im vorliegenden Porträt nicht zeigt. Folglich kann man Dumas' Arbeit als doppelten Rückbezug auf die Kunstgeschichte interpretieren.

Abiturprüfung NRW 2017 – Kunst Leistungskurs
Aufgabe 2

Bezüge zu den Vorgaben:
Künstlerische Sichtweisen und Haltungen zwischen Distanz und Nähe
- *im Werk von Marlene Dumas*
- *in der Porträtmalerei (1965 bis 1990) von Gerhard Richter unter Verwendung der von ihm im sogenannten „Atlas" gesammelten fotografischen Vorlagen*

Fachliche Methoden
- *Werkbezogene Form- und Strukturanalysen einschließlich untersuchender und erläuternder Skizzen*
- *Werkexterne Zugänge zur Analyse und Interpretation (hier insbesondere durch motivgeschichtliche Vergleiche und Hinzuziehung kunstgeschichtlicher Quellentexte sowie von Texten aus Bezugswissenschaften)*

Aufgabenstellung   Punkte

1. Beschreiben Sie die Werke „Porträt Karl-Heinz Hering" (1968) von Gerhard Richter und „Elisabeth Eybers" (2007) von Marlene Dumas.   12

2. Analysieren und vergleichen Sie die formale Gestaltung beider Werke. Berücksichtigen Sie insbesondere die Aspekte
   – Bildfläche,
   – Bildraum,
   – Farbe und Form,
   – malerisch-gestalterische Ausführung von Figur und Umraum.
   Fertigen Sie zunächst analysierende Skizzen zum Aspekt „Bildfläche" an und beziehen Sie Ihre hierdurch gewonnenen Erkenntnisse erläuternd in Ihre Analyse mit ein.   43

3. Interpretieren Sie die beiden Werke auf der Grundlage Ihrer Ergebnisse aus den Teilaufgaben 1 und 2 sowie unter Einbeziehung Ihres Wissens über die Arbeitsweise beider Künstler.   23

4. Nehmen Sie unter Einbeziehung der gegebenen Zusatzinformationen vergleichend Stellung zu der Frage, welches künstlerische Darstellungsinteresse, hier insbesondere mit Blick auf den Aspekt von Nähe und Distanz zum dargestellten Motiv, sich in dem jeweiligen Bildnis aufzeigen lässt.   12

Materialgrundlage
Bildmaterial:
Abb. 1: Gerhard Richter, Porträt Karl-Heinz Hering, 1968, Öl auf Leinwand, 87×67 cm, Privatsammlung
Abb. 2: Marlene Dumas, Elisabeth Eybers, 2007, Öl auf Leinwand, 130×110 cm, im Besitz der Künstlerin

Textmaterial:
Zusatzinformationen zu Abbildung 1:
Karl-Heinz Hering (1928–2015) war Direktor des Düsseldorfer Kunstvereins für die Rheinlande und Westfalen und organisierte in dieser Funktion 1971 auch eine der ersten Einzelausstellungen mit Werken Richters in der Bundesrepublik. Er gehörte zum Bekanntenkreis Gerhard Richters.

Zusatzinformationen zu Abbildung 2:
Elisabeth Eybers (1915–2007) war eine bekannte südafrikanisch-niederländische Schriftstellerin. Dumas nahm 2007 an ihrer Bestattung teil. Sie schätzte das Werk der Dichterin sehr und sah zwischen sich und ihr – neben der Tatsache, dass beide aus Südafrika stammten und in die Niederlande nach Amsterdam übergesiedelt waren – einige Parallelen im Denken, Fühlen und Handeln.

Zugelassene Hilfsmittel
– Wörterbuch zur deutschen Rechtschreibung
– Skizzenpapier, Transparentpapier, Farbstifte, Bleistifte, Lineal

Abb 1: Gerhard Richter, „Porträt Karl-Heinz Hering", 1968, Öl auf Leinwand, 87 × 67 cm. Privatsammlung

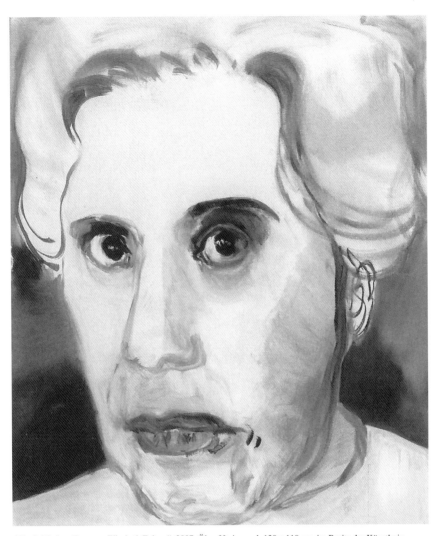

Abb. 2: Marlene Dumas, „Elisabeth Eybers", 2007, Öl auf Leinwand, 130 × 110 cm, im Besitz der Künstlerin

Lösungsvorschläge

1. *Hinweis: Es sollen beide Werke sachangemessen, differenziert und strukturiert beschrieben und dabei Werkdaten und der sichtbare Bildbestand aufgeführt werden. Subjektive Beurteilungen sollten vermieden werden.*

   Das Gemälde „Porträt Karl-Heinz Hering" malte Gerhard Richter 1968 mit Ölfarben auf eine 87×67 cm große Leinwand etwa lebensgroß. Es befindet sich heute in Privatbesitz. Frontal mit etwas zur Seite gedrehten Schultern zeigt das **hochformatige** Gemälde den 2015 mit 87 Jahren verstorbenen Direktor des Düsseldorfer Kunstvereins für die Rheinlande und Westfalen. Dieser organisierte 1971 eine der ersten Einzelausstellungen Gerhard Richters in der Bundesrepublik und war dem Künstler persönlich bekannt. Es handelt sich um ein **Einzelporträt** in einem **Schulterstück**, das Herings große Zähne durch ein freundliches, dem Betrachter zugewandtes Lächeln betont. Karl-Heinz Hering trägt einen dunklen Anzug mit weißem Hemd und dunkler Krawatte, außerdem eine dunkelrandige große Brille und kurzes, etwas lockig wirkendes dunkles Haar. Der leicht zurückgegangene Haaransatz lässt vermuten, dass Hering hier mittleren Alters ist. Seine linke Schulter befindet sich in der rechten unteren Bildecke, die rechte vom Betrachter abgewandte bleibt vom linken Bildrand ein Stück weit entfernt. Den Hintergrund bildet eine dunkle Fläche, die nur in der Mitte rund um Hering herum hell erleuchtet zu sein scheint, wogegen der Rand dunkel ausläuft. Das Porträt ist nicht formatfüllend. Es wirkt vor allem dadurch etwas kleiner, dass der weiße Rand der Leinwand einen Rahmen um das in groben, grauschwarzen Pinselstrichen auslaufende Porträtbild formt. Insgesamt wurde das Porträt durch Verwischen und grobe Pinselstriche unscharf gemalt, wodurch Details nicht erkennbar sind.

   Auf dem zweiten Gemälde, das ebenfalls im **Hochformat** angefertigt wurde, sieht man die südafrikanisch-niederländische Schriftstellerin Elisabeth Eybers, welche 2007 92-jährig starb. Im selben Jahr malte Marlene Dumas mit Ölfarbe auf Leinwand das 130×110 cm große Gemälde, das sie selbst besitzt. Es handelt sich hier um ein **überlebensgroßes Kopfstück** in **Dreiviertelansicht**, bei dem die dargestellte Person den Betrachter durchdringend mit ihren dunklen, durch Lichtreflexe lebendig erscheinenden Augen sehr ernst ansieht. Ihre scheinbar lockigen grauen Haare sind hochgesteckt, vielleicht auch kurz geschnitten. Sie trägt ein weißes Oberteil und keinen Schmuck. Da das Gesicht keinerlei Falten zeigt, die Haare aber grau sind, kann man vermuten, dass Elisabeth Eybers hier noch nicht 92 Jahre alt ist. Vermutlich hat Marlene Dumas die Schriftstellerin nach einem älteren Foto gemalt. Die linke Gesichtshälfte ist im unteren Bereich etwas verschattet, die Stirn dagegen hell beleuchtet. Während die Augen zwar mit groben Pinselstrichen, aber dennoch detailliert gemalt wurden, ist das linke Ohr nur angedeutet. Die Gesichtselemente wurden ansonsten detailliert und klar differenziert dargestellt. Insgesamt ist die Farbgestaltung des Kopfes eher monoton weiß-grau mit wenigen hellgrau-blauen Pinselstrichen gehalten. Die linke Wange Elisabeth Eybers' ist leicht hellgelb, der Hals mit wenig Hautfarbe gefärbt worden. Der Hintergrund ist petrolgrün, dabei links von ihrem Gesicht etwas dunkler, fast blau und rechts grünlicher und heller gestaltet worden und bildet eine Fläche. Das Gesicht wurde formatsprengend auf die Leinwand gemalt, da die Haare die Bildkante überragen.

2. *Hinweis: Es soll die formale Gestaltung beider Werke in Bezug auf die Aspekte Bildfläche, Bildraum, Farbe und Form und malerisch-gestalterische Ausführung von Figur und Umraum analysiert und verglichen werden. Dazu müssen analysierende Skizzen zum Aspekt „Bildfläche" angefertigt und die daraus gewonnenen Erkenntnisse erläuternd in die Analyse mit einbezogen werden.*

In Bezug auf die Bildfläche (vgl. Skizze 1a) fällt in Richters Gemälde auf, dass er Karl-Heinz Herings Gesicht sehr zentral, aber etwas nach links gedreht positioniert hat. So befindet sich der **Mittelpunkt** des Gemäldes in etwa auf Herings Oberlippe. Sein Kopf ist ein wenig nach links von der **Mittelsenkrechten** weggeneigt, sodass das sonst recht **statische** Gemälde **asymmetrisch** und **dynamischer** wirkt. Die **Mittelwaagerechte** liegt unterhalb der Nase, somit der **Schwerpunkt** in der unteren Bildhälfte. Das Verhältnis zwischen Motiv und eigentlicher Bildfläche beträgt etwa 1/4 zu 3/4, was dazu beiträgt, dass die Bildfläche im Verhältnis zum eigentlichen Motiv recht groß wirkt. Dadurch scheint das Motiv an Wichtigkeit zu verlieren. Außerdem wurde das Gesicht Herings auf einer nach außen hin dunklen Hintergrundfläche gemalt, die wiederum in einen weißen Rahmen durch groben Pinselduktus ausläuft. Durch diese Anordnung wirkt das Gemälde kleiner, als es der Malgrund vorgegeben hätte, und verschachtelt. Die aufstrebenden Linien weisen von den Schultern zum Kopf weg vom Bildmittelpunkt und bewirken Dynamik.

In Marlene Dumas' Gemälde (vgl. Skizze 2a) wurde das Gesicht von Elisabeth Eybers ebenfalls zentral gesetzt. Der Bildmittelpunkt liegt genau unterhalb ihres linken Auges, was so das Auge betont. Die Mittelsenkrechte verläuft durch den Haaransatz, das linke Auge und den linken Mundwinkel. Dadurch, dass die eigentliche Kopfmitte durch die Dreiviertelansicht ein wenig nach links von der Mittelsenkrechten versetzt ist, bekommt das Bild Bewegung. Die Mittelwaagerechte verläuft genau unterhalb beider Augen und oberhalb des linken Ohres. Die Augen werden also von der unteren Gesichtshälfte getrennt und wirken aufgrund ihrer Positionierung sehr bedeutungsvoll. Haaransatz, Augen, Nasenflügel und Mund bilden mehrere waagerechte Linien, die dem Bild eine harmonische, ruhige Wirkung geben. Auch der Kopf ist eine **geschlossene**, **aufrechte**, **ovale Form**, die **symmetrisch** links und rechts von der Mittelsenkrechten geteilt wird und dem Porträt eine statische Wirkung verleiht. Zeichnet man ein Dreieck von der Stelle, wo die Mittelsenkrechte diese Form durchbricht, bis herunter zu den Schultern, kann man erkennen, dass beide Seiten etwa im gleichen Winkel von der Mittelsenkrechten weg verlaufen. Die Basis des Dreiecks, gebildet durch die Schulteransätze am Bildrand, verläuft ein wenig schräg nach links unten. Diese Linie vermag Bewegung in das Gemälde zu bringen. Das Gesicht von Elisabeth Eybers nimmt im Verhältnis zum Bildformat einen sehr großen Anteil der Bildfläche ein und ist insgesamt am Bildrand sogar angeschnitten, eine für Marlene Dumas typische **Nahansicht**.

Richter gestaltet den Hintergrund **ungegenständlich** und **diffus**. Es ist lediglich eine helle Wand zu vermuten. Der Porträtierte wird von einer Lichtquelle leicht oberhalb beleuchtet, sodass er keinen Schatten auf den Hintergrund wirft. Jedoch ist ein Schatten quasi in einem Rahmen um die Person herum zu erkennen, wodurch sie in den Mittelpunkt rückt. Der Lichtschein, der die Person umgibt, verleiht ihr eine gewisse Aura und lässt sie erhaben erscheinen, begrenzt jedoch den Raum nach hinten. Der Betrachter steht mit dem Porträtierten etwa auf Augenhöhe, wird aber durch die rahmenartige Gestaltung des Gemäldes auf dem Malgrund distanziert.

Bei Marlene Dumas wird die Porträtierte durch den Bildausschnitt und die gleichgestellte Betrachterposition in unmittelbare Nähe des Betrachters gerückt, was durch den durchdringenden Blick noch verstärkt wird. Im Hintergrund ist diffus eine türkisfarbene Wand zu erkennen, die rechts durch ihre hellere Farbigkeit etwas näher rückt. Dadurch, dass nur die Wand im Hintergrund mit leuchtenden Farben, das eigentliche Motiv dagegen eher in getrübten Schwarz-Weiß-Tönen gestaltet wurde, erscheint diese dem Betrachter etwas näher, der Raum dadurch unbestimmter.

Das Gemälde Richters weist eine **monochrome Farbgebung** hauptsächlich in Schwarz-Weiß-Tönen auf (vgl. Skizze 1b). Dadurch wirkt es insgesamt recht trist und es entsteht ein starker **Hell-Dunkel-Kontrast** mit ausgewogener Verteilung von hellen und dunklen Flächen. Am Rand des Porträts hin zum Malgrund ist deutlich ein schwungvoller **Pinselduktus** zu erkennen, der den Hell-Dunkel-Kontrast verstärkt und den Eindruck erweckt, als sei das Bild hier abgerissen. Dagegen weist dieser Rand nach innen hin einen weichen, fließenden Farbübergang auf, der das Porträt selbst in ein weicheres, harmonischeres Licht setzt. Durch die **modulierten Farbübergänge** innerhalb des Rahmens entsteht der Eindruck von einem alten, unscharfen Foto. Das Bild hat damit den authentischen Charakter eines Schnappschusses; seine Unschärfe distanziert den Betrachter aber, weil Details nicht erkennbar sind. Das **Formenrepertoire** des Gemäldes weist vornehmlich runde, fließende Formen auf und verleiht dem Porträtierten einen sympathischen Charakter. Die meisten Wölbungen sind jedoch nach außen wie eine Art Schutzschild geformt, was durch eine gerade Abschlusslinie an der rechten Schulter noch betont wird.

Auch das Gemälde Dumas' ist insgesamt von einer monochromen schwarz-weißen Farbgestaltung gekennzeichnet mit Ausnahme des in kühlen Türkisvarianten gefärbten Hintergrundes (vgl. Skizze 2b). Der dadurch entstehende **Qualitätskontrast** lässt den Hintergrund etwas mehr nach vorne treten. Insgesamt hat die Farbe bei Dumas jedoch eher einen expressiven Charakter. So fällt z. B. auf, dass die Augen die dunkelste Stelle im Gemälde bilden: Sie sind tiefschwarz und bekommen so ihre durchdringende Wirkung. Zudem entsteht u. a. durch die darüber sehr hell beleuchtete Stirn ein **Hell-Dunkel-Kontrast**, der den Blick des Betrachters in die obere Gesichtshälfte lenkt. Durch die schwarz-weiße Farbgebung wirkt die Porträtierte leblos, was ansatzweise durch die leicht hellgelbe Färbung ihrer linken Wange und die zum Teil hautfarbene Tönung am Hals aufgehoben wird und somit eher seriös, geordnet wirkt. Der Pinselduktus ist grob und partiell deutlich erkennbar. Vor allem die Augen wurden sehr präzise ausgearbeitet, wogegen andere Gesichtselemente weniger wichtig erscheinen, weil der Pinselduktus sichtbar, schwungvoller und weniger differenziert erscheint. Auch die Formsprache ist hauptsächlich auf abgerundete, weiche Formen begrenzt, wodurch der Frau ein weicher, sympathischer Charakter gegeben wird. Die Rundungen der Augenpartie werden durch die Rundungen im Haaransatz wieder aufgegriffen und schwungvoll nach unten mit dem Pinselstrich ausgeblendet.

In der **malerisch-gestalterischen Ausführung** ist bei Richter vor allem der Gegensatz zwischen gezielt malerischen Elementen mit deutlichem Pinselduktus am Übergang des Porträts zum Malgrund und der eher fotografisch anmutenden, aber durchweg von Unschärfe geprägten zentralen Figur zu nennen. Die Malerei, die sich hier scheinbar fotografischer Mittel bedient, wirkt so authentischer, dem Betrachter näher, durch die Unschärfe aber doch distanziert, weil keine Details erkennbar sind. Die **Illusion von Räumlichkeit** entsteht durch die Schattierung hinter dem Dargestellten, ebenso sind **Plastizität** und **anatomische Richtigkeit** im Bild gegeben. Richter hat dagegen keinen Wert auf die **Illusion von Stofflichkeit bzw. zeichnerische und farbige Details** gelegt. Somit kann man dieses Bild aufgrund seiner fotografischen Wirkung als **naturalistisch**, aufgrund der Veränderung von Farbe, Stofflichkeit und des Weglassens von zeichnerischen Details als **abstrakt** bezeichnen.

Bei Dumas dagegen wird eher mit partiell ausdrucksbetonten im Verhältnis zu weniger ausgearbeiteten Gesichtspartien gespielt, wodurch stellenweise die **naturalistische** Wirkung etwa der Augen einer eher bewusst mit malerischen Spuren kontrastierenden Malweise z. B. der Ohren gegenübersteht. So wird die Räumlichkeit durch die kontrastierende Gestaltung von Hinter- und Vordergrund (farbig vs. schwarz-weiß) aufgelöst, wohingegen das Gesicht durch Schattierung plastisch erscheint. Stofflichkeit ist vor allem im Bereich der Augen aufgrund der detaillierten Malweise mit zeichnerischen Details und anatomischer Richtigkeit ausgearbeitet worden. Lediglich die farbige Richtigkeit ist nicht gegeben. Insgesamt spielt diese Darstellung mit abstrahierenden und naturalistischen Elementen.

Vergleicht man beide Werke, so fällt auf, dass Richter und Dumas das Motiv in den Mittelpunkt gerückt, dabei die Farb- und Formpalette deutlich reduziert und den malerischen Gestus partiell zur Ausdruckssteigerung betont haben. Bei Richter wird jedoch durch den Bildausschnitt und die zusätzliche Rahmenwirkung das Motiv vom Betrachter entfernt, wohingegen Dumas durch ihre Nahaufnahme den Betrachter direkt mit dem Motiv konfrontiert. Auffallend ist zudem, dass Richters Motiv in einem eher zufälligen Moment festgehalten wirkt: Hering lächelt freundlich und wurde ein wenig aus dem Zentrum nach links gerückt. Bei Dumas dagegen blickt die Person den Betrachter ernst an und ist statisch im Bild positioniert, sodass auch der Betrachter sich beobachtet und somit involviert fühlt. Die Farbigkeit hat bei Richter deutliche Bezüge zur Schwarz-Weiß-Fotografie. Dadurch, dass Dumas farbige Flächen in dem sonst eher schwarz-weißen Gemälde verwendet hat, werden diese betont. So wirkt z. B. der türkisfarbene Hintergrund eher kalt, was u. a. den ernsten Blick von Elisabeth Eybers verstärkt. Die malerisch-gestalterische Ausführung unterscheidet sich insofern, als dass Richter durch die gezielte Unschärfe und die groben Pinselstriche am Motivrand bewusst porträtfotografische Mittel adaptiert und mit malerischen Mitteln vermischt. Der Betrachter bekommt nur einen Eindruck von der Person, jedoch keinen wirklichen Zugang. Dumas dagegen erzeugt durch die differenziert betonte Ausarbeitung der Augen und die ansonsten eher gröberen Pinselstriche einen Schwerpunkt im Gemälde und für den Betrachter die für sie typische Nähe zum Motiv.

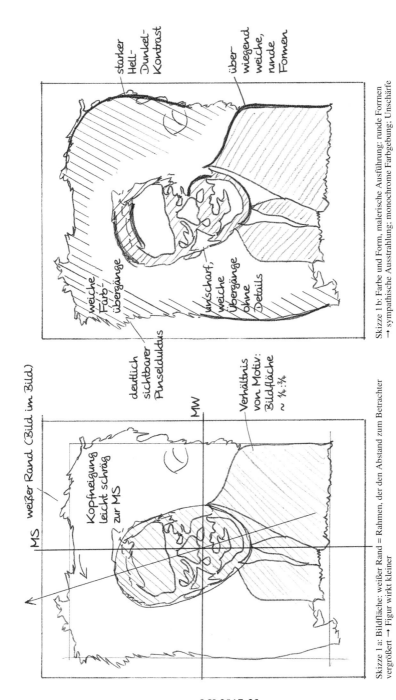

Skizze 1b: Farbe und Form, malerische Ausführung; runde Formen → sympathische Ausstrahlung; monochrome Farbgebung; Unschärfe

Skizze 1a: Bildfläche: weißer Rand = Rahmen, der den Abstand zum Betrachter vergrößert → Figur wirkt kleiner

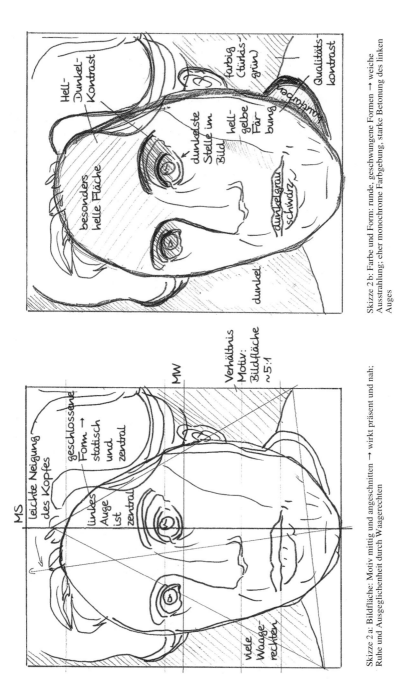

Skizze 2a: Bildfläche: Motiv mittig und angeschnitten → wirkt präsent und nah; Ruhe und Ausgeglichenheit durch Waagerechten

Skizze 2b: Farbe und Form: runde, geschwungene Formen → weiche Ausstrahlung; eher monochrome Farbgebung, starke Betonung des linken Auges

3. *Hinweis: Beide Werke sollen auf der Grundlage der Untersuchungsergebnisse interpretiert werden. Kenntnisse zu den jeweiligen Entstehungsarten der vorgelegten Werke auch unter Berücksichtigung der Zusatzinformationen sollen in die Deutung einbezogen werden.*

In Richters Gemälde wird der Betrachter mit einem Mann aus der Öffentlichkeit konfrontiert, der in seinem förmlichen Erscheinungsbild und durch die in der Bildfläche erzeugte Dynamik den Betrachter einerseits offen freundlich anlächelt, aber sich auch in seiner leicht abgewandten Körperhaltung, durch die schemenhafte Unschärfe und die rahmenartige und vage Gestaltung ein wenig von ihm abwendet. Die starke Farbreduktion, die Kleidung und die Körperhaltung lassen Karl-Heinz Hering sehr förmlich offiziell wirken, das fast überzogene Lächeln und die Unschärfe treten diesem Eindruck jedoch entgegen.

Bei Dumas erscheint in unmittelbarer Nähe zum Betrachter eine ältere Dame, die den Betrachter mit stechendem Blick fixiert, was vor allem durch das zentrale linke Auge mit dem darin zu sehenden Lichtreflex erreicht wird. Zusätzlich zieht der begrenzte Bildausschnitt die Aufmerksamkeit des Betrachters auf sich. Die Reduktion von Gesichtselementen bei gleichzeitiger Fokussierung auf die Augen, die weiche Formensprache und die kontrastierende Farbgebung schaffen Nähe zum Betrachter, die starke Farbreduktion und die eingeschränkte Modellierung eher Distanz und Kälte.

4. *Hinweis: Die in den Bildnissen zum Ausdruck kommenden künstlerischen Sichtweisen und Haltungen zwischen Distanz und Nähe sollen diskutiert und in diesem Zusammenhang Bezüge zu anderen bekannten Werken und Bildkonzepten Richters und Dumas hergestellt werden.*

Das Gemälde Richters ist für sein früheres Werk typisch. Er malte häufig nach Schwarz-Weiß-Fotografien wie etwa das Bild „Familie Wende" oder auch später den RAF-Zyklus, in denen auch die Unschärfe eine große Rolle spielt. Die fotografischen Vorlagen waren für Richter eine Möglichkeit, die Welt um sich herum objektiver zu sehen, da die Kamera keine subjektiven Eindrücke einer Situation festhält. So konnte er zu seinen Motiven Distanz gewinnen, ohne zu analysieren. Die Unschärfe in seinen abgemalten Arbeiten sollte entsprechend Raum für Interpretation durch den Betrachter schaffen. Fotografie hat zunächst etwas sehr Authentisches. In Richters Werk irritiert der Eindruck von Fotografie und lässt die Authentizität in der Malerei auch erst beim näheren Hinsehen anzweifeln. Dies kann man auch in Richters „Porträt Karl-Heinz Hering" beobachten, denn dem Betrachter wird die Beziehung Richters zu dem Dargestellten nicht ganz deutlich. Einerseits kannte er ihn persönlich und wird ihn wohl aufgrund der Tatsache, dass er eine seiner ersten großen Einzelausstellungen organisiert hat, auch sehr geschätzt haben. Andererseits wird aber auch die Distanz des Künstlers zu seinem Mäzen deutlich, wenn er ihn wie hinter Glas in eine Art zusätzlichen Rahmen setzt, unscharf und schwarz-weiß darstellt und damit den direkten Zugang verwehrt. Die zufällige, lachende Mimik, der Name im Bildtitel und die dynamische Körperhaltung dagegen schaffen wieder Nähe wie unter Freunden.

Auch für Marlene Dumas ist es typisch, dass sie nach Fotovorlagen arbeitet, dabei jedoch meist das Motiv deutlich vergrößert. Ihre Art, Fotografien malerisch umzusetzen, kann man als Akt der Annäherung an die dargestellte Person verstehen. So malte sie ebenfalls nach Fotografien häufig aus den Medien bekannte Persönlichkeiten wie Naomi Campbell in extremer Nahaufnahme oder auch den Musikproduzenten und Mörder Phil Spector in diversen Arbeiten, um sich ihnen anzunähern. Sie malte auch Bilder aus dem RAF-Zyklus – z. B. die tote Ulrike Meinhof, die auch Richter nach dem gleichen Pressefoto des *Stern* gemalt hat. Im vorliegenden Gemälde malte sie die Schriftstellerin Elisabeth Eybers, die wie sie selbst von Südafrika nach Amsterdam umgesiedelt ist. Eventuell fühlte sie sich zu ihr auf besondere Weise hingezogen und hat so ihre Wertschätzung zum Ausdruck gebracht. Aufgrund der Eindringlichkeit des Blickes der Porträtierten könnte man auch darauf schließen, dass Dumas hier eine psychologisierende malerische Interpretation in Bezug auf Werk und Persönlichkeit der Schriftstellerin verdeutlichen und ihre Empathie und Sympathie für sie zum Ausdruck bringen wollte. Dies wird auch durch die sehr ausgewogene, ruhige Bildkomposition, die zurückhaltende, reduzierte Farbgebung und die weiche Formensprache deutlich.

Abiturprüfung NRW 2018 – Kunst Grundkurs
Aufgabe 1

Bezüge zu den Vorgaben:
Künstlerische Sichtweisen und Haltungen zwischen Distanz und Nähe
– im grafischen und malerischen Werk von Rembrandt Harmenszoon van Rijn
Fachliche Methoden
– Werkbezogene Form- und Strukturanalysen einschließlich untersuchender und erläuternder Skizzen
– Werkexterne Zugänge zur Analyse und Interpretation (hier insbesondere durch motivgeschichtliche Vergleiche und Hinzuziehung kunstgeschichtlicher Quellentexte sowie von Texten aus Bezugswissenschaften)

Aufgabenstellung   Punkte

1. Beschreiben Sie das Werk „Susanna im Bade" von Rembrandt Harmenszoon van Rijn.
   Berücksichtigen Sie dabei die Zusatzinformation 1.   12

2. Analysieren Sie die formale Gestaltung des Werks. Berücksichtigen Sie insbesondere die Aspekte
   – Bildfläche,
   – Bildraum (unter Einbezug des Betrachterstandpunkts),
   – Farbe und Lichtführung,
   – malerisch-gestalterische Ausführung von Figur und Umraum.
   Fertigen Sie zunächst eine analysierende Skizze zum Aspekt „Bildfläche" an und beziehen Sie Ihre dadurch gewonnenen Erkenntnisse erläuternd in Ihre Analyse mit ein.   42

3. Interpretieren Sie das Werk auf der Grundlage Ihrer Analyseergebnisse und unter Einbeziehung der Zusatzinformationen.
   Berücksichtigen Sie dabei insbesondere die Rolle der Betrachterin/des Betrachters unter dem Aspekt von Nähe und Distanz zum dargestellten Motiv.
   Beziehen Sie Ihre Kenntnisse zum Entstehungskontext des Werks ein.   36

Materialgrundlage
Bildmaterial:
Abb. 1: Rembrandt Harmenszoon van Rijn, „Susanna im Bade", 1636, Öl auf Holz, 47,4 × 38,6 cm, Königliche Gemäldegalerie Mauritshuis, Den Haag
Abb. 2: siehe oben (Detailbetonung mit klärender weißer Einzeichnung)

Textmaterial:
Zusatzinformationen:
- zur Detailbetonung (siehe Abbildung 2): Links neben dem Kopf des Mannes ist auch ein Teil der Kopfbedeckung des zweiten Mannes zu erkennen.
- zum Bildmotiv: Die Darstellung bezieht sich auf eine biblische Erzählung aus dem Alten Testament: Susanna war die ebenso schöne wie fromme Frau eines reichen Babyloniers. Sie pflegte mittags im Garten ihres Mannes umherzugehen. Zwei angesehene – zu Richtern berufene – Älteste aus dem Volk entbrannten in leidenschaftlicher Begierde zu Susanna. Sie stellten ihr nach und lauerten ihr eines Tages im Garten auf. Als Susanna ihre Mägde weggeschickt hatte, um Öl und Salben für ein Bad herbeizuholen, kamen sie aus ihrem Versteck, bedrängten und nötigten sie: *„Das Gartentor ist verschlossen und niemand sieht uns; wir brennen vor Verlangen nach dir: Sei uns zu Willen und gib dich uns hin! Weigerst du dich, dann bezeugen wir gegen dich, dass ein junger Mann bei dir war und dass du deshalb die Mädchen weggeschickt hast." (Zusätze zum Prophet Daniel, 20–21)* Susanna weigerte sich jedoch, dem Verlangen der Männer nachzukommen, und schrie um Hilfe. Daraufhin wurde sie von diesen in ihrer Funktion als berufene Richter des Ehebruchs beschuldigt und trotz ihrer Unschuldsbeteuerung zum Tode verurteilt. Kurz vor der Urteilsvollstreckung jedoch wurden die Richter als Lügner entlarvt und anstelle Susannas hingerichtet.

Autorentext auf der Grundlage von:
Holger Bevers, Katja Kleinert (Hrsg.): Katalog anlässlich der Ausstellung „Rembrandts Berliner Susanna und die beiden Alten. Die Schaffung eines Meisterwerks", Kupferstichkabinett und Gemäldegalerie, Staatliche Museen zu Berlin, 03. März 2015–31. Mai 2015, Leipzig: Seemann Henschel 2015, S. 7

Zugelassene Hilfsmittel
- Wörterbuch zur deutschen Rechtschreibung
- Skizzenpapier, Transparentpapier, Farbstifte, Bleistifte, Lineal

Abb. 1: Rembrandt Harmenszoon van Rijn, „Susanna im Bade", 1636, Öl auf Holz, 47,4 × 38,6 cm, Königliche Gemäldegalerie Mauritshuis, Den Haag

Abb. 2: Rembrandt Harmenszoon van Rijn, „Susanna im Bade", 1636, Öl auf Holz, 47,4 × 38,6 cm, Königliche Gemäldegalerie Mauritshuis, Den Haag, Detailbetonung mit klärender weißer Einzeichnung

Lösungsvorschläge

1. *Hinweis: In dieser Aufgabe sollen Sie die Bilddaten benennen und das Werk „Susanna im Bade" von Rembrandt Harmenszoon van Rijn sprachlich differenziert und nachvollziehbar beschreiben. Ihre Darstellung soll sachlich und ohne Wertung erfolgen. Geben Sie Gattung, Format und Inhalt in einer sachangemessenen Weise und strukturierten Reihenfolge wieder.*

Das Gemälde „Susanna im Bade" wurde vom berühmten niederländischen Künstler Rembrandt Harmenszoon van Rijn im Jahre 1636 in Öl auf Holz gemalt. Es hat die Maße 47,4 × 38,6 cm und befindet sich heute in der „Königlichen Gemäldegalerie Mauritshuis" in Den Haag. Im Mittelpunkt des im **Hochformat** angelegten Bildes ist die unbekleidete Susanna in einer naturnahen, detailgenauen Darstellung zu sehen.

Ihre nackte Gestalt hebt sich deutlich von der in wesentlich dunkleren Farben angelegten Umgebung ab. Sie wendet sich zur linken Bildseite vom Betrachter ab und blickt ihn über ihre linke Schulter – aufgrund der perspektivischen Untersicht leicht von oben – direkt an. Halb sitzend, halb stehend verbirgt sie ihre Scham mit der rechten Hand und einem weißen Tuch sowie ihre Brust mit dem linken Arm: Hände und Arme presst sie so fest auf ihren Körper, dass die Hände rot angelaufen zu sein scheinen. Mit ihrer vorgebeugten Haltung und der Schrittstellung wirkt die Figur instabil; ihr rechter Fuß ist sogar aus dem Lederpantoffel gerutscht. Ihr Gesichtsausdruck unterstützt die vermeintlich schnell eingenommene Körperhaltung: Sie sieht erschrocken, fast ungläubig, mit leicht geöffnetem Mund zum Betrachter. Der helle Inkarnatston (Hautton) unterstreicht ihre wohlgeformte, weibliche Körperlichkeit: das kräftige Becken und den fleischigen Rücken. Auf ihrem blonden, dünnen Haar, das offen herabfällt, steckt ein feiner Schmuckreif. Auch um ihre Handgelenke sowie ihren Hals trägt sie kostbare Perlenketten. Neben der Hauptfigur und dem Schmuck sind es die abgelegten Kleidungsstücke rechts von ihr im Bild, die direkt ins Auge fallen: ein helles, weißes und faltenreiches Untergewand, das achtlos auf den Stuhl gelegt wurde, sowie ein rotes, samtenes Obergewand, das sich unter diesem befindet und bis zum Boden reicht. Der Saum des Oberkleids ist mit einer schmalen Bordüre eingefasst und der Ärmel des Unterkleids, der lose herabhängt, weist feine Verzierungen auf.

Die Figur Susanna steht im Bildvordergrund, wobei sie nur etwa Zweidrittel der Bildhöhe einnimmt: Ein dichtblättriger Bewuchs, der in dunklen Farbtönen gehalten ist, stellt den undurchdringlichen, unübersichtlichen Hintergrund rechts über ihr dar. Dieser scheint auf ihrem Rücken zu lasten und sie optisch noch weiter herabzudrücken. Vom unklaren Hintergrund zeichnen sich auch Architekturelemente ab, die den räumlichen Kontext definieren: Direkt oberhalb von Susannas Kopf, ist ein palastartiges Bauwerk zu erkennen, das etwas tiefer zum linken Bildrand hin mit einer steinernen Wand mit Balustrade abschließt. Etwa auf Kniehöhe hinter Susanna ist im Bildmittelgrund noch ein niedriges, verziertes Steingeländer zu sehen, das zum linken Bildrand hin durch eine Wasserstelle unterbrochen und anschließend nur noch angedeutet wird. Die Lücke zwischen diesen Gemäuern gibt den Blick auf eine tief ins Bild führende dunkle Wasserstelle frei, die bis zum vorderen unteren Bildrand verläuft. Dadurch entsteht der Eindruck, dass Susanna auf einer Erdscholle steht, die – zumindest teilweise – von Wasser umspült wird. Trotz der eher monochromen Farbigkeit ist auf dem Steingeländer, das sich in direkter Nähe zu Susanna befindet, noch ein rundes Gefäß zu erkennen, das kostbar verziert ist. Wirkt der dunkle Bildraum mit dem Bewuchs rechts oberhalb von Susanna zuerst ungestaltet, erblickt man bei genauerer Betrachtung am rechten Bildrand den Kopf einer Figur im Profil und in der Detailansicht (s. Abb. 2) die Andeutung einer weiteren Person – den Teil einer Kopfbedeckung eines zweiten Mannes.

2. *Hinweis: In dieser Aufgabe sollen Sie mithilfe der zuvor angefertigten Analyseskizze die formalen Aspekte des Gemäldes, also die Bildfläche, den Bildraum, die Formen sowie Licht- und Farbaspekte untersuchen. Zudem sollen die malerisch-gestalterischen Ausführungen sowie die Komposition analysiert werden. Die Erkenntnisse aus der Skizze sollen sinnvoll in die schriftliche Darstellung integriert werden.*

Wie in Aufgabe 1 ausgeführt wurde, sind es in erster Linie die starken Hell-Dunkel-Akzente, die die Protagonistin Susanna in den Fokus der Betrachtung rücken. Zudem hebt die Komposition der **Bildfläche** das Motiv hervor: So befindet sich der Körper der Hauptfigur auf der Mittelsenkrechten des Hochformats und folgt der Form einer umgedrehten S-Linie. Ihr Kopf liegt unmittelbar oberhalb der Mittelwaagerechten (vgl. Skizze). Diese Ausrichtung lenkt den Blick des Betrachters auf die Figur. Unterstützung erfährt dieser Aspekt auch durch die Anordnung der Bildelemente und die quantitative Verteilung der Bildfläche, die auf die Figur bzw. den Hintergrund, d. h. den Bewuchs und die Architekturelemente, entfallen: Susanna mit ihrer Kleidung nimmt die kleinere Fläche ein und wird von den anderen Elementen großzügig umrahmt. Obwohl die Bildfläche des Hauptmotivs kleiner als die des Hintergrundes ist, wird Susanna durch die Umrahmung betont. Auch die Linienführung im Bildgeschehen erscheint durchdacht: Die vielen geschwungenen Linien, die die Protagonistin umzeichnen, werden im faltenreichen Kleiderbündel zu ihrer Linken erwidert. Diese fördern den bewegten Eindruck, den die Körperhaltung hinterlässt. Die lockere Unordnung dieses Stoffbündels bildet einen Gegensatz zur Körperhaltung der Protagonistin, die trotz ihrer weichen Formen angespannt wirkt. Interessant ist auch der formale Kontrast, den der Maler dem Hauptmotiv entgegensetzt: Die statische Anlage der Architektur, die durch eine gerade Linienführung gekennzeichnet ist, bildet eine Art Gerüst, durch welches Susanna in ihrer Bewegung nach vorn regelrecht aufgefangen wird. Das Richtungsgefüge der weiteren Bildelemente überlagert jedoch bei Weitem die statische Wirkung der Architektur: Die gebrochenen, geschwungenen Linien der Vegetation und der Brüstung sowie die Korrespondenzen der runden Formen zwischen Susannas Kopf und dem Gefäß sowie den ovalen Lederpantoffeln und ihren Füßen fokussieren den Eindruck einer Momentaufnahme von Susanna.

Der **Bildraum** ist durch die Staffelung von Vorder-, Mittel- und Hintergrund gekennzeichnet: Da Susanna sich nicht in der vorderen Raumebene befindet, die durch den schmalen Erdstreifen und das Wasser links vorne belegt wird, tritt sie räumlich einen Schritt zurück. Die Figur steht stattdessen auf einer Art Erdscholle im vorderen Bildmittelgrund, in den sie durch den groß angelegten Bildhintergrund regelrecht gedrängt wird. Dennoch ist durch den tieferliegenden Standpunkt des Betrachters sowie Susannas direkten Blick eine unmittelbare Nähe zu ihr erfahrbar.
Analysiert man das **Farbrepertoire** im vorgestellten Werk, zeigt sich die für Rembrandt typisch begrenzte Farbpalette von dunklen Braun-, Gelb- und Rottönen, die die Umgebung der Figur prägen, sowie die sanft modellierten goldfarbenen Töne des Inkarnats und das gedeckte Weiß und satte Rot der Kleidung. Quantitativ überwiegen die dunklen Töne gegenüber den hellen Farbnuancen, die jedoch qualitativ in ihrer satten Reinheit hervortreten. Dieser Qualitäts- und Quantitäts-Kontrast hat zur Folge, dass der Blick zwischen einzelnen Bildpartien hin- und herspringt und unmittelbar auf den entkleideten Frauenkörper gelenkt wird. Die starke Akzentuierung des Hell-Dunkel-Kontrasts kann ebenfalls als spezifisches Merkmal des Malers herausgestellt werden: So leuchtet die Protagonistin mit ihren Habseligkeiten deutlich aus dem dunklen, nicht bunten Bildgrund hervor. Der helle Hautton betont zudem die Physiognomie ihrer Gestalt. Die Farbkorrespondenzen, z. B. zwischen ihr und dem Untergewand sowie zwischen der undurchdringlichen Vegetation und den kaum sichtbaren männlichen Figuren am Bildrand, unterstreichen motivische wie inhaltliche Verbindungen.
Der starke **Lichteinfall** im Bild, der die Figur von vorne links beleuchtet, zählt ebenfalls zu den charakteristischen Besonderheiten des Malers. Er unterstreicht die dramatische Szene, indem er den emotionalen Ausdruck, die Krümmung des wohlbeleibten, weichen Körpers mit Licht- und Schattenpartien hervorhebt. Die Intensität des Lichtes erreicht die eines „Spotlights": Ins Rampenlicht setzt der Maler Susanna und ihre Kleidung, alles andere bleibt im Schatten.
In Bezug auf die **malerisch-gestalterische Ausführung** ist auffällig, dass der Künstler Susanna besonders detailgenau darstellt. Die Formen ihres Oberarms, der Rückenpartie, ihrer Beine sowie die verzierten, faltenreichen Gewänder sind äußerst naturnah gemalt. Auch Susannas Gesicht mit den leicht geröteten Wangen und der Kinnfalte wirkt sehr natürlich. Malerisch besonders gekonnt wird außerdem auch die Haut der Unbekleideten umgesetzt. Ganz im Gegensatz dazu steht die Ausführung des Umraums: Dieser wurde skizzenhaft angelegt und bleibt in seiner Gesamtgestaltung flächig. Die Vegetation zeigt wenig Abwechslung und Tiefe – weder in der Farb- noch in der Formausführung. Detailreduziert tritt auch die Architektur in Erscheinung; die steinernen Gebilde mit ihren Verzierungen werden nur angedeutet. Ebenfalls sehr vereinfacht ist die Darstellung der beiden männlichen Figuren rechts im Bild.
Die Komposition des Gemäldes unterstreicht letztlich die genannten formalen Gegensätze, indem sie kein geschlossenes Formgebilde, sondern vielmehr eine Offenheit zum linken wie auch zum unteren Bildrand hin offenbart. Die **Formensprache** der Hauptelemente zergliedert die Bildfläche eher, als dass sie diese zusammenführt.

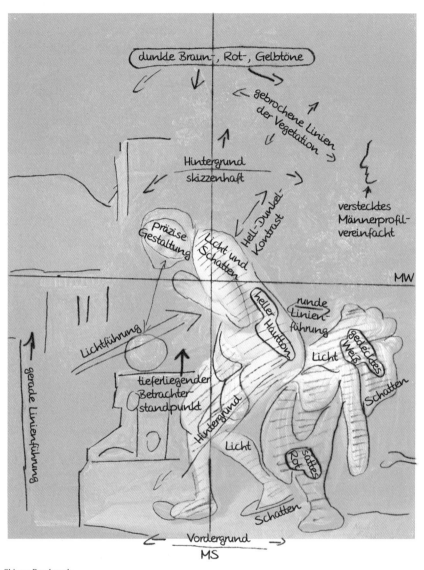

Skizze: Rembrandt

3. *Hinweis: In die Interpretation des Bildes sollen alle bisher gewonnenen Erkenntnisse aus der Werkbeschreibung (Aufgabe 1) und der formalen Analyse (Aufgabe 2) miteinbezogen werden. Dabei sollen auch die Zusatzinformation zum Bildmotiv berücksichtigt und Rembrandts Gestaltungsintention erschlossen werden. Begründen Sie Ihre Aussagen.*

Rembrandts Darstellung der „Susanna im Bade" ist auf den Augenblick der vermeintlichen „Verführung" fokussiert: Wie in den Zusatzinformationen beschrieben wird, tauchen zwei alte Männer aus ihrem Versteck auf, als Susanna ihre Mägde weggeschickt hat, und versuchen sie zu erpressen. Wir sehen eine erschreckte Susanna, die sich schamhaft bemüht, ihre Nacktheit vor den begierigen Blicken der Männer zu verbergen. In ihrer gekrümmten Körperhaltung meint man, auch ihrer Angst gewahr zu werden. Den Fokus lenkte Rembrandt dabei – wie in Aufgabe 2 dargestellt – mit allen malerischen und formalen Mitteln unmittelbar auf Susanna: Sie ist es, die uns als Betrachter zunächst ins Auge fällt, da sie in der Mitte des Bildes platziert wurde und hell aus dem Umraum hervorsticht, und auf die der Blick immer wieder zurückgeführt wird. Durch ihre optische Dominanz wird aber nicht nur ihre Verletzlichkeit, sondern auch ihre weibliche Anmut betont. Das vorrangige Bildthema sind Susannas Empfindungen – insbesondere gegenüber den beiden Alten, von denen sie beobachtet wird: Wie bereits erläutert wurde, sind diese kaum zu erkennen und noch vor dem Auge des Betrachters versteckt; nur Susanna scheint sie bereits erblickt zu haben. Geschickt vermochte es der Maler, die Intimität der Szene noch zu steigern, indem Susanna den Betrachter direkt anblickt. Der Umstand, dass sie in dem Moment dargestellt wird, in dem sie die Anwesenheit der Beobachter wahrnimmt, lässt die Abgeschiedenheit des Ortes wie auch ihre Nacktheit noch bewusster hervortreten. Durch die Betrachtung des Bildes werden wir in die innerbildliche Situation hineingezogen: Vollkommen unvermittelt wendet sich Susanna uns zu und kommt uns als Betrachter in ihrer hilflosen Nacktheit nahe – je nach persönlichem Empfinden sogar unangenehm nahe. Bemerkenswert ist auch, wie Rembrandt dadurch die Distanz zum biblischen Stoff aufhebt. Dafür setzte der Künstler den Akzent auf die Beziehung zwischen Susanna und dem Betrachter. Die Betrachterrolle ist jedoch ambivalent, d. h. in sich widersprüchlich: Werden wir nicht einerseits zu unfreiwilligen Zuschauern einer sexuellen Nötigung? Susanna ist in ihrer mitleidvollen Scham das Opfer und wir sind die Zeugen, die alles heimlich beobachten, aber potenziell helfen könnten. Oder stehen wir andererseits doch auf der Seite der beiden alten Richter und bedrängen die Frauenfigur ebenfalls? Die kontrastreiche Darstellungsweise (s. Aufgabe 2) spiegelt auch die inhaltlichen Gegensätze in dieser Geschichte wider – Susanna als vermeintliche Verführerin, aber auch als bloßgestelltes Opfer.
Rembrandt überführt den alttestamentarischen Bibeltext auf diese Weise auch in seine Zeit und aktualisierte ihn, indem er zum einen eine provokante Nähe zwischen dem Betrachter und der Protagonistin erzeugt und ihn zum anderen auch auf Distanz hält. Im Œuvre des großen Barockmalers lassen sich viele biblisch-mythologische Themen finden, die er auf diese vieldeutige Art und Weise aufbereitet hat. So zeigen zahlreiche seiner Meisterwerke, wie z. B. die „Judenbraut" aus dem Jahr

1666, die Sensibilität und Intimität seiner Protagonisten, die eine große Nähe zulassen. Rembrandt schlüpft aber auch selbst immer wieder in unterschiedliche Rollen, die uns als Betrachter jedoch eher auf Distanz halten, wie beispielsweise sein Selbstporträt als Apostel Paulus (um 1661) zeigt.

Das Motiv der „Susanna im Bade" bot zu seiner Zeit zudem einen legitimen Anlass zur Aktdarstellung. So hat nicht nur Rembrandt dieses gleich mehrfach gemalt, auch viele seiner zeitgenössischen Malerkollegen nutzten die alttestamentarische Geschichte zur Abbildung einer nackten, wohlproportionierten weiblichen Gestalt. Darüber hinaus darf Rembrandt auch als Erneuerer in der Tradition der Darstellung von Historienbildern gesehen werden. So war er es, der durch seine geschickte Lichtführung, die reduzierte Farbpalette sowie den malerisch gestalterischen Bildaufbau (s. Aufgabe 2) eine Dramatisierung der Bildgeschichten initiierte. Und damit schließlich auch die Emotionen auf beiden Seiten intensivierte – sowohl beim Betrachter als auch in den Bildern selbst.

Abiturprüfung NRW 2018 – Kunst Grundkurs
Aufgabe 2

Bezüge zu den Vorgaben:
Künstlerische Sichtweisen und Haltungen zwischen Distanz und Nähe
– im grafischen und malerischen Werk (1930 bis 1944) von Pablo Ruiz y Picasso
Fachliche Methoden
– Werkbezogene Form- und Strukturanalysen einschließlich untersuchender und erläuternder Skizzen
– Werkexterne Zugänge zur Analyse und Interpretation (hier insbesondere durch motivgeschichtliche Vergleiche und Hinzuziehung kunstgeschichtlicher Quellentexte sowie von Texten aus Bezugswissenschaften)

Aufgabenstellung   Punkte

1. Beschreiben Sie das Werk „Minotaurus und tote Stute vor einer Höhle, gegenüber junges Mädchen mit Schleier" (6. Mai 1936) von Pablo Ruiz y Picasso.   12

2. Analysieren Sie die formale Gestaltung des Werks. Berücksichtigen Sie insbesondere die Aspekte
   – Bildfläche,
   – Bildraum,
   – Farbe und Form,
   – grafisch-malerische Ausführung von Figur und Umraum.
   Fertigen Sie zunächst eine analysierende Skizze zum Aspekt „Bildfläche" an und beziehen Sie Ihre hierdurch gewonnenen Erkenntnisse erläuternd in Ihre Analyse mit ein.   45

3. Interpretieren Sie das Werk auf der Grundlage Ihrer Analyseergebnisse und unter Einbeziehung der Zusatzinformationen sowie Ihrer Kenntnisse zu anderen Werken Picassos.   33

Materialgrundlage
Bildmaterial:
Pablo Ruiz y Picasso, „Minotaurus und tote Stute vor einer Höhle, gegenüber junges Mädchen mit Schleier", 6. Mai 1936, Gouache und Tusche auf Papier, 50×65,5 cm, Musée Picasso, Paris

Textmaterial:
Zusatzinformationen:

Minotaurus:
Gestalt aus der griechischen Mythologie, bestehend aus menschlichem Körper und dem Kopf eines Stieres.

Picasso und der Minotaurus:
Basierend auf der griechischen Mythologie sind die mit dem Minotaurus verbundenen Erzählungen sowie der traditionelle spanische Stierkampf Impulsgeber für Picassos Schaffen. Der Minotaurus taucht neben weiteren Motiven und menschlichen Gestalten im Laufe der 1930er Jahre mit unterschiedlichen Bedeutungen auf und gehört somit zu Picassos festem Figurenrepertoire.

Biografische Daten:
1918 heiratet Picasso die russische Tänzerin Olga Koklowa.
1921 wird der gemeinsame Sohn Paolo geboren.
1927 lernt Picasso die 17-jährige Marie-Thérèse Walter kennen; sie wird seine Geliebte.
1935 wird ihre gemeinsame Tochter Maya geboren.
1936 trennt sich Picasso von Olga Koklowa und zieht mit Marie-Thérèse Walter und Maya zusammen. Bis zu Olga Koklowas Tod im Jahr 1955 lässt er sich nicht von ihr scheiden.

Zugelassene Hilfsmittel
– Wörterbuch zur deutschen Rechtschreibung
– Skizzenpapier, Transparentpapier, Farbstifte, Bleistifte, Lineal

Abb. 1: Pablo Ruiz y Picasso, „Minotaurus und tote Stute vor einer Höhle, gegenüber junges Mädchen mit Schleier", 6. Mai 1936, Gouache und Tusche auf Papier, 50 × 65,5 cm, Musée Picasso, Paris

Lösungsvorschläge

1. *Hinweis: In dieser Aufgabe sollen Sie den Bestand des Bildes sprachlich adäquat und differenziert darlegen. Ihre Darstellung soll die deskriptive Methode aufzeigen, die sachlich den ersten Gesamteindruck des Betrachters wiedergibt. Die Bildgegenstände sollen in einer sinnvollen Reihenfolge – vom Hauptmotiv zu den Nebenmotiven – strukturiert und sachangemessen beschrieben werden.*

Das Bild „Minotaurus und tote Stute vor einer Höhle, gegenüber junges Mädchen mit Schleier" wurde von Pablo Ruiz y Picasso mit Gouache und Tusche auf Papier gemalt. Es hat die Maße 50 × 65,5 cm und befindet sich heute im Musée Picasso in Paris. Es lässt sich mit dem angegebenen Datum, 6. Mai 1936, genau datieren.

Das Bild ist im **Querformat** angelegt und zeigt in abstrahierter Darstellungsweise menschliche wie tierische Figuren: In der Mitte des Bildes marschiert von links nach rechts formatfüllend ein kräftiger Minotaurus – sein menschlicher Körper mit Stierkopf zeichnet ihn als diesen aus. Seinen unproportional langen linken Arm und seine riesige Hand streckt er abwehrend nach oben in den Himmel. Mit seinem muskulösen rechten Arm trägt er eine weiße Stute und drückt sie fest an sich. Die verrenkte, unproportionierte Haltung des Pferdes, der zu kleine, herabfallende Kopf mit den weit geöffneten Augen und der herausgestreckten Zunge lassen vermuten, dass das Tier tot ist – der Bildtitel bestätigt diesen Eindruck.

Die Szene spielt sich im Freien ab. Der fleischfarbene Minotaurus läuft auf einem Erdstreifen, der sich entlang des unteren Bildrandes von der linken zur rechten Seite zieht. Sein Tierkopf samt kräftiger Nackenpartie ist mit kleinen, schwarzen Haarlöckchen bedeckt und zwei weiße Hörner ragen aus seiner Stirn hervor. Links – etwa ein Viertel der Bildsenkrechte einnehmend – ist eine Höhle zu erkennen, aus deren schwarzen Inneren zwei Hände herausgestreckt werden. Als motivisches Pendant befindet sich auf der rechten Bildseite in heller, pastellfarbiger Schattierung ein kleiner Erdhügel, auf der ein nicht näher differenziertes Gemäuer steht. Hinter diesem lugt eine junge Frauengestalt hervor. Vor ihr rundes, weiches Gesicht hält sie einen durchsichtigen Schleier. Auf ihrem Kopf trägt sie einen Blumenkranz. Rechts neben dem Tuch sieht man ihre langen blonden Haare. Ihre Mimik ist neutral, sie blickt vom Bildmittelgrund auf den Minotaurus im Bildvordergrund. Zwischen beiden liegt Wasser, vermutlich der Ausläufer eines Sees oder Meers. Dieses nimmt bis zur Horizontlinie etwa ein Drittel der waagerechten Bildfläche ein. Ein breiter Himmelsstreifen in zarten Blau- und Rosatönen schließt das Bild nach oben ab. Der Himmel greift das Farbspiel des Wassers sowie der Erdflächen wieder auf. Die Köpfe der Protagonisten (Minotaurus und Frauengestalt) befindet sich über der Horizontlinie. Die kraftvolle Gestik des Minotaurus wird durch seinen milden Blick etwas abgeschwächt. Er sieht frontal aus dem Bild heraus, starrt den Betrachter jedoch nicht direkt an. Die aus der schwarzen Höhle gestreckten Hände unterstützen den angespannten Eindruck des dargestellten Moments. Im Gegensatz dazu wirkt die Frauengestalt als wäre sie in der Zeit verloren und würde innehalten: Beobachtend scheint sie dem Geschehen beizuwohnen – ähnlich wie der Betrachter, der die Szene von einem tieferliegenden Standpunkt verfolgt.

2. *Hinweis: In dieser Aufgabe sollen Sie das Bild bezogen auf seine Farb- und Formgebung systematisch analysieren. Ausgehend vom Hauptmotiv, der Erfassung der zentralen Kompositionslinien und der räumlichen Situation ist die Bildkomposition sowie die Farbgestaltung nachvollziehbar aufzuzeigen. Dazu dient die Skizze als praktisch-rezeptives Verfahren der Bildanalyse. Sie soll schlüssig und aussagekräftig als Analyseinstrument angewandt werden und Ihre formale Bildbeschreibung angemessen unterstützen.*

Ausschnitthaft stellte Picasso die Bildszene dar; so sind die Bildelemente Höhle (links) und Insel (rechts) angeschnitten. Das Querformat unterstützt die Laufrichtung des Minotaurus. Seine riesenhafte Gestalt erstreckt sich fast über die gesamte Bildhöhe, sodass er dem Betrachter durch seine Platzierung auf dem Erdstück im Vordergrund sehr nahe kommt. Quantitativ nimmt seine Figur samt toter Stute etwa ein Drittel der **Bildfläche** ein; die Verteilung der übrigen Figuren im Bild (Frauengestalt und Person, die ihre Hände aus der Höhle streckt) treten hinter den anderen Bildelementen (Höhle und Insel) zurück. Die Anlage der Figur des Minotaurus auf der Mittelsenkrechten betont überdies seinen imposanten Auftritt. Auf der Mittelwaagerechten befindet sich das Hauptmotiv: der starke Arm des Minotaurus, der das Pferd trägt.

Wie in Aufgabe 1 beschrieben wurde, stellen die Blicke der Figuren sowohl Beziehungen untereinander als auch aus dem **Bildraum** heraus zum Betrachter her. Sie unterstützen damit auch aktiv die Blickführung des Betrachters. Dieser wird nicht nur durch die dynamisierenden, sondern auch die statischen Aspekte im Bild gelenkt: So wird die Laufbewegung des Minotaurus optisch durch seinen abwehrenden linken Arm wie auch durch die blockhafte Inselsituation rechts im Bild gebremst. Die aus der Höhle herausgestreckten Hände geben dem Bewegungsverlauf wiederum einen Impuls nach rechts, stoßen diesen also an. Das Figur-Grund-Verhältnis, vom umgebendem Raum zu den Figuren, fällt zugunsten der Protagonisten aus: Durch die beinahe irritierende Nahansicht, die auf den Minotaurus mit Pferd ausgerichtet ist, nimmt dieser im Auge des Betrachters viel Raum ein, insbesondere durch den tieferliegenden Blickwinkel auf das Bildgeschehen. Unterstützt wird die Bildsituation auch durch das Raumgefüge, in dem Picasso seine Komposition anlegte: In den Bildvordergrund rückt er die Hauptszene, links durch die Höhle flankiert wird. Diese nimmt viel Raum ein, grenzt sich farblich stark ab und schließt den Bildraum ab. Das Wasser stellt den Bildmittelgrund dar und ist zum rechten Bildrand hin geöffnet. Der Himmel mit Horizontlinie bildet den weiten Bildhintergrund. Da sich Himmel und Wasser farblich nicht sehr voneinander abheben, wird der Bildmittelgrund in die Tiefe des Bildraums gezogen.

Mit seinem durchdachten **Farbrepertoire** gelingt dem Maler ein Wechsel zwischen Ausgewogenheit und auffallender Kontrastierung: So stellen die Pastellfarben Rosa und Hellblau, Ocker, Hellbraun, Braunrot bis Hellrot eine harmonisierende Farbpalette dar, die Bezüge zwischen den verschiedenen Bildebenen und -figuren schafft und Ruhe erzeugt. Dem setzt der Maler einige starke Farbkontraste entgegen: Die schwarzen Flächen der Höhleninnenwand und die schwarze Schattierung am Rumpf des Minotaurus stehen in deutlichem Gegensatz zu ihrer Umgebung – insbesondere durch die Hell-Dunkel-Verteilung an diesen Bildstellen: So leuchten die Hände hell aus der Höhle heraus und das weiße Pferd hebt sich von den schwarzen Flächen ab, die es zergliedern. Gegensätzlich zeigt sich auch das **Formenrepertoire:** Die Gestaltung des Pferdekopfes und -torsos greift die prismatische Zergliederung Picassos berühmter kubistischer Formensprache auf. Auch die Aneinanderfügung der unterschiedlichen Raumebenen (Höhle, Insel, Erdstreifen, Wasser und Himmel) wirkt durch die Formkontraste zwischen den vertikal und horizontal ausgerichteten Flächen collageartig. Die Plastizität und Körperlichkeit der Bildmotive wird dadurch größtenteils aufgehoben – abgesehen von den Aufhellungen an einzelnen Körperpartien, die Räumlichkeit erzeugen, z. B. am linken Arm des Minotaurus. Alle Bildelemente stehen letztlich miteinander in Beziehung – sei es abgrenzend oder verbindend.

Kontrastreich ist auch der **Farbauftrag** angelegt. So sind einzelne Bildpartien mit einem breiten Pinselstrich mit Gouache aufgetragen, wie z. B. die Höhlenwand, wohingegen andere Bildbereiche mit schwarzer Tusche sehr zeichnerisch angelegt sind, z. B. Kopf und Nacken des Minotaurus, seine ausgestreckte linke Hand, einzelne Pferdehaare sowie ein Linienspiel auf der Insel und Außenwand der Höhle. Diese zeichnerischen Details vermögen den Blick des Betrachters zu fokussieren. Der Einsatz der Materialien, Gouache und Tusche, steht der **grafisch-malerischen Ausführung** Picassos entgegen: Die bereits genannten, detailgetreu ausgeführten Motive in Tusche setzen sich deutlich von den mit dem Pinsel eher flächenhaft angelegten, malerischen Elementen ab, z. B. der Höhle, dem Wasser oder dem Himmel. Die gegenständlich, naturnah dargestellten Details kontrastieren sich mit den zeichnerisch freien, sich verselbstständigenden Elementen im Bild, wie etwa der lockeren Linienführung an der Höhlenwand oder der Insel. Ebenso wie durch die Formkontraste wird die Plastizität der Figuren größtenteils durch den stellenweise flächenhaften Farbauftrag aufgehoben. Die changierende, also verschiedenfarbig schillernde Körperfarbe ist es, die den Figuren Stofflichkeit wie auch eine gewisse naturnahe Erscheinung verleiht. Die Unproportionalität des Minotaurus durchkreuzt diesen Eindruck hingegen und verdeutlicht damit erneut die Gegensätzlichkeit in der Gestaltung, die in der Bildanalyse herausgestellt wurde.

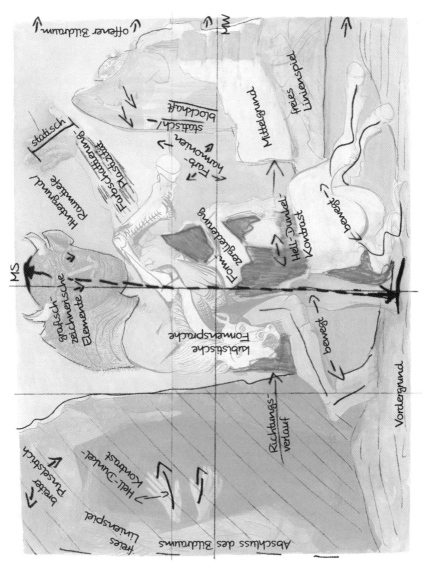

Skizze: Picasso

3. Hinweis: In die Interpretation des Bildes sollen alle Ergebnisse der Bildbeschreibung (Aufgabe 1) sowie der formalen Werkanalyse (Aufgabe 2) miteinbezogen werden. Darüber hinaus sollen auch Ihre gewonnenen Erkenntnisse zur Gestaltungsintention sowie Ihr kunstgeschichtliches Wissen über das Werk des Malers und seine Biografie (s. Zusatzinformationen) dargestellt werden. Begründen Sie Ihre Aussagen.

Wie in den vorherigen Aufgaben dargelegt wurde, stellte Picasso in seinem Bild „Minotaurus und tote Stute vor einer Höhle, gegenüber junges Mädchen mit Schleier" eine szenische Bildhandlung dar, deren Hauptfigur aus der griechischen Mythologie stammt. Es ist damit nicht nur die einzigartige Formensprache, die kubistische wie auch flächige Elemente collageartig zu einem Bildganzen zusammenfügt, sondern auch der Minotaurus, der uns sofort in die Bildwelt des Pablo Picasso entführt. Der Minotaurus taucht als „Alter Ego" des Künstlers in vielen seiner Werke auf. Mit ihm entwarf er das Spiegelbild des unsicheren Künstlers. Der Künstler schwankt zwischen Sanftmütigkeit, die durch den milden Blick des Minotaurus dargestellt wird, aber auch Selbstsicherheit, die sich im energischen Schritt und der Abwehrhaltung des Minotaurus zeigt, hin- und her. In dieser verschlüsselten Selbstdarstellung findet auch eine Mythologisierung des Künstlers statt, indem er sich als kraftvollen Aggressor und zugleich als abwehrenden Retter darstellt.

Bevor der Blick auf die biografischen Aspekte gelenkt wird, soll die Semantik des Bildes gedeutet werden: Die Dominanz der Figur des Minotaurus zieht gekonnt in Szene gesetzt – wie unter Aufgabe 2 aufgedeckt – die Blicke auf sich. Er schreitet groß und erhaben über die Bildfläche, wobei seine Gestik ambivalent ist, da sie einerseits abweisend (linker Arm) und andererseits festhaltend (rechter Arm) ist. Sein starrer Blick unterstützt den Eindruck dieser Unentschlossenheit zusätzlich. Der deformierte Körper der Stute zeugt von Leid und Qual. Vollkommen hilflos hängt das Pferd im Arm des Minotaurus. Aus dem dunklen, geheimnisvollen Inneren der Höhle tauchen erzählerisch die beiden Hände auf: Wollen sie den Minotaurus aufhalten oder abwehren? Schließlich ist da noch das schöne Mädchen, das abgeschottet, halb verborgen aus sicherer Distanz von der Insel herüberschaut. Still beobachtet sie das Geschehen. Zart, fast andächtig hält sie den transparenten Schleier vor ihr Gesicht. Zusammen mit dem verspielten Blumenkranz auf ihrem Haar wird sie zum Symbol der Reinheit und Unschuld. Abwehrend, von sich fernhaltend recken sich ihr der kräftige Arm und die große Hand des Minotaurus entgegen. Trotz der räumlichen Distanz zur Insel wirkt diese mit ihrer Überproportionierung riesig. Die Verbundenheit zwischen Minotaurus und den Händen in der Höhle erscheint jedoch größer – auch aufgrund der räumlichen wie farblichen Darstellung. Ihre Beziehung zueinander ist eher verbindend als trennend. Die Mehrdeutigkeit des Bildgeschehens wie auch der Interpretation der Figuren muss auch im Kontext der Zeit gesehen werden. 1936 keimten unheilvolle Unruhen in Europa auf; es war die Zeit des aufziehenden Nationalsozialismus. Picassos Werke, die in diesem Zeitraum entstanden sind, spiegeln stets auch seine Haltung zur politischen Lage wider. In seinem Schaffen verband er oft persönliche mit zeitgeschichtlichen Ereignissen. Demnach steht die Stärke des Minotaurus auch für die Unnachgiebigkeit, das Pferd als Vorahnung für die aufziehenden Qualen und das Leid, die flehenden Hände in der Dunkelheit für Verzweiflung und die mädchenhafte Gestalt in der Ferne für die Vergeblichkeit. Das Bild kann somit als Vorwegnahme der zeithistorischen Ereignisse verstanden werden. Als Vergleich sei auch sein berühmtes Antikriegsbild „Guernica" aus dem Jahr 1937 genannt: Picasso stellte hier auf seine Weise die grauenhaften Geschehnisse nach der Bombardierung der nordspanischen Stadt durch die Deutschen dar. Dabei baute er aber auch ein Porträt seiner damaligen unglücklichen Geliebten ins Bild ein.

Hinzu kommt in Picassos Werk immer auch das Private, das Picasso mit künstlerischen Mitteln zur Schau stellt. Im vorliegenden Werk zeigt sich dies in der Figur des Minotaurus, der der griechischen Mythologie entstammt und ein brutales Mischwesen war, das gefangen in einem Labyrinth auf der Insel Kreta wütete. Dieser erinnert in seiner kraftvollen Gestalt auch an die Tradition des Stierkampfes, mit dem der Spanier Picasso sehr verbunden war – eine Vielzahl von Stierkampfzeichnungen existieren im Œuvre des Meisters. Und schließlich lässt sich auch ein Bezug zu Picassos privater Beziehungssituation herstellen: Seine verwickelten Liebesverbindungen, die Trennungen, Überschneidungen, ja sogar parallel verlaufenden Partnerschaften gingen oft zulasten aller Beteiligten. So war Picasso unentschlossen und unzufrieden und seine Geliebten unglücklich, verzweifelt, gekränkt und abwehrend. Diese privaten Verwicklungen setzt er im Bild „Minotaurus und tote Stute vor einer Höhle, gegenüber junges Mädchen mit Schleier" gekonnt in Szene. Sogar in der Formensprache vermochte es Picasso seine inneren Konflikte zum Ausdruck zu bringen: So kombinierte er traditionell ausgeführte Bildmotive, z. B. die Hand oder den Stierkopf, mit einer individuellen, dem Künstler Picasso so eigenen Zeichensprache, z. B. die aufgebrochenen Formen des Pferdekörpers oder die unnatürlichen Proportionierungen.

Sein Werk stellt somit eine künstlerische Meisterleistung dar, die allgemeingültige sowie innere Konflikte des Künstlers offenbart und den Betrachter einem spannenden Wechselspiel zwischen Nähe und Distanz aussetzt.

Abiturprüfung NRW 2018 – Kunst Leistungskurs
Aufgabe 1

Bezüge zu den Vorgaben:
Künstlerische Sichtweisen und Haltungen zwischen Distanz und Nähe
- *im grafischen und malerischen Werk von Rembrandt Harmenszoon van Rijn*
- *im grafischen und malerischen Werk (1930 bis 1944) von Pablo Ruiz y Picasso)*

Fachliche Methoden
- *Werkbezogene Form- und Strukturanalysen einschließlich untersuchender und erläuternder Skizzen*
- *Werkexterne Zugänge zur Analyse und Interpretation (hier insbesondere durch motivgeschichtliche Vergleiche und Hinzuziehung kunstgeschichtlicher Quellentexte sowie von Texten aus Bezugswissenschaften)*

Aufgabenstellung Punkte

1. Beschreiben Sie die Werke „Saskia van Uylenburgh als Mädchen" von Rembrandt Harmenszoon van Rijn und „Dora Maar mit Katze" von Pablo Picasso. 12

2. Analysieren und vergleichen Sie die formale Gestaltung der Werke. Berücksichtigen Sie insbesondere die Aspekte
   - Bildfläche,
   - Bildraum,
   - Farbe (unter Einbeziehung der Lichtführung) und Form,
   - malerisch-gestalterische Ausführung von Figur und Umraum in Bezug auf deren Abbildhaftigkeit.

   Fertigen Sie zunächst analysierende Skizzen zum Aspekt „Bildfläche" an und beziehen Sie Ihre dadurch gewonnenen Erkenntnisse erläuternd in Ihre Analyse mit ein. 44

3. Interpretieren Sie die Werke auf der Grundlage Ihrer Analyseergebnisse und unter Berücksichtigung der Zusatzinformationen. Beziehen Sie Ihre Kenntnisse zu den jeweiligen Entstehungskontexten der Werke ein. 22

4. Diskutieren und vergleichen Sie die in den vorliegenden Werken zum Ausdruck kommenden künstlerischen Sichtweisen auf das Modell hinsichtlich ihrer Wirkung von Nähe und Distanz auf die Betrachterin/den Betrachter. 12

Materialgrundlage
Bildmaterial:
Abb. 1: Rembrandt Harmenszoon van Rijn, „Saskia van Uylenburgh als Mädchen",
1633, Öl auf Eichenholz, 52,5 × 44 cm, Gemäldegalerie Alte Meister, Dresden
Abb. 2: Pablo Picasso, „Dora Maar mit Katze", 1941, Öl auf Leinwand,
128,3 × 95,3 cm, Privatsammlung

Textmaterial:
Zusatzinformationen zu Abbildung 1:
Saskia van Uylenburgh (1612–1642) stammte aus einer angesehenen und wohlhabenden niederländischen Patrizierfamilie. Über ihren Onkel, den Kunsthändler Hendrick van Uylenburgh, lernten sich Saskia und Rembrandt 1632 in Amsterdam kennen. Gegen Widerstände ihrer Familie setzte Saskia 1633 die Verlobung mit Rembrandt, dem es als Sohn eines Müllers an gesellschaftlichem Ansehen fehlte, durch. Im darauffolgenden Jahr heirateten sie. Das vorliegende Gemälde entstand kurz nach ihrer Verlobung. Saskias äußere Erscheinung entsprach dem damaligen Schönheitsideal.
Autorentext auf der Grundlage von:
Christoph Driessen: Rembrandt und die Frauen. Regensburg: Verlag Friedrich Pustet 2011

Zusatzinformationen zu Abbildung 2:
Dora Maar (1907–1997) war eine bedeutende Pariser Fotografin der 30er Jahre, die im Kreis der Surrealisten und Pariser Intellektuellen verkehrte. Sie galt als eine selbstbewusste Frau, die viele Verehrer hatte, und war ein beliebtes Modell vieler Künstler. Bekannt war sie auch für ihre schönen, perfekt manikürten Hände und ihre elegante Erscheinung, die sie mit extravaganten Hüten inszenierte. Als inspirierende Muse, Modell und Geliebte Picassos, den sie 1936 kennengelernt hatte, wurde sie berühmt. Die intensive, von künstlerisch-intellektuellem Austausch, Leidenschaft und Eifersucht geprägte Liebesbeziehung der beiden zerbrach 1943.
Autorentext auf der Grundlage von:
Anne Baldassari (Hrsg.): Picasso – Dora Maar. Das Genie und die Weinende. Ausstellungskatalog. Paris: Editions Flammarion (u. a.) 2006

Zugelassene Hilfsmittel
– Wörterbuch zur deutschen Rechtschreibung
– Skizzenpapier, Transparentpapier, Farbstifte, Bleistifte, Lineal

Abb. 1: Rembrandt Harmenszoon van Rijn, „Saskia van Uylenburgh als Mädchen", 1633, Öl auf Eichenholz, 52,5 × 44 cm, Gemäldegalerie Alte Meister, Dresden

Abb. 2: Pablo Picasso, „Dora Maar mit Katze", 1941, Öl auf Leinwand, 128,3 × 95,3 cm, Privatsammlung

Lösungsvorschläge

1. *Hinweis: Beide Werke sollen sachangemessen, differenziert und strukturiert beschrieben werden. Dabei sollen Werkdaten sowie der sichtbare Bildbestand aufgeführt und subjektive Beurteilungen vermieden werden.*

Das **Bruststück** in **Dreiviertelansicht** mit dem Titel „Saskia von Uylenburgh als Mädchen", welches Rembrandt Harmenszoon van Rijn 1633 mit Öl auf Leinwand malte, hat die Maße 52,5×44 cm und ist in der Gemäldegalerie „Alte Meister" in Dresden ausgestellt. Auf dem **hochformatigen** Bild sieht man **formatfüllend** das **Porträt** einer jungen Frau, welche den Betrachter mit einem leichten Lächeln direkt anschaut. Sie trägt einen großen, weinroten Samthut, der mit einer dünnen Goldkette sowie einer Feder geschmückt ist, die daran aufrecht angebracht wurde. Die breite Krempe verschattet die obere Hälfte ihres Gesichts. Bekleidet ist die Dame mit einem hellblauen Kleid, das aufgrund der aufwändigen Verzierungen wertvoll erscheint. Eine darunter getragene weiße Bluse und eine Perlenkette verdecken das Dekolleté. Ihre rechte Hand ist angewinkelt und steckt in einem grauen Handschuh. Die Hand wurde unterhalb ihrer linken Brust vor einem dunklen, braungrauen Hintergrund positioniert. Dieser ist nicht näher definiert, auf ihm ist nur ein leichter Lichtschein zu erkennen. Der Rücken der Frau ist der rechten Bildseite zugewandt. Aufgrund eines leichten Doppelkinns liegt die Vermutung nahe, dass die Dame gut genährt, aber nicht dick ist. Ihr langes, leicht gelocktes Haar trägt sie ein wenig nach hinten gebunden. Das Porträt zeigt laut Titel die damals 21-jährige Saskia van Uylenburgh, welche seit 1633, dem Entstehungsjahr des Gemäldes, die Verlobte und spätere Ehefrau Rembrandts war. Bis zu ihrem Tod 1642 war sie mit ihm verheiratet und häufiges Motiv seiner Arbeiten.

Das **hochformatige Kniestück** mit dem Titel „Dora Maar mit Katze", welches Pablo Ruiz y Picasso 1941 mit Öl auf Leinwand mit den Maßen 128,3×95,3 cm malte, ist im „Musée Picasso" in Paris ausgestellt. Auf dem Gemälde sieht man auf den ersten Blick **formatfüllend** eine Anhäufung von geometrischen Formen in unterschiedlichen Farben. Bei genauerem Hinsehen kann man das **abstrahierte** Bildnis einer aufrecht sitzenden, schlanken Frau erkennen, die aufwändig gemusterte Kleidung sowie einen bunten Hut (Grün, Violett, Rot) mit Blumen trägt. Sie sitzt in einer hellen Raumnische zurückgelehnt auf einem breiten Holzstuhl mit Sitzgeflecht. Ihr Oberteil ist überwiegend grün, aber auch blau und violett gestreift sowie an Ärmeln und Kragen rot eingefasst. Beim gepunkteten Rock dominieren die Orange-Rot-Töne, auch wenn er stellenweise violett und dunkelgrün eingefärbt ist. Die Frau ist in **Frontalansicht (en face)** vor einem hellen, graublauen Hintergrund zu sehen, auf dem sich schwach einige Schatten abzeichnen. Da die Person den Betrachter ansieht, scheint sie einerseits frontal dargestellt zu sein, andererseits kann man zugleich auch ihre Nase im Profil sowie ihr linkes Ohr erkennen. Dadurch wirkt das Gesicht perspektivisch verzerrt. Die bunten Farben der Kleidung und ihr leichtes Lächeln lassen sie zunächst freundlich erscheinen. Ihre langen, klauenartigen Finger wirken im Gegensatz dazu fast abstoßend und

gefährlich. Die ungesunde Färbung der Hände in einer Mischung aus Weiß, Blau, Grün und Gelb unterstützt diese Wirkung zusätzlich. Ihr halblanges, offenes Haar ist ebenso schwarz wie die kleine Katze, die über ihrer rechten Schulter auf der Stuhllehne sitzt. Diese ist auf den ersten Blick nicht sofort erkennbar. Das **Porträt** zeigt die damals 34-jährige Dora Maar, die von 1936 bis 1943 mit Picasso liiert und von ihm häufig gemalt wurde.
Vergleichbar ist bei beiden Gemälden vor allem das Motiv: Auf beiden Bildern wurde die jeweilige Partnerin des Künstlers dargestellt.

2. *Hinweis: Bei dieser Aufgabe soll die formale Gestaltung beider Werke in Bezug auf die Aspekte Bildfläche, Bildraum, Farbe und Form sowie die malerisch-gestalterische Ausführung von Figur und Umraum in Bezug auf deren Abbildhaftigkeit analysiert und verglichen werden. Dazu müssen analysierende Skizzen zum Aspekt „Bildfläche" angefertigt und die daraus gewonnenen Erkenntnisse erläuternd in die Analyse miteinbezogen werden.*

In Bezug auf die **Bildfläche** (vgl. Skizze 1 a) ist bei Rembrandts Gemälde erkennbar, dass die Nase der Figur zwar auf der **Mittelsenkrechten** liegt, ihr Körper jedoch rechts davon platziert wurde. Die **Mittelwaagerechte** teilt das Gesicht hingegen in etwa auf Höhe des Mundes. Dort kreuzen sich auch die **Diagonalen**. Somit kommt dem Mund eine zentrale Rolle zu, wodurch die Sinnlichkeit der Dame betont wird. Das entstandene gleichschenklige Dreieck – mit der unteren Bildkante als Basis und dem Mund als Spitze – umzeichnet den Körper der Frau und lässt sie **ausgewogen** und **harmonisch** erscheinen. Die Schulterpartie, die innerhalb dieses Dreiecks leicht nach rechts versetzt ist, gewinnt an Aufmerksamkeit. Ebenso ergibt sich auch ein umgedrehtes Dreieck mit der oberen Bildkante als Basis. Darin liegen beispielsweise die Augen der Frau, die ein wenig verschmitzt wirken und durch ihren verführerischen Ausdruck wiederum ihre Sinnlichkeit betonen. Auch der große Hut ist in diesem oberen Dreieck platziert und verleiht der Figur dynamische Konturen. Durch die leicht schräge, an der Diagonalen orientierte Anordnung der Figur, ergeben sich **richtungsweisende Linien**. Diese führen von rechts unten nach links oben und wirken ebenfalls dynamisch. Insgesamt wird die rechte Bildhälfte etwas stärker betont, da sich dort ein großer Teil des Motivs befindet. Das Verhältnis zwischen Figur und Hintergrund beträgt im Gemälde „Saskia van Uylenburgh als Mädchen" etwa zwei Drittel zu einem Drittel. Die Porträtierte nimmt etwa die doppelte Bildfläche ein und rückt dem Betrachter dadurch näher.
In Picassos Gemälde wurde Dora Maar entlang der **Mittelsenkrechten** platziert (vgl. Skizze 2 a). Die **Mittelwaagerechte** teilt die Figur in etwa auf Höhe der Brust, womit dieser eine zentrale Rolle zukommt. Vom höchsten Punkt der Frau bis zu beiden unteren Bildecken lässt sich ein gleichschenkliges Dreieck konstruieren, wodurch die Person, die es umzeichnet, **ausgewogen** und **statisch** wirkt. Durch die Zergliederung der Figur in geometrische Formen wird die äußere Form aufgebrochen und es ergeben sich viele **richtungsweisende Linien** mit unter-

schiedlicher Ausrichtung. Auffallend sind dabei die Linien, die vom Kinn ausgehen und entlang der Arme verlaufen. Sie bilden gemeinsam ein nach unten breiter werdendes Dreieck, welches Dora Maars Schoß betont. Die gleiche Wirkung erzeugen auch die schrägen Linien, die sich aus den beiden oberen Raumecken bis dorthin ziehen lassen. Die vielen Diagonalen, die z. T. Dreiecke bilden, wirken dynamisch. Im Gegensatz dazu streben die beiden Linien, die entlang der Rückenlehne verlaufen, annähernd senkrecht nach oben und rahmen die aufrecht sitzende Figur ein, heben sie hervor und lassen sie statisch wirken. Ihre starre Haltung lässt sie zudem deutlich strenger erscheinen als die junge, dynamische Saskia van Uylenburgh in Rembrandts Gemälde. Auch durch das Verhältnis zwischen Motiv und restlicher **Bildfläche** von etwa 1:1 wirkt Dora Maar distanzierter als Rembrandts Saskia. Insgesamt lässt sich in Bezug auf die Bildfläche feststellen, dass in Rembrandts Gemälde eine harmonisch-dynamische Darstellung Saskias zu sehen ist, wohingegen Dora Maars Porträt kontrastierender ist: zum einen sehr statisch durch die frontal-symmetrische Anordnung der Figur entlang der Mittelsenkrechten, zum anderen durch die richtungsweisenden Linien auch sehr dynamisch.

Saskia wirkt in Rembrandts Gemälde (vgl. Skizze 1 b) durch die starke Schattierung im Gesicht und hinter ihr sehr **plastisch** und lebensecht. Die Figur verschmilzt auf der rechten Seite durch die dunkle Schattengebung nahezu mit dem Hintergrund. Dieser ist nicht näher definiert, weshalb auch keine raumschaffenden Linien zu erkennen sind. Die **Illusion von Räumlichkeit** entsteht nur durch die formgebenden Schatten, den starken Lichteinfall auf der unteren Gesichtshälfte und der Schulter sowie durch eine **Überlappung** von Hand und Brust. Durch den engen Bildausschnitt und das Licht, das nur wenige Stellen beleuchtet, wird das Motiv näher an den Betrachter gerückt. Dadurch fallen der Mund, der im Bildmittelpunkt liegt, und ihr sinnlicher Gesichtsausdruck deutlich stärker auf. Allerdings erzeugen die abgewandte Schulter, die verschatteten Augen, die herrschaftliche Kleidung sowie die leichte Untersicht auch eine gewisse Distanz zum Motiv.

Bei Picasso (vgl. Skizze 2 b) wird Räumlichkeit hingegen durch das für den Kubismus typische **mehrperspektivische** Flächenrepertoire der einzelnen Gesichts-, Körper- und Raumelemente und deren freie Positionierung erzeugt. Diese gewährt dem Betrachter vor allem im Gesicht wie bei einer Plastik einen vermeintlichen Rundumblick. Die einzelnen Formen zeigen durch Licht- und Schattenandeutungen, in welche Richtung die Flächen weisen, wodurch ebenfalls Räumlichkeit vermittelt wird. Raumschaffende Linien, die eine Nische hinter Dora Maar andeuten, begrenzen den Bildraum und rücken die Porträtierte einerseits in den Fokus des Betrachters, engen sie andererseits aber auch ein. Der Raum ist nicht nach perspektivischen Gesetzen konstruiert und scheint dadurch nach hinten zu kippen. Durch die frontale, leicht erhöhte Position der Figur wirkt sie herrschaftlich distanziert, präsent und solide. Durch die Zerlegung der Figur in viele einzelne Formen scheint sie jedoch gleichzeitig auch zerbrechlich. Vergleicht man die Gemälde miteinander, lässt sich festhalten, dass in beiden Bildern mit Nähe und Distanz gespielt wird: Rembrandts Gemälde strahlt Ruhe aus, wodurch sich der Betrachter zunächst auf das Motiv konzentrieren kann. Saskia dreht sich aber auch vom Betrachter weg, indem sie ihm die Schulter zuwendet. Bei Picasso wird hingegen einerseits durch die statische Haltung der Frau, die dem Betrachter frontal gegenübersitzt, Nähe erzeugt, andererseits aber durch die Darstellung als Kniestück – im Gegensatz zum Bruststück bei Rembrandt – wiederum Distanz geschaffen.

Rembrandts Bild ist überwiegend **monochrom** schwarz-weiß-braun gefärbt, was typisch für ihn ist. Eine Ausnahme bildet Saskias hellblaues Kleid, welches durch den **Qualitätskontrast** zwischen seiner reinen Farbigkeit und den getrübten Farben des restlichen Bildes optisch nach vorne tritt. Rembrandt greift zudem auf **Erscheinungsfarben** zurück: Die Figur selbst wurde aus unterschiedlichen realitätsnahen Farben komponiert, sodass Saskias Porträt durch das natürliche **Inkarnat** (Hautton) lebensecht wirkt. Zudem wird das Bild durch einen **Hell-Dunkel-Kontrast** dominiert, der zwischen dem hell beleuchteten Bereich unterhalb der Augen bis zur linken Schulter sowie dem größtenteils dunkel verschatteten Rest des Gemäldes besteht (vgl. Skizze 1 c). Die hell ausgeleuchteten Partien werden auf diese Weise betont, durch den großen Schattenanteil wird jedoch auch Distanz zum Betrachter geschaffen. Die Farbe wurde in Rembrandts Bild **pastos-deckend** und mit kaum sichtbarem, weich-fließendem Pinselduktus aufgetragen. Das Formenrepertoire beschränkt sich auf sehr wenige, vornehmlich runde Formen, wodurch Saskia besonders ruhig, weiblich und sinnlich wirkt.

„Dora Maar mit Katze" zeigt im Gegensatz dazu eine überwiegend **bunte (polychrome)** Farbigkeit und besteht aus Schwarz und Weiß sowie den Primär- und Sekundärfarben, wodurch das Gemälde sehr farbenfroh und lebendig erscheint (vgl. Skizze 2 c). Im Gesamteindruck überwiegen dennoch die dunklen Farbtöne an Kleidung und Stuhl. Zahlreiche Elemente ziehen durch ihre Farbigkeit die Aufmerksamkeit auf sich: Die Haut der Frau wurde hell und mit kühleren Farbtönen gestaltet, wodurch sie blass und fremd aussieht. Auch die roten Stellen an Hut, Oberteil und Rock, die über einen großen Teil der Bildfläche verteilt sind, fallen auf und lassen das Bild lebendig wirken. Die wechselnde Blickführung durch das Gemälde vermittelt zudem Dynamik und Spannung. Picasso verwendete in seinem Gemälde sowohl nahezu reine (Rot, Blau) als auch getrübte Farben (Braun, Hellblau), wodurch ebenso wie bei Rembrandt ein **Qualitätskontrast** entsteht. Durch die Gegenüberstellung von Rot und Grün im Oberteil wird zudem ein **Komplementärkontrast** erzeugt, sodass die Farben besonders leuchten. Auch der **Warm-Kalt-Kontrast** – im Bild vor allem durch die Verwendung von Blau- und Rottönen hervorgerufen – steigert die Lebendigkeit. Die von Picasso benutzten Farben entsprechen **Ausdrucksfarben**, die eher auf seine individuelle Sichtweise der Porträtierten schließen lassen, weshalb sie als besonders lebenslustig, dynamisch aber auch konträr in ihren Ansichten erscheint. Die kleine Katze, die im Bildtitel erwähnt wird und etwa so groß wie eine Hand Dora Maars ist, wurde zunächst als schwarze Fläche gemalt. Anschließend wurden ihre Körperformen und Gesichtszüge durch Wegkratzen der noch nassen Farbe eingearbeitet, sodass der blaue Hintergrund als Umrisslinie durchscheint. Licht und Schatten sind – anders als bei Rembrandt – gleichmäßig über das Motiv und den Hintergrund verteilt. Die beleuchteten und verschatteten Partien sind ansatzweise an die naturalistische Erscheinung angelehnt und deuten Räumlichkeit an – sie sind also **formgebend**. Der Blick des Betrachters springt von einem Element zum nächsten, wodurch Unruhe in der Gesamtwirkung entsteht. Das Formenrepertoire umfasst eine Fülle an kleinen, amorphen Formen, die erst in ihrem Zusammenspiel das Bild von einer Frau ergeben. Dabei stehen runde Formen, besonders im Kleid von Dora Maar, und eckige Formen, die über die gesamte Bildfläche verteilt sind, im Kontrast zueinander und führen zu einer Verfremdung von Figur und Raum. Der **Pinselduktus** ist ebenfalls oft formgebend und erzeugt Spannung im Bild. Sowohl in Bezug auf Farbe als auch Form wirkt Picassos Gemälde unruhig, kontrastierend und spannend, wohingegen sich bei Rembrandt in beiderlei Hinsicht ein ruhiges Erscheinungsbild erkennen lässt.

In der **malerisch-gestalterischen Ausführung** wurde bei Rembrandts Gemälde Wert auf eine besonders naturnahe Darstellung der Figur gelegt. Dabei wurden die einzelnen Körperpartien beleuchtet bzw. verschattet, um den Fokus auf die Weiblichkeit der Porträtierten zu lenken. Außerdem wirkt sie plastisch und eine Illusion von Stofflichkeit wird erzeugt. Die detailgenaue Darstellung ist z. B. daran erkennbar, dass Ohrringe oder feinste Falten in der Kleidung zu sehen sind. Es wurde hier nahezu naturalistisch im Sinne Schmidts (Stofflichkeit, Räumlichkeit, Körperlichkeit, Anatomie, zeichnerische und farbige Richtigkeit) gearbeitet, sodass Saskia sehr lebensecht wirkt.

Bei Picassos Gemälde wird hingegen besonders das Körperlich-Plastische hervorgehoben. Durch die mehrperspektivische Darstellung von Figur, Stuhl und räumlichem Kontext im **kubistischen Stil** bekommt die Figur einen **Monumentalcharakter**. Das Gemälde ist als **abstrakt** zu bezeichnen, da die Bestandteile des Gesichts frei positioniert wurden und kein Wert auf die **Illusion von Stofflichkeit** sowie eine **zeichnerische und anatomische Richtigkeit** gelegt wurde. Durch die Hell-Dunkel-Verteilung werden **Körperlichkeit** und ansatzweise auch **Räumlichkeit** vermittelt. Es entsteht ein neues, menschliches Erscheinungsbild, bei dem die Verzerrung der anatomischen Proportionen sowie das ausdrucksfarbige Inkarnat zugunsten der Betonung des Eigenwerts der Farbe und der geometrischen Formen eingesetzt wurden. Für Picasso stand wahrscheinlich eher die Bildung einer eigenständigen Figuration im Vordergrund, wohingegen Rembrandt vermutlich eine harmonische und dynamische Darstellung seiner Geliebten wichtig gewesen ist.

Skizze 1 b: Raum – starke plastische Wirkung durch Schattierungen → Figur wirkt lebensecht und nah

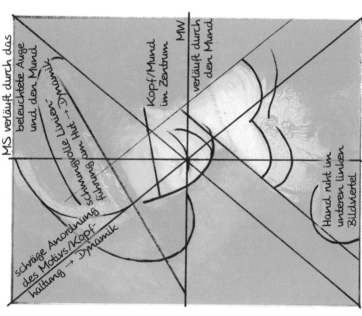

Skizze 1 a: Bildfläche – Verhältnis von Motiv zu Bildfläche etwa 2 : 1

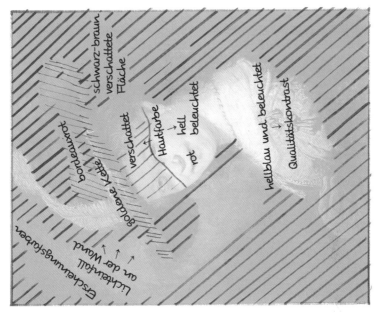

Skizze 1 c: Farbe und Form – Betonung der Weiblichkeit durch Hell-Dunkel-Kontrast (Gesicht/Dekolleté vs. Hintergrund) und runde, weiche Formen

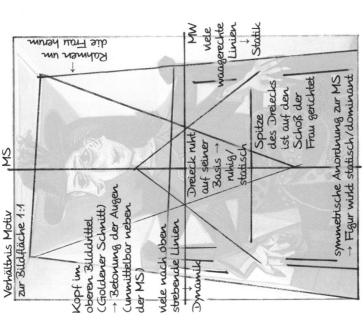

Skizze 2 a: Bildfläche – Körper unterhalb der Mittelwaagerechten nimmt viel Raum ein und wird durch die Muster betont

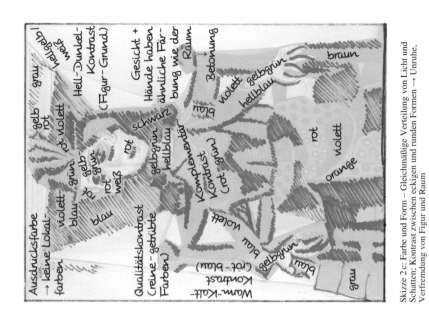

Skizze 2 c: Farbe und Form – Gleichmäßige Verteilung von Licht und Schatten; Kontrast zwischen eckigen und runden Formen → Unruhe, Verfremdung von Figur und Raum

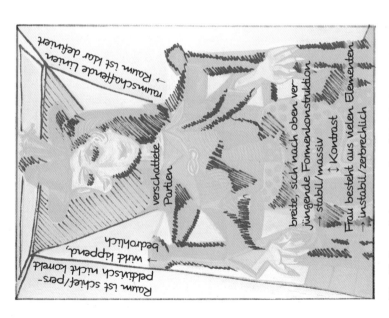

Skizze 2 b: Raum – Andeutung von Räumlichkeit durch raumschaffende Linien und verschattete Partien

3. *Hinweis: Beide Werke sollen auf der Grundlage der Untersuchungsergebnisse interpretiert werden. Kenntnisse zu den jeweiligen Entstehungsarten der vorgelegten Werke sollen auch unter Berücksichtigung der Zusatzinformationen in die Deutung miteinbezogen werden.*

Rembrandts Porträt scheint emotional geprägt zu sein. Er stellt seine zukünftige Ehefrau kokett, jung und selbstbewusst dar und verdeutlicht damit auch seine Liebe zu ihr. Saskia wirkt in ihrer Körperhaltung und Mimik jugendlich und dynamisch, strahlt aber auch ruhige Eleganz aus. Durch ihre Haltung, aber auch ihre herrschaftliche Kleidung, stellt Rembrandt ihren Wohlstand dar: Saskia stammte aus einer wohlhabenden Familie mit politischem Einfluss, was auch Rembrandts Auftragslage als Künstler begünstigte. Die leichte Untersicht könnte auch auf den Standesunterschied zwischen ihm und seiner zukünftigen Frau verweisen. Eventuell drückt Rembrandt auch seinen Stolz darüber aus, dass er sich – trotz des Unterschieds im gesellschaftlichen Rang – mit Saskia verlobt hatte. Später wurde sie immer wieder zu Rembrandts Modell und nahm dabei verschiedene Rollen ein, z. B. als Flora. Nach ihrer Hochzeit bekamen Rembrandt und Saskia insgesamt vier Kinder, von denen aber nur das letzte – Titus – überlebte. Titus wurde ebenfalls häufig von seinem Vater porträtiert. Saskia ermöglichte Rembrandt ein von finanziellen Sorgen befreites Leben, bis sie 1642 mit nur knapp 30 Jahren starb.

Dora Maar, die ihrem Geliebten ebenfalls häufig Modell stand, wird durch die kontrastreiche Bildstruktur als ambivalente, d. h. in sich widersprüchliche Persönlichkeit dargestellt. Durch die zentrale und frontale Präsenz der Figur sowie ihre leicht erhöhte Position werden ihr Selbstbewusstsein sowie ihre Dominanz verdeutlicht. Ebenso spielt die spezifisch deformierte, stellenweise sogar aggressiv wirkende Darstellung der individuellen Merkmale Dora Maars darauf an, dass diese selbstsicher, vielleicht sogar rücksichtslos ihren eigenen Weg ging. Die im Titel erwähnte Katze ist symbolisch zu verstehen und verkörpert Dora Maars Eigenschaften: Mit Katzen verbindet man einerseits positive Aspekte wie Eleganz und Anmut, andererseits gelten sie aber auch als eigensinnig und können „ihre Krallen ausfahren". Die Vermutung liegt deshalb nahe, dass Picasso auch an Dora Maar ähnliche Eigenschaften erkannt hatte. Auch die gemeinsame Haarfarbe von ihr und der Katze deutet auf eine Verbindung zwischen beiden hin. Obwohl Dora Maar für ihre „schönen, perfekt manikürten Hände" bekannt war, werden diese im Bild keineswegs in dieser Art dargestellt, vielmehr zeigt Dora Maar – wie eine Katze – ihre Krallen. Eventuell sollte dadurch Picassos Ambivalenz Dora Maar gegenüber deutlich werden, die durch ihre Persönlichkeit unnahbar schien und ihm doch aufgrund der Liebesbeziehung sehr nahestand. In gewisser Weise war sie selbst für ihn unerreichbar, da sie viele Verehrer hatte und auch von anderen Künstlern porträtiert wurde. Frauen spielten in Picassos Leben eine wichtige Rolle, was sich auch darin zeigt, dass die meisten Schaffensphasen durch eine neue Liebesbeziehung angeregt wurden. In Picassos Œuvre finden sich daher immer wieder Porträts seiner jeweiligen Geliebten, in denen seine persönliche Sichtweise zur Dargestellten sowie deren innere Befindlichkeit zum Ausdruck kommen. Im vorliegenden Gemälde thematisiert Picasso jedoch nicht die Liebesbeziehung zu Dora Maar. Sie wird nämlich nicht wie bei Rembrandt als sinnliche, warme Person gezeigt. Vielmehr stehen die Eleganz und das Selbstbewusstsein der Geliebten im Fokus der Darstellung.

4. *Hinweis: Die in den Bildnissen zum Ausdruck kommenden künstlerischen Sichtweisen auf das Modell sollen hinsichtlich ihrer Wirkung von Distanz und Nähe diskutiert und miteinander verglichen werden.*

Beide Werke suggerieren durch den jeweiligen Bildausschnitt räumliche Nähe zum Betrachter und erzeugen durch ihre Kopf- bzw. Körperhaltung eine ausdrucksstarke Präsenz der Figur gegenüber dem Betrachter. Bei Rembrandt fällt in diesem Zusammenhang jedoch auf, dass die Darstellung Saskias durch den Blickkontakt zum Betrachter und ihr freundlich-kokettes Lächeln diesem emotional zugewandt erscheint, wobei sie durch die etwas abweisende Körperhaltung und die verschattete Augenpartie gleichzeitig zurückhaltend wirkt. Dora Maars Abbildung konfrontiert den Betrachter hingegen unmittelbar mit ihren Reizen. Sie wirkt dem Betrachter ebenfalls zugewandt, aber auch offen und provokativ, was vor allem durch die Farbe, die Formensprache, die Raumkonstruktion und Dora Maars Positionierung im Bild erzielt wird.

Abiturprüfung NRW 2018 – Kunst Leistungskurs
Aufgabe 2

Bezüge zu den Vorgaben:
Künstlerische Sichtweisen und Haltungen zwischen Distanz und Nähe
- *in der Porträtmalerei (1965 bis 1990) von Gerhard Richter unter Verwendung der von ihm im sogenannten „Atlas" gesammelten fotografischen Vorlagen*
- *im Werk von Marlene Dumas*

Fachliche Methoden
- *Werkbezogene Form- und Strukturanalysen einschließlich untersuchender und erläuternder Skizzen*
- *Werkexterne Zugänge zur Analyse und Interpretation (hier insbesondere durch motivgeschichtliche Vergleiche und Hinzuziehung kunstgeschichtlicher Quellentexte sowie von Texten aus Bezugswissenschaften)*

Aufgabenstellung Punkte

1. Beschreiben Sie die Werke „Erschossener 1" von Gerhard Richter und „Snowwhite and the Broken Arm" von Marlene Dumas. 12

2. Analysieren und vergleichen Sie die formale Gestaltung der Werke. Berücksichtigen Sie insbesondere die Aspekte
   - Bildfläche,
   - Bildraum,
   - Farbe und Form,
   - malerisch-gestalterische Ausführung des Motivs.

   Fertigen Sie zunächst analysierende Skizzen zum Aspekt „Bildfläche" an und beziehen Sie Ihre dadurch gewonnenen Erkenntnisse erläuternd in Ihre Analyse mit ein. 44

3. Interpretieren und vergleichen Sie die beiden Werke auf der Grundlage Ihrer Analyseergebnisse und unter Berücksichtigung der Zusatzinformationen. Beziehen Sie dabei Ihre Kenntnisse zu den jeweiligen Arbeitsweisen und den Bildkonzepten der Künstlerin und des Künstlers ein. 22

4. Nehmen Sie unter Einbeziehung Ihrer bisherigen Analyseergebnisse sowie unter Berücksichtigung der Zusatzinformationen vergleichend Stellung zu der Frage, welches künstlerische Darstellungsinteresse, hier insbesondere mit Blick auf den Aspekt von Nähe und Distanz zum dargestellten Motiv, sich in dem jeweiligen Bild aufzeigen lässt. 12

Materialgrundlage
Bildmaterial:
Abb. 1: Gerhard Richter, „Erschossener 1", 1988, Öl auf Leinwand, 100×140 cm,
The Museum of Modern Art (MOMA), New York, USA
Abb. 2: Marlene Dumas, „Snowwhite and the Broken Arm", 1988, Öl auf Leinwand,
140×300 cm, Gemeentemuseum Den Haag

Textmaterial:
Zusatzinformationen zu Abbildung 1:
Das Bild ist eines des 15 Werke umfassenden „Zyklus 18. Oktober 1977", welche von Richter nach schwarzweißen in der Presse veröffentlichten Polizeifotografien gemalt wurden. Das Werk basiert auf einem Foto, das Andreas Baader, einen der Mitbegründer der terroristischen Organisation „Rote Armee Fraktion" (RAF), nach seinem – offiziellen Angaben zufolge – Selbstmord in seiner Gefängniszelle in Stuttgart-Stammheim am 18. Oktober 1977 zeigt.
Die RAF war eine terroristische Vereinigung in der Bundesrepublik Deutschland, die sich in den 1970er-Jahren vor allem gegen wichtige Vertreter aus Wirtschaft und Politik richtete. Die Terroristen der RAF sind verantwortlich für 34 Morde, zahlreiche Banküberfälle und Sprengstoffattentate.
Eine mit „Offensive 77" bezeichnete Anschlagserie, die dazu dienen sollte, alle inhaftierten RAF-Mitglieder freizupressen, endete mit den Selbstmorden aller seinerzeit inhaftierten Anführer der RAF.
Die Polizeifotografien erschienen 1980 in der Zeitschrift „Stern" und riefen nicht zuletzt aufgrund ihrer konkreten Wiedererkennbarkeit der Getöteten kritische Reaktionen hervor.

Autorentext auf der Grundlage von:
www.gerhard-richter.com/de/art/paintings/photo-paintings/baader-meinhof-56/man-shot-down-1-7691/?p=1
www.bpb.de/geschichte/deutsche-geschichte/geschichte-der-raf/ (Zugriff jeweils 28. 03. 2017)

Zusatzinformationen zu Abbildung 2:
Der Titel „Snowwhite and the Broken Arm" bedeutet in der deutschen Übersetzung „Schneewittchen und der gebrochene Arm".
Das Märchen von Schneewittchen und den sieben Zwergen erzählt die Geschichte eines Mädchens (Schneewittchen), das aufgrund des Neids seiner Stiefmutter auf seine Schönheit mit einem Apfel vergiftet wird. Die sieben Zwerge, bei denen das geflüchtete Mädchen lebte, legen es daraufhin in einen gläsernen Sarg und betrauern es. Ein Königssohn verliebt sich in die Schönheit Schneewittchens, das durch einen glücklichen Zufall wieder zum Leben erwacht.
Der Name „Schneewittchen" geht auf den Wunsch der Mutter Schneewittchens zurück, die sich beim Anblick ihrer Blutstropfen im Schnee und eines Fensterrahmens ein Kind wünscht, das „so weiß wie Schnee, so rot wie Blut und so schwarz wie das Holz an dem Rahmen" ist.

Autorentext auf der Grundlage des Märchens der Brüder Grimm

Zugelassene Hilfsmittel
- Wörterbuch zur deutschen Rechtschreibung
- Skizzenpapier, Transparentpapier, Farbstifte, Bleistifte, Lineal

Abb 1: Gerhard Richter, „Erschossener 1", 1988, Öl auf Leinwand, 100 × 140 cm, The Museum of Modern Art (MOMA), New York, USA

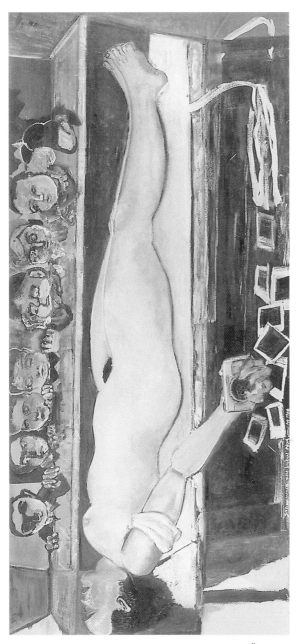

Abb. 2: Marlene Dumas, „Snowwhite and the Broken Arm", 1988, Öl auf Leinwand, 140 × 300 cm, Gemeentemuseum Den Haag

Lösungsvorschläge

1. *Hinweis: Beide Werke sollen sachangemessen, differenziert und strukturiert beschrieben werden. Dabei sollen Werkdaten sowie der sichtbare Bildbestand aufgeführt und subjektive Beurteilungen vermieden werden.*

Das Gemälde „Erschossener 1" wurde 1988 von Gerhard Richter mit Ölfarben auf eine 100×140 cm große Leinwand gemalt. Es befindet sich im „Museum of Modern Art" in New York. Das **querformatige** Gemälde ist Teil des 15 Werke umfassenden „Zyklus 18. Oktober 1977" und zeigt Andreas Baader, der ein Mitbegründer der terroristischen Gruppierung „Rote Armee Fraktion" (RAF) war. Baader ist darauf zu sehen, nachdem er sich – nach offiziellen Angaben – in seiner Zelle im Gefängnis Stuttgart-Stammheim am 18. Oktober 1977 getötet hat. Die Werke des gesamten Zyklus wurden nach schwarz-weißen Polizeifotografien gemalt, die in der Presse veröffentlicht wurden. Andreas Baaders schlanker Körper liegt fast waagerecht ausgestreckt, mit nach hinten gerecktem Kopf auf einem kargen, dunklen Untergrund in seiner Gefängniszelle. Da seine Knie durch den linken Bildrand angeschnitten sind, handelt es sich um ein **Kniestück**. Seine linke vom Körper weggestreckte Hand berührt beinahe den unteren Rand des Bildes. Obwohl nicht zu erkennen ist, ob die Augen geöffnet sind, scheint sein Blick nach oben gerichtet zu sein. Rechts oberhalb seines Kopfs liegen zwei weiße Kissen, darunter ein länglicher Gegenstand. Andreas Baader trägt eine dunkle Hose, ein helles, gemustertes Hemd, dessen Manschette von innen schwarz unterlegt ist sowie am linken Handgelenk eine Armbanduhr. Der Hintergrund ist dunkel und nicht genauer definiert.

Auf dem zweiten Gemälde, das 1988 im **Querformat** von Marlene Dumas angefertigt wurde, sieht man laut Titel die Märchengestalt Schneewittchen als **Ganzfigur**. Sie war in den Wald zu den sieben Zwergen geflüchtet, nachdem ihre Stiefmutter sie aus Neid auf ihre Schönheit töten wollte. Als die böse Stiefmutter Schneewittchen findet, vergiftet sie ihre Stieftochter mit einem Apfel. Daraufhin betten die Zwerge die vermeintlich Tote in einen gläsernen Sarg und betrauern sie. Das 140×300 cm große Ölgemälde auf Leinwand, das im „Gemeentemuseum" in Den Haag zu sehen ist, hält genau diesen Moment fest. Der makellose Körper der jungen Frau liegt ausgestreckt auf einem weißen Laken in einem gläsernen Sarg. Dessen Seite scheint geöffnet zu sein, da Schneewittchens rechter Arm über die Bank, auf der sie liegt, hinausragt. Unterteilt man das Gemälde waagerecht, so nimmt der zum Großteil hellblau gefärbte Körper des entkleideten Mädchens etwa das mittlere Drittel ein. Schneewittchens Haaransatz berührt geradeso den linken Bildrand. Ihr Kopf ist leicht nach hinten geneigt und ihr Blick scheint – wie bei Andreas Baader – nach oben gerichtet zu sein. Auch hier ist nicht erkennbar, ob die Augen geöffnet sind. Das Gesicht ist etwas dunkler, gräulich gefärbt und durch starke Augenbrauen, eine kleine Nase sowie ein etwas nach hinten gekipptes Ohr mit dunkler Umrandung gekennzeichnet. Schulterlange, schwarze Haare rahmen es ein und hängen neben einer leicht rosa-violett gefärbten sowie rot schattierten

Schulter herab. Laut Titel ist Schneewittchens Arm gebrochen, weshalb am rechten Oberarm eine Bandage zu erkennen ist. Der Arm ist dem Betrachter entgegengestreckt und kippt mit der Innenseite nach vorne von der Bank. Ihre Hand umklammert einen silbernen Fotoapparat, darunter reihen sich acht Fotos einer Sofortbildkamera am unteren Bildrand auf. Abgesehen von den hellen Fotografien ist das untere Bilddrittel fast durchgehend verschattet. Allerdings fällt eine weiße Linie auf, die sich auf Höhe der Knöchel von der Unterlage bis auf den Boden schlängelt und nicht genauer definiert ist. Im oberen Bilddrittel reihen sich die sieben Zwerge aneinander. Sie sind gerade groß genug, dass ihre Köpfe über den Sarg hinausragen und sie ihre Hände links und rechts neben ihrem Kinn darauf ablegen können. Ihr Blick ist auf die tote Frau gerichtet. Ihre Köpfe sind durch den oberen Bildrand leicht angeschnitten und ihre Gesichter liegen im Schatten. Ihre kurzen Haare sind dunkel, nur der sechste Zwerg ist blond und zieht dadurch die Aufmerksamkeit auf sich. Dadurch fällt auf, dass sein rechter Nebenmann versucht, auf den Sarg zu klettern. Auch der erste Zwerg fällt aus der Reihe, da er ein wenig abseits steht. Die anderen sechs bilden jeweils enge Dreiergruppierungen.

2. *Hinweis: Bei dieser Aufgabe soll die formale Gestaltung beider Werke in Bezug auf die Aspekte Bildfläche, Bildraum, Farbe und Form sowie malerisch-gestalterische Ausführung von Figur und Umraum analysiert und verglichen werden. Dazu müssen analysierende Skizzen zum Aspekt „Bildfläche" angefertigt und die daraus gewonnenen Erkenntnisse erläuternd in die Analyse miteinbezogen werden.*

In Bezug auf die Bildfläche fällt in Richters Gemälde auf, dass Baaders Körper oberhalb der **Mittelwaagerechten** platziert wurde. Der **Mittelpunkt** des Bildes liegt daher etwas unterhalb seiner Hüfte. Der Oberkörper ist fast vollständig auf der rechten und der Unterkörper auf der linken Seite der **Mittelsenkrechten** positioniert. Die Anordnung wirkt **dynamisch**, da sich die Knie und der linke Arm unterhalb der Mittelwaagerechten befinden und der Körper einen nach unten geöffneten Bogen beschreibt. Dieser Eindruck wird auch dadurch verstärkt, dass der größte Teil des Körpers oberhalb der Mittelwaagerechten liegt und die Knie am linken bzw. die Kissen am rechten Bildrand angeschnitten sind. Ein weiterer Bogen, der von Baaders linken Hand über den Ellbogen und die Schulter zum Kopf führt, bringt Bewegung in das sonst ruhig wirkende Bild. Die Spannung im Gemälde wird auch dadurch erzeugt, dass Körper und Kopf des Toten im Bereich des **Goldenen Schnitts** liegen. Das eigentliche Motiv (Andreas Baader) nimmt etwa ein Drittel der Bildfläche ein.

In Marlene Dumas' Gemälde wurde Schneewittchens Körper ebenfalls oberhalb der **Mittelwaagerechten** platziert. Die **Mittelsenkrechte** verläuft unterhalb des Gesäßes durch den rechten Oberschenkel, sodass sich die Beine auf der rechten, Kopf und Oberkörper auf der linken Bildhälfte befinden. Der **Bildmittelpunkt** liegt etwa mittig auf ihrem Oberschenkel, wodurch die Nacktheit der Frau betont wird. Man sieht die Figur – abgesehen vom rechten herabhängenden Arm – vollständig im **Profil**. Da man das hintere Bein ansatzweise erkennen kann, muss der

Betrachter aus einer leichten **Aufsicht** auf das Geschehen blicken. Durch die waagerechte Anordnung ihres Körpers wirkt Schneewittchen **statisch** und distanziert. Allein der rechte Arm, welcher von der oberen linken Kante des Sargs bis zur Mittelsenkrechten eine **Diagonale** bildet, erzeugt **Dynamik:** Der Arm wirkt beinahe so, als bewege er sich. Das am unteren rechten Bildrand geschlängelte Band beschreibt mit den heruntergefallenen Fotos und dem rechten Arm einen Bogen, welcher ebenfalls **dynamisch** wirkt. Dieser Bogen wird jedoch durch die gerade Unterkante der Bank unterbrochen. Die Fotos, das Band und das Gesäß der Dame liegen im Goldenen Schnitt und fallen somit besonders ins Auge. Die sieben Zwerge, von denen sich vier links und drei rechts von der Mittelsenkrechten befinden, erscheinen durch die Aufreihung statisch. Das Hauptmotiv (Schneewittchen) nimmt wieder ungefähr ein Drittel der Bildfläche ein.

In Richters Gemälde sind keine raumschaffenden Linien zu erkennen, sodass der Eindruck entsteht, als schwebe der Körper. Durch die leichte Aufsicht und die Positionierung des Toten im hinteren Bildraum wird der Betrachter vom Geschehen distanziert. Der zum unteren Bildrand gestreckte linke Arm erzeugt dagegen Nähe. Er bildet den **Vordergrund** und schafft eine Verbindung zum leblosen Körper im **Mittelgrund**. Richter gestaltete den **Hintergrund** dunkel, ungegenständlich und diffus. Es lassen sich lediglich Wand und Untergrund, auf dem der Tote liegt, erahnen. Der Körper verschwimmt stellenweise mit dem Raum, was die Körperhaftigkeit (das Volumen) reduziert. Es scheint im Bild mehrere Lichtquellen zu geben: So sind die linke Hand, Gesicht und Bauch offenbar von links, die Kissen eher von rechts schwach beleuchtet. Der größte Teil des Gemäldes ist verschattet, sodass die wenigen beleuchteten Stellen in den Fokus rücken und auf Baaders leblosem Körper ein optischer Schwerpunkt entsteht. In den dunklen Bildpartien sind kaum Details zu erkennen, wodurch der Betrachter wiederum vom Geschehen distanziert wird. Dieser Eindruck wird zudem durch die verschwommene Maltechnik unterstützt.

Auch die sieben Zwerge in Dumas' Gemälde verschwinden aufgrund der Schattierung fast im Hintergrund und werden so auch optisch von Schneewittchen getrennt. Anders als bei Richter sind bei Dumas mehrere **raumschaffende Linien** zu erkennen. So ist z. B. der Sarg, auf dem sich die Zwerge abstützen, mit **perspektivischen Linien** versehen. Diese sind aber nicht immer klar definiert. Eine Linie ragt z. B. vorne von der unteren rechten Ecke der Bank zur oberen rechten Ecke des Glassargs und könnte aufgrund der räumlichen Verzerrung im Gemälde auch die hintere Kante des Sargs bilden. Dies ist vermutlich ein „Kniff" von Dumas, um die Sehgewohnheiten des Betrachters zu stören und diesen zu genauerem Hinsehen zu zwingen. **Räumlichkeit** entsteht außerdem durch die Staffelung der einzelnen Bildelemente (Fotos, Frau, Zwerge). Auf allen drei Bildebenen gibt es Elemente, die den Blick des Betrachters auf sich ziehen: Im Vordergrund sind es die Fotos und das schlangenförmige Band, im Hintergrund die Reihung der Zwergenköpfe und im Mittelgrund die Figur Schneewittchens, die aufgrund ihrer Größe und der Beleuchtung sehr nah erscheint. Insgesamt wirkt der Raum durch die vielen Elemente überfüllt, wodurch ein Gefühl von Enge entsteht.

Die **monochrome Farbgebung** in Schwarz-Weiß-Tönen fällt bei Richters Bild „Erschossener 1" sofort auf. Das Gemälde wirkt dadurch trist. Zudem entsteht ein starker **Hell-Dunkel-Kontrast**. Da die dunklen Flächen überwiegen, rückt die Figur stärker in den Fokus. Der **Pinselduktus** ist kaum zu erkennen: Die Farben weisen einen weichen, fließenden Farbübergang auf, welcher auch das gesamte Porträt in ein weiches Licht setzt. Durch die modulierten Farbübergänge entsteht der Eindruck, es handle sich um ein unscharfes Foto. Dies verleiht dem Bild einen authentischen Charakter. Das **Formenrepertoire** des Gemäldes weist vornehmlich runde Formen auf. Die meisten Wölbungen sind nach oben ausgeformt. Durch die beiden einzigen eckigen und auch sehr hellen Elemente (Kissen) am rechten Bildrand werden sie z. T. unterbrochen. Das Ambiente wirkt auf den Betrachter in Bezug auf die Formensprache nicht bedrohlich, wenngleich Licht, Farbigkeit und Sujet eine bedrückende Stimmung suggerieren.

Auch Dumas' Gemälde ist von einer **monochromen**, schwarz-weißen Farbgestaltung gekennzeichnet. Es gibt nur wenige farbige Stellen im Bild, wie den in kühlen Blautönen gefärbten Körper Schneewittchens, stellenweise die Haut der Zwerge und einige Elemente des Hintergrunds. Durch diese Ausnahmen entsteht ein **Qualitätskontrast**, der das Augenmerk vor allem auf Schneewittchen lenkt. Bei Dumas besitzt die Farbe eher einen expressiven Charakter und orientiert sich nur ansatzweise an den natürlichen Erscheinungsfarben. Auffällig ist auch, dass Schneewittchens Schulter, ihre Brustwarze, stellenweise auch ihre Hand mit der Kamera, ein feiner Schatten im Bereich ihrer Scham sowie die Lippen des fünften Zwergs leicht rosarot gefärbt sind. Diese Partien bilden zum Rest des Bildes einen **Warm-Kalt-Kontrast**. Zudem entsteht durch die ansonsten monochrome Schwarzweißmalerei ein **Hell-Dunkel-Kontrast**. Dadurch wandert der Blick des Betrachters zum Körper der Frau, dem Laken darunter und den weißen Rändern der Fotografien. Durch die schwarz-weiße Farbgebung des gesamten Bildes wirkt auch Schneewittchen – trotz ihrer leichten Einfärbung – leblos. Dieser Eindruck wird auch durch die hellblaue Farbe ihrer Haut und ihr gräuliches Gesicht verstärkt. Der **Pinselduktus** ist an einigen Stellen grob und deutlich erkennbar: Vor allem die Zwerge, die weiße Schlangenlinie sowie die Fotos weisen sichtbare, schwungvolle Pinselspuren und eine weniger differenzierte **Farbmodulation** auf. Da diese Elemente stark vereinfacht dargestellt wurden, wird der Blick des Betrachters auf den präzise ausgearbeiteten Körper Schneewittchens gelenkt. Dort ist der Pinselduktus – ähnlich wie bei Richter – kaum zu erkennen. Die Farben weisen einen fließenden Farbübergang auf, welcher die Makellosigkeit des Körpers unterstreicht. Dies wird auch durch die Formensprache erreicht. Alle menschlichen Elemente im Bild bestehen aus runden, weichen Formen, wohingegen alles Übrige (Raum, Sarg, Kamera, Fotos) eckig ist, wodurch im Gemälde ein starker **Formkontrast** entsteht.

Bei der **malerisch-gestalterischen Ausführung** ist bei Richter vor allem die Darstellung der durchweg von Unschärfe geprägten zentralen Figur zu nennen. Die Malerei bedient sich hier fotografischer Mittel und wirkt wie ein unscharfer Schnappschuss und daher authentisch – dem Betrachter also näher. Durch die Unschärfe wird jedoch gleichzeitig Distanz zum Geschehen erzeugt, da keine Details erkennbar sind. Die **Illusion von Räumlichkeit** entsteht durch Schattierungen unter dem Dargestellten und den dunkler werdenden Hintergrund, der nicht klar definiert ist. Ebenso sind im Bild **Plastizität** und **anatomische Richtigkeit** gegeben. Richter hat dagegen keinen Wert auf die **Illusion von Stofflichkeit** bzw. auf **zeichnerische und farbliche Details** gelegt. Somit kann man dieses Bild aufgrund seiner fotografischen Wirkung als **naturalistisch**, aufgrund der Veränderung von Farbe, Stofflichkeit und des Weglassens von zeichnerischen Details als **abstrakt** bezeichnen.

Bei Dumas dagegen wird partiell eher mit ausdrucksbetonten im Gegensatz zu weniger ausgearbeiteten Partien gespielt. Stellenweise wird bewusst eine **naturalistische** Wirkung, z. B. von Schneewittchens Körper, einer Malweise mit malerischen Spuren, z. B. bei den Zwergen, gegenübergestellt. So wird die Räumlichkeit durch die kontrastierende Gestaltung von Motiv und Umfeld aufgelöst, wohingegen der Körper Schneewittchens durch Schattierungen plastisch erscheint. Stofflichkeit ist vor allem aufgrund der detaillierten Malweise, z. B. im Bereich der Haut an Körper und Knien, sowie der anatomischen Richtigkeit ausgearbeitet worden. Die farbliche Richtigkeit ist jedoch nicht gegeben. Diese Darstellung spielt mit abstrahierenden und naturalistischen Elementen, wodurch dem Körper Schneewittchens eine besondere Rolle zukommt.

Vergleicht man beide Werke, so fällt auf, dass Richter und Dumas das Motiv in den Mittelpunkt gerückt, dabei die Farb- und Formpalette deutlich reduziert und den malerischen Gestus partiell zur Ausdruckssteigerung eingesetzt haben. Bei Richter wird das Motiv jedoch durch den Bildausschnitt und den Betrachterstandpunkt vom Betrachter distanziert, wohingegen Dumas durch ihre naturalistische Darstellung des Körpers und die Position des Betrachters diesen direkt mit dem Motiv konfrontiert. Auffallend ist zudem, dass Richters Motiv eher zufällig, d. h. wie eine Momentaufnahme wirkt. Baader wurde ein wenig aus dem Zentrum nach oben gerückt. Bei Dumas dagegen liegt die Person etwa auf Augenhöhe des Betrachters und ist statisch im Bild positioniert, sodass sich der Betrachter involviert fühlt. Die Farbigkeit hat bei Richter deutliche Bezüge zur Schwarz-Weiß-Fotografie. Indem Dumas farbige Flächen in dem sonst eher schwarz-weißen Gemälde verwendet hat, werden diese betont. So wirkt z. B. Schneewittchens hellblauer Körper eher kalt. Die malerisch-gestalterische Ausführung unterscheidet sich insofern, als dass Richter durch die gezielte Unschärfe bewusst fotografische Mittel adaptierte und mit malerischen Mitteln vermischte. Der Betrachter bekommt zwar einen Eindruck von der Situation, jedoch keinen wirklichen Zugang. Dumas hingegen erzeugte durch die differenziert betonte Ausarbeitung des Körpers und die ansonsten eher gröberen Pinselstriche einen Schwerpunkt im Gemälde und die für sie typische Nähe des Betrachters zum Motiv.

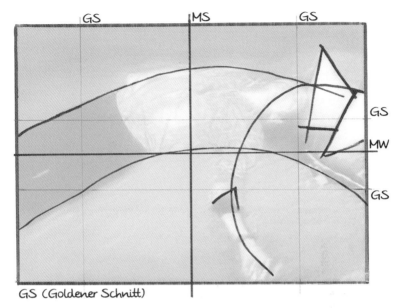

Skizze 1 a: Bildfläche

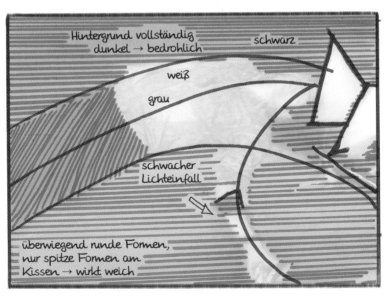

Skizze 1 b: Bildraum, Farbe und Form

LK 2018-25

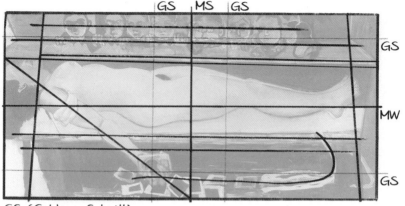

Skizze 2 a: Bildfläche

Skizze 2 b: Bildraum, Farbe und Form

3. *Hinweis: Beide Werke sollen auf der Grundlage der Untersuchungsergebnisse interpretiert und miteinander verglichen werden. Kenntnisse zu den jeweiligen Arbeitsweisen und Bildkonzepten der Künstler sollen auch unter Berücksichtigung der Zusatzinformationen in die Deutung miteinbezogen werden.*

In Richters Gemälde wird der Betrachter mit dem Bild eines Mannes konfrontiert, der kurz zuvor durch Suizid verstarb. Durch das Motiv und den auf Unmittelbarkeit angelegten Betrachterbezug, der durch die Bildgröße deutlich wird, sowie durch die Blicklenkung, den Ausschnitt und die Gestik des Mannes fühlt man sich als Betrachter wie ein Voyeur. Die schemenhafte Unschärfe und die vage Gestaltung mildern diesen Eindruck etwas ab, da nicht alle Details erkennbar sind. Die fotografisch dokumentierte Szene wirkt auch dadurch neutral und emotionslos, dass als Titel „Erschossener 1" und nicht der Name des Toten gewählt wurde. Auf diese Weise werden das historische Ereignis und der Bezug zur Person Andreas Baader entindividualisiert. Das Gemälde kann deshalb auf mehrere Arten gedeutet werden und es ergeben sich unterschiedliche Möglichkeiten zur Rezeption von Geschichte. Man weiß z. B. anhand des Titels, dass es sich bei der dargestellten Person um einen Toten handelt, jedoch nicht, dass es Andreas Baader ist. Dadurch wird die dargestellte Situation im Gemälde übertragbar.

Auch bei Dumas entsteht beim Betrachter der Eindruck eines voyeuristischen Blicks, weil das Motiv überlebensgroß dargestellt und die unbekleidete Frau auf Augenhöhe des Betrachters präsentiert wird. Der Kontrast zwischen der zur Schau gestellten Leblosigkeit und dem sich scheinbar bewegenden Arm erzeugt eine situative Irritation. Auch die mehrschichtige Thematisierung eines fixierenden Blicks – zum einen durch die Zwerge, den Betrachter selbst, aber auch die Kamera, die diesen aufzunehmen scheint – wirkt irritierend. Marlene Dumas adaptierte eine Märchenszene in einigen Teilen frei: In ihrer Darstellung hat Schneewittchen einen gebrochenen Arm und hält eine Kamera in der Hand, was so im Märchen nicht vorkommt.

In beiden Werken steht eine getötete Person im Zentrum der Darstellung, wobei mit der Rolle des Betrachters als Zeuge, Beobachter, Voyeur oder gar Täter – immerhin befindet man sich scheinbar selbst in unmittelbarer Nähe zum Leichnam – gespielt wird. Typisch für Richter ist, dass er Dokumentarfotografien, die er in seinem sogenannten Atlas sammelte, malerisch zitiert und auf diese Weise die kollektive Bild- und Erinnerungskultur thematisiert. In diesem Gemälde zeigt er ein Zeugnis von starkem öffentlichem Interesse, das auf einem Polizeifoto basiert, das in der Zeitschrift *Stern* erschien. Dumas transformierte eher ein allgemein bekanntes Märchenmotiv in einen neuen, situativen Kontext, der durch derzeitige Medien und Verhaltensweisen geprägt ist. Sie stellt Themen wie Sexualität, Gewalt an Frauen, Prostitution im Gegensatz zur freiwilligen Zurschaustellung unbekleideter weiblicher Körper durch die Medien kritisch infrage. Gemeinsam haben beide Künstler, dass sie in ihren Arbeiten bereits existierendes Material (Fotografie / Märchen) verfremdeten und verallgemeinerten.

4. Hinweis: *Bei dieser Teilaufgabe soll eine vergleichende Stellungnahme zur Fragestellung erfolgen, welches künstlerische Darstellungsinteresse sich jeweils – vor allem mit Blick auf den Aspekt von Nähe und Distanz zum dargestellten Motiv – aufzeigen lässt. Dabei sollen sowohl die bisherigen Analyseergebnisse als auch die Zusatzinformationen miteinbezogen werden.*

Richters Gemälde ist für sein Werk typisch, da er häufig nach Schwarz-Weiß-Fotografien malte, in denen die Unschärfe eine große Rolle spielt. Das Werk ist ein Teil des „Zyklus 18. Oktober 1977". Einem Betrachter, der aufgrund seiner Erinnerung an die historischen Hintergründe der RAF die entsprechenden Zusammenhänge herstellen kann, ist bewusst, dass auf diesem Bild Andreas Baader dargestellt ist. Das erscheint insofern widersprüchlich, als dass Richter durch die gewählten gestalterischen Mittel und den Titel scheinbar die Anonymität des Porträtierten wahren wollte. Ebenso ambivalent ist die Tatsache, dass er den Betrachter einerseits durch dessen Standpunkt und den Bildausschnitt direkt mit dem Toten konfrontiert, ihn andererseits aber durch die Unschärfe und die Reduktion der Farbpalette auf Schwarz-Weiß-Töne distanziert. Richter spielt demnach im vorliegenden Gemälde mit Nähe und Distanz. Er gibt auf der einen Seite Informationen preis und auf der anderen verwischt er sie wieder. Das Mittel der Fotografie hat zunächst etwas sehr Authentisches, das sich Richter zunutze machte, indem er eine öffentlich bekannte Fotografie als Motiv wählte. Der Eindruck, dass es sich um eine Fotografie handelt, irritiert in seinem Werk und führt dazu, dass der Aspekt der Authentizität in der Malerei erst beim näheren Hinsehen angezweifelt wird.

Auch für Marlene Dumas ist es typisch, dass sie nach Fotovorlagen arbeitet. Sie malte ebenfalls Bilder aus dem RAF-Zyklus – z. B. Ulrike Meinhof. Auch Richter hat sie nach dem gleichen Pressefoto der Zeitschrift *Stern* gemalt. In Richters Gemälde rückt Ulrike Meinhof ähnlich wie auch Andreas Baader dem Betrachter sehr nah, wird jedoch durch Unschärfe und schwarz-weiße Färbung auch wieder distanziert. Bei Dumas dagegen wird der Betrachter auf Augenhöhe mit der Leblosigkeit der Toten konfrontiert. In dem hier vorliegenden Gemälde entsteht der Eindruck eines intimen Blicks auf ein großformatiges Bild einer entkleideten Frau. Auch Marlene Dumas' Gemälde spielt mit der Nähe und Distanz des Betrachters zum Geschehen – indem sie ihm eine durch Überlieferung sehr bekannte Geschichte malerisch nahebringt, ihn jedoch durch die Bildebenen und die Profilansicht wieder distanziert. Der Betrachter wird bei ihr auf unterschiedliche Weise in die Episode integriert und ist dadurch sowohl Voyeur als auch Teil des Geschehens: zum einen – wie auch bei Richter – durch den ausgestreckten Arm, der ins Bild führt, zum anderen durch die Kamera, die ihn dabei aufnehmen könnte, wie er sich das Gemälde ansieht.

Abiturprüfung NRW 2019 – Kunst Grundkurs
Aufgabe 1

Bezüge zu den Vorgaben:
Künstlerische Verfahren und Strategien der Bildentstehung in individuellen und gesellschaftlichen Kontexten
– *als Konstruktion von Erinnerung in den Installationen und Objekten von Louise Bourgeois*
Fachliche Methoden
– *Werkbezogene Form- und Strukturanalysen einschließlich untersuchender und erläuternder Skizzen*
– *Werkexterne Zugänge zur Analyse und Interpretation (hier insbesondere durch motivgeschichtliche Vergleiche und Hinzuziehung kunstgeschichtlicher Quellentexte sowie von Texten aus Bezugswissenschaften)*

Aufgabenstellung

Punkte

1. Beschreiben Sie das Werk „Cell XXIII (Portrait)" (2000) von Louise Bourgeois. — 10

2. Analysieren Sie die formale Gestaltung des Werks. Berücksichtigen Sie insbesondere die Aspekte
   – Körper-Raum-Beziehung (einschließlich der Richtungsbezüge),
   – Material, Farbe und Form,
   – plastisch-gestalterische Ausführung des Kopfelements in Bezug auf dessen Abbildhaftigkeit
   Untersuchen Sie zunächst mittels einer analysierenden Skizze den Aspekt „Körper-Raum-Beziehung" (in Bezug auf die Gesamtansicht – siehe Abbildung 1 – von Bourgeois' Werk „Cell XXIII (Portrait)"). Beziehen Sie Ihre dadurch gewonnenen Erkenntnisse erläuternd in Ihre Analyse mit ein. — 46

3. Interpretieren Sie das Werk auf der Grundlage Ihrer bisherigen Analyseergebnisse sowie unter Berücksichtigung der Zusatzinformationen zum vorliegenden Werk.
   Beziehen Sie Ihr Wissen über Bourgeois' künstlerische Verfahren und Strategien der Bildentstehung im Rahmen ihres individuellen und gesellschaftlichen Kontextes in Ihre Überlegungen mit ein. — 24

4. Erläutern Sie die Aussage der Künstlerin (Zitat) „Jede Zelle beschäftigt sich mit dem Vergnügen des Voyeurs[1], der Lust des Zuschauens und des Betrachtetwerdens" und beziehen Sie kritisch Stellung dazu. — 10

[1] *Voyeur = jemand, der durch (heimliches) Zuschauen anderer Lust empfindet*

Materialgrundlage
Bildmaterial:
Abb. 1: Louise Bourgeois, „Cell XXIII (Portrait)", 2000, Stahl, Glas, Holz, Stoff, 177,8 × 109,2 × 109,2 cm, Privatsammlung, Courtesy Hauser & Wirth
Abb. 2: siehe oben, Detail

Textmaterial:
Zusatzinformationen zum Werk „Cell XXIII (Potrait)" von Bourgeois:
- Zum Titel: „Cell XXIII (Portrait)" = Zelle 23 (Porträt).
- Das Werk ist Teil einer Serie von kleinformatigeren „Zellen", welche Bourgeois zwischen 1999 und 2001 angefertigt und mit dem Zusatztitel „Portrait" versehen hat.
- Die sechs Flächen des Kastengestells bestehen hier aus:
    - der Vorderseite und den Seitenteilen: Glasscheiben in Holzrahmen gefasst und mit Stahlrahmen verschraubt,
    - der Rückseite und der Decke: Drahtgeflecht in Stahlrahmen,
    - dem Boden: Holzbretter,
    - dem Tisch bzw. der Fuß- oder Kniebank: Holz.

Zitat:
„Jede Zelle beschäftigt sich mit dem Vergnügen des Voyeurs[2], der Lust des Zuschauens und des Betrachtetwerdens."

Julienne Lorz (Hrsg.): Louise Bourgeois: Strukturen des Daseins. Die Zellen. Katalog zur gleichnamigen Ausstellung im Haus der Kunst in München 2015, München, London, New York: Prestel 2015, S. 124

[2] siehe Fußnote 1, Seite 1

Zugelassene Hilfsmittel
- Wörterbuch zur deutschen Rechtschreibung
- Skizzenpapier, Transparentpapier, Farbstifte, Bleistifte, Lineal

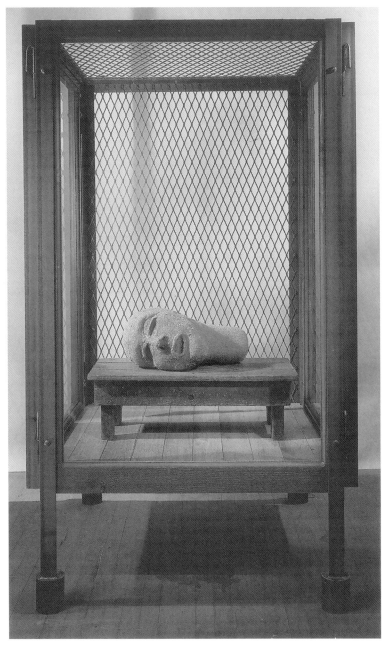

Abb. 1: Louise Bourgeois, „Cell XXIII (Portrait)", 2000, Stahl, Glas, Holz, Stoff, 177,8 × 109,2 × 109,2 cm, Privatsammlung, Courtesy Hauser & Wirth

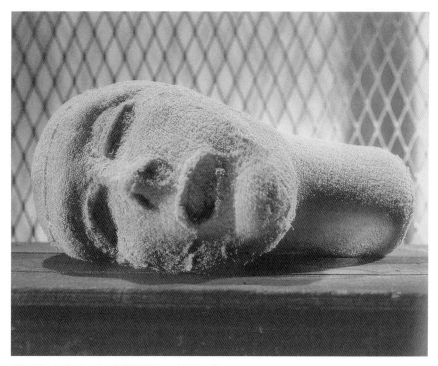

Abb. 2: Louise Bourgeois, „Cell XXIII (Portrait)", Detail

Lösungsvorschläge

1. *Hinweis: Bei der Werkbeschreibung sollen Sie zuerst die angegebenen Werkdaten nennen und „Cell XXIII (Portrait)" aus dem Jahr 2000 von Louise Bourgeois anschließend sprachlich differenziert und nachvollziehbar beschreiben. Dabei sollen Sie in Ihrer Darstellung sachlich bleiben und ohne Wertung Gattung, Format und Inhalt in einer strukturierten Reihenfolge wiedergeben.*

Bei Louise Bourgeois' Werk mit dem Titel „Cell XXIII (Portrait)" (deutsch: „Zelle 23 (Porträt)") handelt es sich um eine Installation aus dem Jahr 2000. Sie ist aus den Materialien Stahl, Glas, Holz sowie Stoff gefertigt und 177,8 cm hoch, 109,2 cm tief und ebenso breit. Sie ist heute Teil der Privatsammlung der Galerie Hauser & Wirth.

Das Werk besteht aus einem mannshohen, vitrinenartigen Kasten, der von vier ca. 30–40 cm hohen Beinen getragen wird. Man kann von allen Seiten, auch von oben, in diesen hineinschauen. Im Inneren sieht man einen etwa lebensgroßen, rosafarbenen Kopf mit Hals. Der Kopf liegt auf einem kleinen, flachen Holzbänkchen, das auf dem Boden des Kastens steht. Das skulpturale Objekt ist ganz mit weichem Frotteestoff überzogen. Es zeigt einen nackten, also haarlosen Kopf, der auf der rechten Seite liegt. Die in tiefen Höhlen liegenden Augen sind geschlossen. Der Mund ist weit geöffnet, als würde er ein letztes Mal nach Luft schnappen. Stirn, Wangen und Kinnpartie sind glatt und verweisen auf die Jugendlichkeit des Kopfporträts, das männlich oder weiblich sein kann.

Der Kasten ist auf der Vorderseite und den Seiten aus Glas, das jeweils in einen Holzrahmen eingefasst und mit einem nicht sichtbaren Stahlrahmen verschraubt ist. Rückseite und Decke zeigen ein Drahtgeflecht, das sich in den Glasscheiben links und rechts spiegelt, wenn man von vorn auf den Kopf blickt. Helle Holzbretter bilden den Boden des Kastens. Das Drahtgeflecht wie auch das flache Bänkchen und der Holzboden im Inneren sind in ihren Eigenfarben belassen. Der Holzrahmen des Kastens ist mit braunem Lack überstrichen. Auch die Beine, die aus der Verlängerung der senkrechten Balken des Rahmens entstehen und unten (zum Boden des Ausstellungsraums hin) mit zylinderförmigen Holzklötzen abschließen, haben diese Farbe.

Der Kopf sticht in seiner weichen Materialität und Farbigkeit hervor. Die Farbe Rosa fügt sich jedoch harmonisch in das übrige, warme Farbspektrum der Installation ein. Die doppelte Präsentation des Kopfes schließt ihn förmlich ein: Der Kopf liegt auf einer kargen Holzbank, die wiederum in einem geschlossenen, käfigartigen Gestell, in das man hineinsehen kann, steht. Holzbank und Kopf nehmen zusammen etwa ein Drittel der Höhe des Kastens ein. Auch wenn man ganz nahe an die Installation herantritt, lässt die doppelte Präsentation den Kopf weiter entfernt erscheinen.

Zu dieser Wirkung trägt auch die Formkombination bei: Das engmaschige Drahtgeflecht über und hinter dem Kopf stellt einen starken Gegensatz zur Stofflichkeit des „Porträts" dar. Das Zusammenspiel vom handwerklich fein gearbeiteten Holzbänkchen und der modellierten und anschließend mit Stoff überzogenen Kopfbüste ist hingegen sehr stimmig. Die massiven Fußenden des Kastengestells wie auch seine Größe, insbesondere die Höhe, stellen einen starken Kontrast zur feinen und stimmigen Ausarbeitung dar. Auch durch die kalten, glatten Glasscheiben des Kastens wird die Verschiedenheit der Materialien und ihrer Oberflächen betont.

2. *Hinweis: In dieser Aufgabe sollen Sie die formalen Aspekte, wie die Komposition, Formen und Farben, von Louise Bourgeois' Installation „Cell XXIII (Portrait)" aus dem Jahr 2000 untersuchen. Dabei sollen Sie die Materialien, ihre Art und Beschaffenheit wie auch die Anordnung der Gegenstände analysieren, indem Sie diese auch in Beziehung zueinander setzen. Vorab sollen Sie für Ihre Werkanalyse eine Skizze, die den Aspekt der „Körper-Raum-Beziehung" verdeutlicht, anfertigen und diese anschließend sinnvoll in Ihre schriftliche Darstellung integrieren.*

Wie in der Beschreibung (Aufgabe 1) bereits ausgeführt und in der Skizze verdeutlicht, fällt das Kopfporträt im Verhältnis zur „Cell" (deutsch: Zelle), also dem Kastengestell, das es umgibt, klein aus. Dieses quantitative Unverhältnis der **Körper-Raum-Beziehung** wird durch das Fußbänkchen, das den Kopf wie auf einem kleinen Podest präsentiert, etwas ausgeglichen. Diese, wenn auch geringe Erhöhung des Objekts führt in der Gesamtbetrachtung zu einer Betonung des Kopfstücks. Dazu trägt auch die **Ausrichtung** des Kastens bei: Dieser steht vor einer Ausstellungswand und das Kopfobjekt mitsamt seines Fußbänkchens ist darin frontal zur vorderen Glaskastenseite ausgerichtet. Die Betrachter*innen erblicken den Kopf also unmittelbar von vorn. Durch die parallele Ausrichtung des kleinen Holzpodestes zu den Seiten des Kastens wirkt die Präsentation sehr geordnet.

Der Kopf wird von allen Seiten umschlossen, wobei der Raum nach oben hin besonders groß ist. Diese vertikal ausgerichtete Leere über dem zentralen Objekt lenkt zum einen den Blick der Betrachter*innen auf das Kopfelement, führt zum anderen aber auch zu einer Distanz zwischen ihnen. Die Umschlossenheit von allen Seiten sperrt das Element förmlich ein. Zu diesem zellenartigen Eindruck trägt auch die auffällige vertikale wie auch horizontale Ausrichtung der Gesamtkomposition bei (s. Skizze), die durch die sich kreuzenden Linien an ein Gitternetz bzw. einen Käfig erinnert. Dieses dominante **Richtungsgefüge** betont zudem die Geschlossenheit und Statik der Präsentation.

Durch die Beine, die unten mit klobigen Füßen abschließen, steht der senkrechte Kasten nicht massiv auf dem Ausstellungsboden, sondern wird von diesem „abgehoben". Obwohl Kasten und Porträt der Betrachterin bzw. dem Betrachter dadurch näherkommen, wird durch diese vitrinenartige Präsentation auch der Abstand zwischen ihnen verstärkt.

Die **Materialien** der Installation – außer beim Kopfstück – wirken in ihrer Beschaffenheit zurückgenommen: So besteht das Kastengestell aus den Materialien Holz, Glas und Stahl, deren Nüchternheit zur Funktion der einschließenden, wegsperrenden Zelle passt. Diese bilden einen starken Kontrast zur Zentralfigur, dem Kopfporträt. Der Kopf ist mit weichem, rosafarbenem Stoff umspannt. Auch wenn der **Farbkontrast** durch den warmen Holzfarbton des Fußbänkchens wie auch des

Holzbodens der Zelle etwas abgemildert wird, bleibt der Kontrast in der **haptischen Wahrnehmung** bestehen: Die kalten, glatten Glasscheiben und das scharfkantige Stahlgitter stehen im Gegensatz zum warmen, weichen Kopf.

Vergleicht man die **Formen** der Arbeit miteinander, zeigen sich auch hier starke Kontraste. Die geraden Linien des Gestells, die rechteckige Kastenform und das rautenförmige Gitter umgeben das organisch, weich modellierte Kopfstück. Das Auge der Betrachter*innen verfängt sich in der detaillierten, konkaven und konvexen Ausgestaltung des Objekts und verweilt dort. Dazu tragen auch die Unterschiede bei den **Formen** und **Farbqualitäten** der Elemente bei: Das leuchtende Rosa des kleinteiligen Kopfes hebt sich deutlich vom großen, leeren, farblich unauffälligen „Raumgehege" ab.

Letztlich ist es auch die **plastisch-gestalterische Ausführung** des Porträts, die die Aufmerksamkeit der Betrachter*innen erregt: Die geschlossenen Augen, die wulstige Naht an den Augenlidern, der geöffnete Mund, der an einen nach Luft schnappenden Fisch erinnert, und die längliche, kahlköpfige Schädelform wirken befremdlich. Ein ähnliches Gefühl ruft auch die Vernähung des Frotteestoffs hervor: So ist zusätzlich zu den Augenlidern eine weitere Naht, die quer über die Stirn verläuft, zu erkennen. Diese wie auch die zum Teil etwas unebenen, aufgerauten Stoffpartien im Gesicht erinnern an Verletzungen. Auch der Verzicht auf individualisierende Merkmale führt zur Irritation. So sind außer Mund, Nase, Augen, Stirn- und Kinnpartie keine weiteren Details erkennbar, die den Kopf charakterisieren. Zeigt das Porträt eine Frau oder einen Mann? Auch dies lässt sich nicht definieren. Das scheint der Künstlerin auch nicht wichtig gewesen zu sein, vielmehr betonte sie den Ausdruck des Kopfstücks.

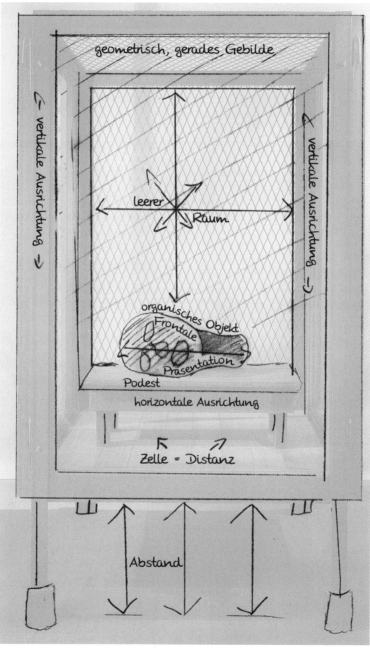

Skizze: Bourgeois

GK 2019-8

3. *Hinweis: Bei der Interpretation des Werks sollen alle bisher erworbenen Erkenntnisse aus den Teilaufgaben 1 und 2 berücksichtigt werden. Ihre Aussagen und Schlussfolgerungen sollen Sie mithilfe Ihrer Beobachtungen wie auch der Zusatzinformationen zur vorliegenden Arbeit begründen. Darüber hinaus sollen Sie auch Ihr Wissen zum Werk der Künstlerin sowie zu dessen Entstehung im individuellen und gesellschaftlichen Kontext in Ihre Überlegungen einbeziehen.*

Wie in Aufgabe 1 und 2 dargelegt wurde, zieht das Kopfstück immer wieder die Blicke der Betrachter*innen auf sich. Die Komposition des Werks ist so angelegt, dass der Kopf bewusst betont wird. Die Assoziationen, die er beim Betrachten auslöst, sind ambivalent, was an seinem spezifischen Ausdruck und der Art der Präsentation liegt. Mit dem geöffneten Mund und den fest geschlossenen Augen wirkt das Gesicht ernst, aber auch leidend. Die Stoffnähte wie auch der abgeschnittene Stumpf des Halses rufen ein Gefühl der Verletzlichkeit hervor. Dazu trägt auch der rosafarbene, weiche und teilweise etwas aufgelöste Frotteestoff bei.

Es ist aber auch möglich, in der offenen Kopfhaltung und der Mimik einen Ausdruck von Wollust zu erkennen: Der Kopf liegt leicht nach vorn gestreckt auf der Seite, die wulstigen Lippen sind geöffnet.

Während die frontale, der Betrachterin bzw. dem Betrachter unmittelbar zugewandte Positionierung des Kopfes das Gefühl der wohligen Zuneigung unterstützt, ruft die ungewöhnliche Darbietung des Kopfes auf einem Holzbänkchen jedoch überwiegend negative Gedanken hervor: Die Zurschaustellung des abgeschnittenen Kopfes auf dem Holzbrett erinnert an eine Opfergabe.

Das Gehäuse, das den Kopf umschließt, darf in der Auseinandersetzung mit dem Werk nicht unbeachtet bleiben. Es erinnert an ein Gefängnis, worauf auch schon der Titel „Cell" (deutsch: „Zelle") hindeutet. Zudem ruft das Drahtgeflecht an der Rückseite und an der Decke des Kastens die Assoziation eines Käfigs hervor. Sperrt das Gehäuse den Kopf, das Porträt (s. Titelzusatz) ein? Oder ist es vielmehr ein Schutzraum? Schließlich kann der Titel „Cell" auch als „Zelle" im biologischen Sinn verstanden werden: Handelt es sich also um einen abgeschlossenen, geschützten Raum zur menschlichen Fortentwicklung?

Die Entindividualisierung des Kopfporträts mit seiner theatralischen Inszenierung hat auch symbolischen Charakter: der eingesperrte, unfreie Kopf als Sinnbild für die Menschheit im Allgemeinen und für den im gesellschaftlichen System gefangenen Menschen. Der Zusatztitel „Portrait" kann in diesem Sinne sowohl auf den dargestellten Kopf (Porträt eines Gesichts) als auch auf die Gesamtheit der Installation (Porträt der Gesellschaft) bezogen werden.

Neben diesem universalen Zusammenhang sind es auch autobiografische Bezüge, die im Werk der Künstlerin Louise Bourgeois stets berücksichtigt werden müssen. Ihre nicht einfache Kindheit, die vom angespannten Verhältnis zu ihrem Vater geprägt ist, spielte in ihrem Kunstschaffen häufig eine Rolle. Betrachtet man das hier vorgestellte Werk in diesem Kontext, so sind es das weibliche und männliche Geschlecht (androgyner Kopf) wie auch die Geborgenheit und das Gefangensein (Schutzraum und Käfig) und schließlich auch Leben und Tod (Wollust und Leid), die thematisch im Werk „Cell XXIII (Portrait)" zu entdecken sind. Da die Arbeit

Teil einer Serie von weiteren „Zellen" ist, spiegelt sich auch im Seriellen die Auseinandersetzung der Künstlerin mit ihren verschiedenen Lebensstadien wider. Insgesamt schuf sie sechzig „Cells", in denen sie auch immer wieder Objekte mit autobiografischen Bezügen positionierte. Ihre letzte Zelle baute Bourgeois im Jahr 2010 kurz vor ihrem Tod im hohen Alter von 99 Jahren.

Ihre künstlerische Strategie war dabei stets, ihre individuellen Erfahrungen zu verallgemeinern, sie also auf ein gesellschaftliches, existenzielles Phänomen zu übertragen. So wird in der hier gezeigten „Cell" auch auf das menschliche Dasein, auf die Qualen, Verletzungen, Ängste, aber auch Lüste sowie die Trost- und Schutzräume, die das Individuum beschäftigen und umgeben, verwiesen. Diese Transformation gelingt der Künstlerin in einer zeitlosen und dadurch allgemeingültigen Form der Inszenierung, die die Betrachter*innen ganz unmittelbar (be)treffen.

 4. Hinweis: *Bei dieser Teilaufgabe sollen Sie das Zitat der Künstlerin Louise Bourgeois vor dem Hintergrund der zuvor verfassten Werkbetrachtung erläutern. Anschließend sollen Sie Ihre begründete Meinung zu Bourgeois' Aussage darlegen.*

In dem folgenden Zitat äußert sich die Künstlerin Louise Bourgeois zu ihrer Werkgruppe „Cells": „Jede Zelle beschäftigt sich mit dem Vergnügen des Voyeurs, der Lust des Zuschauens und des Betrachtetwerdens." Sie spricht damit einen Aspekt an, der in den bisherigen Darstellungen und Interpretationsansätzen noch nicht erwähnt wurde. Die Betrachter*innen ihres Werks bezeichnet sie als Voyeurinnen bzw. Voyeure, also als Personen, die (heimlich) andere beobachten und denen dieses Zuschauen Lust bereitet. Warum sollten wir beim Betrachten der Zellen-Installation Lust empfinden? Die Künstlerin spricht sogar davon, dass sich die Zelle „mit dem Vergnügen des Voyeurs" beschäftigt, also dem Vergnügen in gewisser Weise dient. Inwiefern kann uns die Arbeit „Cell XXIII (Portrait)" Lust bereiten? Möglicherweise meint die Künstlerin damit eine Art positive Erleichterung? Eventuell empfinden die Betrachter*innen diese, wenn sie das Werk entschlüsseln und in seiner Ambivalenz nachvollziehen können? Die bildhafte Fixierung des Schmerzes oder Leidens kann in ihnen ein Gefühl der Entlastung oder Befreiung auslösen. Vielleicht spüren sie auch eine Erleichterung, wenn sie den aufgezeigten gesellschaftlichen Kontext, den das Kopfporträt in seinem Gehege reflektiert, erkennen? Wenn wir im Kopfstück einen Ausdruck der Wollust erkennen und die Zelle als ein Objekt, das das Individuum schützt, wahrnehmen, kann auch dies Freude beim Betrachten auslösen.

Aber ist es nicht auch so, dass die Betrachter*innen von Kunstwerken in Museen, Sammlungen und Ausstellungen immer zu Voyeurinnen bzw. Voyeuren werden? Diese Rolle der Zuschauerin oder des Zuschauers ist ihre ihnen zugedachte Rolle. Sie betrachten, analysieren und interpretieren die Werke der Künstler*innen. Dieses Sich-Einlassen, Sich-Beschäftigen mit künstlerischen Objekten und Strategien bereitet ihnen gemeinhin Vergnügen, ansonsten würden sie es lassen. So bekommt das Zitat der Künstlerin eine allgemeine Gültigkeit, die zeitlos ist und auf alles künstlerisch Geschaffene übertragen werden kann.

Abiturprüfung NRW 2019 – Kunst Grundkurs
Aufgabe 2

Bezüge zu den Vorgaben:
Künstlerische Sichtweisen und Haltungen zwischen Distanz und Nähe
– im grafischen und malerischen Werk von Francisco de Goya (1790–1825)
Fachliche Methoden
– Werkbezogene Form- und Strukturanalysen einschließlich untersuchender und erläuternder Skizzen
– Werkexterne Zugänge zur Analyse und Interpretation (hier insbesondere durch motivgeschichtliche Vergleiche und Hinzuziehung kunstgeschichtlicher Quellentexte sowie von Texten aus Bezugswissenschaften)

Aufgabenstellung   Punkte

1. Beschreiben Sie das Werk „María Tomasa Palafox y Portocarrero, Marquesa de Villafranca" von Francisco de Goya. Berücksichtigen Sie dabei die Zusatzinformationen.   12

2. Analysieren Sie die formale Gestaltung des Werks. Berücksichtigen Sie insbesondere die Aspekte
   – Bildfläche,
   – Bildraum (unter Einbezug des Betrachterstandpunkts),
   – Farbe und Lichtführung,
   – malerisch-gestalterische Ausführung von Figur und Umraum.
   Fertigen Sie zunächst eine analysierende Skizze zum Aspekt „Bildfläche" an und beziehen Sie Ihre dadurch gewonnenen Erkenntnisse erläuternd in Ihre Analyse mit ein.   42

3. Interpretieren Sie das Werk auf der Grundlage Ihrer Analyseergebnisse und unter Einbeziehung der Zusatzinformationen.
   Deuten Sie dabei auch die im Werk zum Ausdruck kommende Sichtweise Goyas auf das Modell bezüglich ihrer bei der Betrachterin/beim Betrachter Nähe und Distanz erzeugenden Wirkung. Beziehen Sie Ihre Kenntnisse zum Entstehungskontext des Werks ein.   36

Materialgrundlage
Bildmaterial:
Abb. 1: Francisco de Goya, „María Tomasa Palafox y Portocarrero, Marquesa de Villafranca", 1804, Öl auf Leinwand, 195 × 126 cm, Museo Nacional del Prado, Madrid

Textmaterial:
Zusatzinformationen:
Zum Bildtitel:
„Marquesa" = spanischer Adelstitel (deutsch: „Markgräfin")

Zum Bildmotiv:
Die porträtierte María Tomasa Palafox (1780–1835), Marquesa von Villafranca, stammte aus einer angesehenen spanischen Adelsfamilie. Im Jahre 1805 wurde sie zum Ehrenmitglied der Königlichen Akademie der Schönen Künste in Madrid ernannt. In ihrer linken Hand hält die Dargestellte einen Malstock, ein Hilfsmittel für die Arbeit an großformatigen Leinwänden. Die auf dem Bild zu sehende Leinwand zeigt den Marqués von Villafranca, ihren Ehemann, der 1802 zum Offizier ernannt worden war und Befehlshaber der königlichen Truppen war.
Auf der Malpalette befindet sich die Inschrift „María Tomasa Palafox". Goya signierte sein Gemälde auf der vorderen Armlehne des Sessels.

Autorentext auf der Grundlage von:
Kat. d. Ausst. „Goya – Prophet der Moderne", a. a. O., S. 220

Zugelassene Hilfsmittel
– Wörterbuch zur deutschen Rechtschreibung
– Skizzenpapier, Transparentpapier, Farbstifte, Bleistifte, Lineal

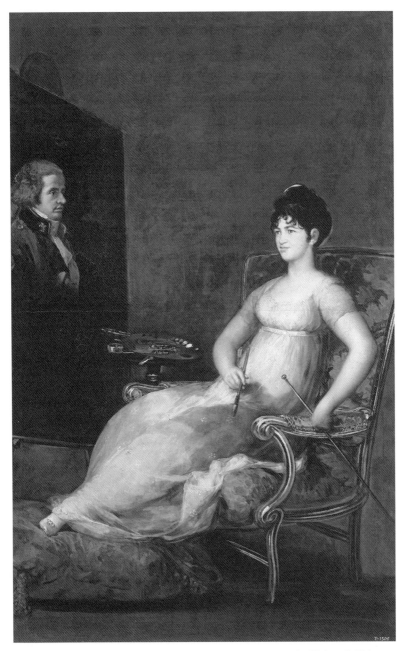

Abb. 1: Francisco de Goya, „María Tomasa Palafox y Portocarrero, Marquesa de Villafranca", 1804, Öl auf Leinwand, 195 × 126 cm, Museo Nacional del Prado, Madrid

Lösungsvorschläge

1. *Hinweis: In dieser Aufgabe sollen Sie die Bilddaten benennen und das Werk „Mariá Tomasa Palafox y Portocarrero, Marquesa de Villafranca" von Francisco de Goya sprachlich differenziert und nachvollziehbar beschreiben. Ihre Darstellung soll sachlich und ohne Wertung erfolgen. Geben Sie Gattung, Bildformat und Inhalt in einer sachangemessenen Weise und strukturierten Reihenfolge wieder.*

Das Gemälde „Mariá Tomasa Palafox y Portocarrero, Marquesa de Villafranca" wurde vom spanischen Künstler Francisco de Goya im Jahr 1804 mit Öl auf Leinwand gemalt. Es hat die Maße 195×126 cm und befindet sich heute im Museo Nacional del Prado in Madrid. Im Mittelpunkt des im Hochformat angelegten Bilds steht Mariá Tomasa Palafox, Marquesa von Villafranca. Mit Pinsel und Malstock in der Hand stellt Goya die Porträtierte als Malerin dar. Sie sitzt aufrecht auf einem großen, thronartigen Lehnstuhl, der rechts oben vom Bildrand angeschnitten wird. Ihre Füße ruhen auf einem Polster. Ihre Gestalt hebt sich deutlich von der im Wesentlichen mit dunkleren Farben angelegten Umgebung ab. Ihr Kopf und ihr Körper sind im Dreiviertelprofil nach links gewendet, ihr konzentrierter Blick folgt dieser Richtung und führt aus dem Bild heraus. Auf dem kleinen Beistelltisch, im Bild links neben ihrem Sessel, sind Pinsel und Farbpalette abgelegt. Die Staffelei, die schräg dahinter im Raum steht, wird vom linken Bildrand angeschnitten. Die Ausmaße des Raums sind unklar. Auf der Leinwand ist ein bis zur Brust entwickeltes Porträt ihres Mannes, dem Marqués von Villafranca, in blauer Offiziersuniform zu sehen. Die Farbigkeit des Porträts steht in starkem Kontrast zum undefinierten, schwarzen Bildhintergrund. Die Marquesa sitzt dem Gemälde – ein wenig unter der Augenhöhe des Porträtierten – gegenüber und sticht in ihrer hellen Farbigkeit ebenfalls aus der Gesamtbildkomposition hervor. Sie trägt ein langes doppellagiges Chiffonkleid mit enganliegenden, kurzen Ärmeln, das unter der Brust gegürtet ist. Das seidig goldfarbene Unterkleid schimmert durch den darüberliegenden, mit weißen Blüten applizierten, durchsichtigen Stoff. Die Farbe Gold leuchtet auch an weiteren Bildstellen hervor: am Saum, an der Gürtung und den Schultern des Überkleides, an der Schuhbrosche und am Haarreif, der in der Hochsteckfrisur der schwarzhaarigen Marquesa befestigt ist. Auch die geschwungenen Rahmenteile des wuchtigen Sessels, seine Beine und Armlehnen sind goldfarben und bilden einen Hell-Dunkel-Kontrast zur Umgebung. Rückenlehne sowie Sitz-, Arm- und Fußpolster zeigen ein nicht näher zu definierendes, flammendes, rotschwarzes Stoffmuster, das an die Struktur von Samt erinnert.

Das von links vorn ins Bild fallende Licht verfängt sich im feinen Überkleid wie auch im gefalteten Stoffteil, das die Brust bedeckt. Es bringt das Dekolleté der Marquesa, ihr Gesicht und ihren linken, auf die Lehne aufgestützten Arm in hellen Farben zum Glänzen. Ihre energische Armhaltung betont ihre aufrechte Sitzposition, die nicht so recht zu ihren entspannt ausgestreckten Beinen zu passen scheint. Auch ihr fokussierter Blick und ihr ernstes Gesicht drücken Entschlossenheit aus. Ihre Gestalt mit den kleinen Händen, dem kleinen Kopf und einem kleinen, unter dem Rocksaum hervorschauenden Fuß wirkt zart. Ihre rosigen, fleischigen Arme und faltenlosen Wangen verraten ihre Jugend. Diese steht im Gegensatz zum Alter ihres im Profil gemalten Gatten: Grauhaarig und bereits mit einigen Furchen im Gesicht blickt er starr aus seinem Bild heraus in die Richtung seiner Frau. Sein Inkarnat (Hautton) ist dunkler und fleckiger als das seiner Frau. Auch der kalte Blauton seiner Uniform sowie der weiße, hochgeschlossene Hemdkragen stehen im Kontrast zur warmen Farbigkeit der Frauengestalt. Allein diese warmen Farben (Gelbweiß, Gold und Rot) sind auf der Farbpalette der Malerin angeordnet.

Die Marquesa sitzt im Bildmittelgrund mit schräg nach vorn in den Bildvordergrund ausgestreckten Beinen. Hinter diesen Bildmotiven, abgetrennt vom kleinen Beistelltischchen, steht die Staffelei. Einen Übergang vom schwarzen Fußboden (Bildvordergrund) zur bräunlichen Wand (Bildhintergrund) gibt es nicht, sodass der Raum nicht zu fassen ist.

2. *Hinweis: In dieser Aufgabe sollen Sie mithilfe der zuvor angefertigten Analyseskizze zum Aspekt der Bildfläche die formale Gestaltung des Gemäldes untersuchen. Dabei sollen Sie den Bildraum, die Farb- und Lichtkomposition sowie die malerisch-gestalterische Ausführung von Figur und Umraum in Ihre Betrachtungen miteinbeziehen. Die Erkenntnisse aus Ihrer schlüssigen, aussagekräftigen Skizze sollen Sie sinnvoll in Ihre schriftliche Darstellung integrieren.*

Wie in Aufgabe 1 ausgeführt wurde, bestimmen das Gemälde starke **Farb-** und **Hell-Dunkel-Kontraste**. Diese rücken die Hauptmotive in den Fokus: die Marquesa als Protagonistin des Bildes sowie das männliche Porträt, den Marqués.

Die angefertigte Skizze zur **Bildfläche** zeigt, wie die Verteilung der Bildmotive zur Hervorhebung und Betonung der Figuren beiträgt. Die statischen Darstellungen von Frau und Mann werden mithilfe des Bildausschnitts etwas aufgelockert: Fußbank, Leinwand, Malstock und Sessel sind nicht vollständig erfasst. Die Figuren befindet sich links und rechts von der **Mittelsenkrechten**, was Distanz zwischen ihnen erzeugt. Die markanten, senkrechten Linien der Leinwand wie auch des Sessels stützen diese Wahrnehmung noch.

Die Köpfe der Porträtierten liegen oberhalb der **Mittelwaagerechten**, die Bildfläche ist in diesem Bereich im Vergleich zur unteren Bildhälfte wesentlich weniger ausgestaltet. Die quantitative Verteilung und Anordnung der Figuren und Bildgegenstände im unteren Bereich steht im Gegensatz zum beinahe leeren oberen Drittel der Leinwand, was zu einer optischen Öffnung nach oben führt. Die Leere betont wiederum die Protagonistin: Der undefinierte, großflächige Umraum erscheint wie eine Rahmung der Frauenfigur.

Die vielen **Diagonalen** im Bild bewirken eine gewisse Dynamisierung des Bildgeschehens. So durchkreuzen zahlreiche Linien das Bildganze: Malstock, Pinsel, schräg angeschnittene innerbildliche Leinwand, ausgestreckte Beine der Malerin sowie die geschwungene Sessellehne. Der Blick der Betrachter*innen wird mithilfe dieser Linien über die Bildfläche geführt. Über senkrechte und waagerechte Linien verläuft er ruhig und über diagonale bewegt.

Der **Bildraum** wird zu Zweidritteln von den Figuren und Bildgegenständen belegt, der Rest bleibt leer. Dieses Verhältnis führt zu einer klaren Ordnung des Bildgeschehens. Der Raum ist in drei Ebenen gestaffelt: den Bildvordergrund (unten), den stark betonten Mittelgrund mit Figur und Sitzmöbel sowie den Raumabschluss im oberen Bildbereich, der in seinen Maßen nicht genau zu bestimmen ist. Diese stark differenzierte Ordnung schafft Distanz und Nähe zugleich: Die lebensgroße und detailreiche Darstellung der Figur im Ganzkörperporträt suggeriert den Betrachterinnen bzw. Betrachtern, die aus der Untersicht auf die Figur schauen, Nähe. Die starren, aus dem Bild führenden Blicke der gemalten Personen erzeugen jedoch gleichzeitig Distanz.

Wie in der Beschreibung dargestellt, tragen auch die **Farbkontraste** zu diesem ambivalenten Eindruck bei. Die naturnahe Ausführung im Bild hebt die Hauptmotive deutlich hervor und verursacht eine Vitalisierung der Figuren: Die fein gemalte Stofflichkeit wie auch das schimmernde Inkarnat fördern den innerbildlichen Zusammenhang zwischen der Frauenfigur und dem Gemälde, also dem Bild im Bild. Pinselduktus und Farbauftrag sind hier äußerst präzise ausgeführt, der Blick der Betrachter*innen verfängt sich im zarten Faltenwurf des Gewandes oder in den nach hinten gekämmten Haaren des Porträts auf der gemalten Leinwand.

Während bei der Marquesa die warmen Farben, gerahmt von Hell und Dunkel, überwiegen, sind es bei ihm eher kalte Farbtöne, z. B. das Blau der Uniform, das Grau der Haare oder das Weiß seines Hemds. Goya hat diesen Kontrast mit den im Bild verteilten Komplementärfarben Orange (sie) und Blau (er) noch gesteigert. Raffiniert ist auch die Hell-Dunkel-Verteilung, die das Auge von einem Bildgegenstand zum anderen lenkt. Die „Farbfolie" des Wandhintergrunds, die aus einer Mischung aus allen Farben zu bestehen scheint, schafft es, den Bildraum aufzulösen und eine gewisse „neutrale Zone" zwischen Malerin und Staffelei aufzubauen. Als Hauptfarbe in Goyas Arbeit lässt sich ein rötlicher Farbton ausmachen, der das Gemälde – wie das Blut im Körper – zu verlebendigen vermag. Zu diesem Eindruck trägt auch das **Licht**, das von ihrer Haut reflektiert wird und diese vital erscheinen lässt, bei. Die Lichtführung stellt die Protagonisten in einen strahlenden Spot. Bei genauer Betrachtung lässt sich erkennen, dass das Licht schräg von links vorn ins Bild fällt, sodass die rechte Hand der Malerin einen **Schatten** auf ihren Schoß wirft. Unklar bleibt allerdings, woher der grau-bräunliche Schatten, der sich auf ihrem restlichen Kleid abzeichnet, stammt – möglicherweise von ihrem Ehemann, der für sie Modell steht.

Die **malerisch-gestalterische Ausführung** von Figur und Umraum setzt die Reihe der formalen Kontraste im Bild fort: So sind die weibliche Hauptfigur wie auch das Porträt auf der Leinwand sehr detailgetreu und naturnah gemalt. Davon grenzen sich deutlich der flächig gestaltete Raumhintergrund wie auch die eher locker gemalte Stofflichkeit des Kleides und des Sesselbezugs ab.

Gerade weil auf den ersten Blick nicht ersichtlich ist, wie entschieden der Maler Francisco de Goya sein Bild komponiert hat, ist diese Tatsache umso interessanter. Die oben ausgeführte Analyse zeigt die formal durchdachte **Bildordnung**, die das Bildmotiv betont und die innerbildlichen Zusammenhänge herausstellt.

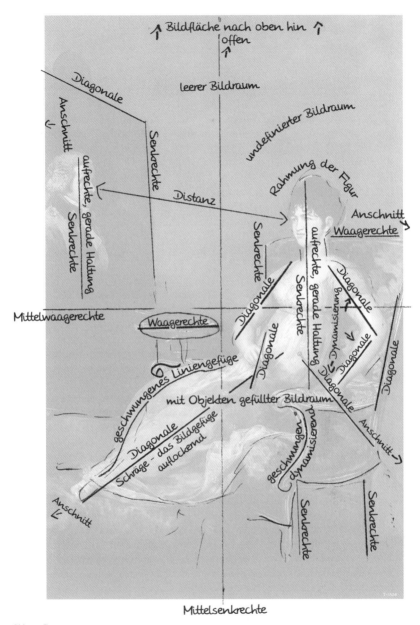

Skizze: Goya

3. *Hinweis: Bei der Interpretation des Gemäldes sollen alle bisherigen Ergebnisse der Werkbeschreibung (Aufgabe 1) und der formalen Analyse (Aufgabe 2) sowie die Zusatzinformation zum Bildmotiv einbezogen werden. Zudem soll Goyas Sichtweise auf das Modell hinsichtlich ihrer Wirkung von Nähe und Distanz auf die Betrachter*innen gedeutet werden. Beziehen Sie dabei auch Ihr Wissen zum Entstehungskontext mit ein und begründen Sie Ihre Aussagen.*

Das Gemälde zeigt Mariá Tomasa Palafox y Portocarrero, Marquesa de Villafranca, als Malerin, die gerade ihrer künstlerischen Tätigkeit nachgeht: Innehaltend scheint sie auf ihren Gatten, den Marqués von Villafranca, zu schauen, der offenbar links von der Leinwand, außerhalb des Bildes steht. Goya hat den konzentrierten, fokussierten Blick der Malerkollegin gekonnt eingefangen. Auch der Malstock, der als Hilfsmittel für die Arbeit an großformatigen Leinwänden dient, war ihm natürlich vertraut. Darüber hinaus weist die Porträtierte jedoch keine weiteren typischen Äußerlichkeiten, die für die Malergilde bekannt sind, auf: Statt eines Malerkittels trägt sie ein repräsentatives, kostbares Kleid. Das Atelier tauschte Goya gegen einen sauberen, aufgeräumten Raum, der mit prachtvollem Mobiliar ausgestattet ist. Die aufrechte Haltung der Marquesa und ihre lässig-bequem ausgestreckten Beine zeigen sie als selbstbewusste höhergestellte, adlige Frau. Ihre dunklen Augen sowie ihr schwarzes Haar deuten auf ihre spanische Herkunft hin.

Die lebensnahe Darstellung beider Porträtierten mit deutlich individualisierten Gesichtszügen veranschaulicht Goyas großes malerisches Können. Zudem kann dies als Beleg für die Fähigkeiten der Marquesa gesehen werden, mit denen ihre Ehrenmitgliedschaft in der königlichen Akademie der Schönen Künste in Madrid, zu der sie im Jahr 1805 berufen wurde, begründet wird: Wie naturgetreu sie doch ihren Gatten im Bild gemalt hat!

Das Bild im Bild kann aber nicht nur als Anerkennung ihrer künstlerischen Leistungen, sondern auch als Ausdruck ihrer privaten – und aufgrund der Darstellung in Uniform auch der gesellschaftlich-sozialen – Wertschätzung gegenüber ihrem Gatten verstanden werden.

Durch die Scheinpräsenz ihres Gatten im Bild wird überdies die situative Intimität, die man Maler und Modell gemeinhin nachsagt, relativiert. Dies ist ebenfalls ein Hinweis auf ihren vornehmen Adelsstand sowie Goyas Respekt gegenüber der Porträtierten. Das großangelegte und daher kostspielige Bildformat, das die Malerin lebensgroß zeigt, verdeutlicht ebenso ihren gehobenen sozialen Stand wie auch die prunkvolle Kleidung und das Mobiliar.

Der Verzicht auf eine konventionelle Repräsentationspose mag zur Entstehungszeit äußerst modern gewesen sein. Die übliche, standesgemäße Darstellungsform von Königen und Adligen war ganzfigurig in Frontalansicht sowie auf einem Großformat. In Goyas ungewöhnlichem Porträt kommt möglicherweise auch seine Wertschätzung, die er gegenüber seiner Malerkollegin empfand, zum Ausdruck. Darauf deutet ihr Namenszug, den Goya auf ihrer Farbpalette platzierte, hin. Er benennt die Porträtierte im Bild und hält so ihren Namen für die Nachwelt fest.

Die bei Aufgabe 1 und 2 dargestellten starken Kontraste im Bild, die sich insbesondere in der Farbkomposition zeigen, stehen auch für ein gewisses ambivalentes

Verhältnis des Malers zur Dargestellten: Die durch die Farbkomposition (Farbkontraste) hervorgerufene Distanz und die Nähe zum Bildgeschehen (Farbverbindungen) spiegeln einerseits seine soziale Ehrfurcht und andererseits seine Kollegialität wider.

Im Bild kommt auch eine bestimmte Sichtweise auf die Malerei zum Ausdruck, die im Spannungsverhältnis zwischen Privatheit (privater Moment zwischen Ehefrau und Gatten) und Öffentlichkeit (Repräsentativität) angesiedelt ist: Die Malerei ist Genuss – aufgrund der ästhetischen Bilddarstellung – und zugleich auch Wagnis, da ein privater Moment in die Öffentlichkeit gezogen wird.

Die Nähe, die die Betrachter*innen als zugelassene Beobachter*innen des intimen künstlerischen Aktes verspüren, wird durch die distanzierenden Merkmale, wie etwa die edle Ausstattung, die die Malerin in dem prunkvollen, herrschaftlichen Sessel in Rot und Goldfarben umrahmt, konterkariert. Die Aura, die ihr dadurch verliehen wird, lässt sie unerreichbar erscheinen. Auch dies kann sowohl im Hinblick auf ihren Stand wie auch auf ihr künstlerisches Können gedeutet werden.

Die Darstellung des Ehegatten in kalten Farbtönen verursacht eine optische Ferne, die als Hinweis auf seinen hohen Rang als Offizier verstanden werden kann. Gleichzeitig lässt sich in diesem Hinweis auch eine versteckte persönliche Information über den Maler entdecken: So genoss er zur Zeit der Entstehung des Gemäldes ebenfalls in den Adelskreisen höchste Anerkennung, die sich in Form seiner vielzähligen Porträts spanischer Aristokraten wie auch des spanischen Königshauses zeigt. Als Beispiel sei hier das riesige (280×336 cm), weltberühmte Gemälde „Die Familie Karls IV." aus den Jahren 1800/01, das die spanische Königsfamilie darstellt, genannt.

Biografisch auf dem Höhepunkt seines Künstlerlebens angekommen, malt Francisco de Goya die künstlerische Tätigkeit einer Adligen. Er zeigt sie in höfisch höchster Repräsentation, u. a. durch die edle Bekleidung und Haltung, und veranschaulicht somit, dass die Malerei im Adel angekommen ist. Indem Goya die Könnerschaft des Malens in den Adelsstand erhebt, besteigt auch er selbstbewusst den mächtigen Thron der Oberschicht.

**Abiturprüfung NRW 2019 – Kunst Leistungskurs
Aufgabe 1**

*Bezüge zu den Vorgaben:
Künstlerische Sichtweisen und Haltungen zwischen Distanz und Nähe*
- *im grafischen und malerischen Werk von Francisco de Goya (1790–1825)*
- *im grafischen und malerischen Werk (1930–1950) von Pablo Ruiz y Picasso*

Fachliche Methoden
- *Werkbezogene Form- und Strukturanalysen einschließlich untersuchender und erläuternder Skizzen*
- *Werkexterne Zugänge zur Analyse und Interpretation (hier insbesondere durch motivgeschichtliche Vergleiche und Hinzuziehung kunstgeschichtlicher Quellentexte sowie von Texten aus Bezugswissenschaften)*

Aufgabenstellung   Punkte

1. Beschreiben Sie die Werke „Stillleben mit Schafskopf" von Francisco de Goya und „Stillleben mit Schafsschädel" von Pablo Picasso.   12

2. Analysieren und vergleichen Sie die formale Gestaltung der Werke. Berücksichtigen Sie insbesondere die Aspekte
   - Bildfläche und Bildraum,
   - Farbe (unter Einbeziehung der Lichtführung) und Form,
   - malerisch-gestalterische Ausführung der Bildgegenstände sowie des Umraums in Bezug auf deren Abbildhaftigkeit.

   Untersuchen Sie zunächst mittels analysierender Skizzen den Aspekt „Bildfläche". Beziehen Sie Ihre dadurch gewonnenen Erkenntnisse erläuternd in Ihre Analyse mit ein.   44

3. Interpretieren Sie die Werke vergleichend auf der Grundlage Ihrer bisherigen Analyseergebnisse sowie unter Berücksichtigung der Zusatzinformationen.
   Beziehen Sie dabei Ihre Kenntnisse über mögliche biografische und gesellschaftlich-historische Bezüge sowie über andere Werke der jeweiligen Werkphase in Ihre Überlegungen mit ein.
   Beziehen Sie abschließend Stellung zu der Frage, inwiefern in beiden vorliegenden Werken Sichtweisen und Haltungen zwischen Distanz und Nähe der beiden Künstler zum Bildgegenstand deutlich werden.   34

Materialgrundlage
Bildmaterial:
Abb. 1: Francisco José de Goya y Lucientes, „Stillleben mit Schafskopf", 1816, Öl auf Leinwand, 45×62 cm, Musée du Louvre, Paris
Abb. 2: Pablo Ruiz y Picasso, „Stillleben mit Schafsschädel", 6.10.1939, Öl auf Leinwand, 50,2×61 cm, Privatsammlung Vicky und Marcos Micha

Textmaterial:
Zusatzinformationen zum Motiv beider Werke:
„Das Schaf ist der Inbegriff eines Wesens, das alles erduldet, alles mit sich machen läßt. Als das Tier, das am frühesten gezähmt wurde, steht es in allen Kulturen, stand es in der ganzen menschlichen Zivilisationsgeschichte bequem bereit als Sinnbild der Reinheit, der Unschuld, der Geduld und der Sanftmut. Es ist das Opfertier schlechthin, das bei Ernten, Geburten, Siegen und allen möglichen Ereignissen und gefährlichen Situationen geschlachtet wurde."

Quelle: Martin Warnke: Ausgerechnet das Schaf. Ein Tier in Geschichte und Gegenwart. In: Die Zeit 12/1997, 14.03.1997, https://www.zeit.de/1997/12/Ausgerechnet_das_Schaf

Zugelassene Hilfsmittel
- Wörterbuch zur deutschen Rechtschreibung
- Skizzenpapier, Transparentpapier, Farbstifte, Bleistifte, Lineal

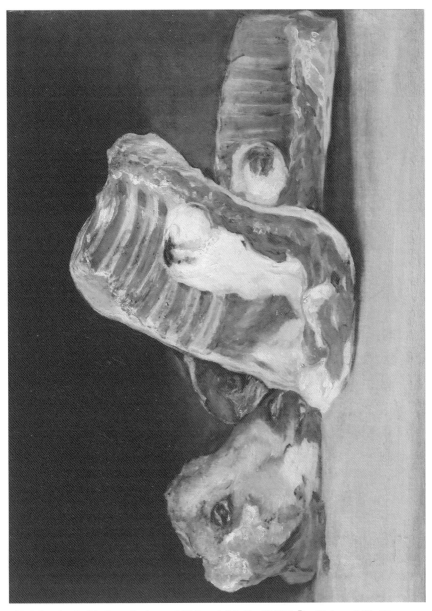

Abb. 1: Francisco José de Goya y Lucientes, „Stillleben mit Schafskopf", 1816, Öl auf Leinwand, 45 × 62 cm, Musée du Louvre, Paris

Abb. 2: Pablo Ruiz y Picasso, „Stillleben mit Schafsschädel", 6.10.1939, Öl auf Leinwand, 50,2 × 61 cm, Privatsammlung Vicky und Marcos Micha

Lösungsvorschläge

1. *Hinweis: Beide Werke sollen sachangemessen, differenziert und strukturiert mit Angabe der Werkdaten beschrieben werden. Wesentlich ist der sichtbare Bildbestand. Subjektive Beurteilungen sollten vermieden werden.*

1816 malte Francisco José de Goya y Lucientes das Werk *Stillleben mit Schafskopf* mit Öl auf Leinwand im Querformat von 45×62 cm. Zurzeit befindet es sich im Musée du Louvre in Paris.

Auf den ersten Blick begegnet den Betrachterinnen und Betrachtern zentral in der Mitte des Bilds ein aufrecht stehender halbierter Brustkorb. Vermutlich stammt er vom selben Tier wie der Schafskopf, der links im Bild etwas nach hinten versetzt im Profil präsentiert wird. Rechts hinter ihm liegt seine andere Hälfte. Die rohen, fleischigen Körperteile nehmen so die gesamte Bildbreite ein. Das Stillleben präsentiert keinen kulinarischen Kontext, sondern einzig die drei Tierteile vor einem dunklen, tiefen Hintergrund und auf einer blassgrünen Tischfläche. Die Betrachtungsnähe und das Arrangement legen den Fokus auf die Anatomie der Bildgegenstände. Beide Rippenhälften ähneln sich im Aufbau: Rohes, jedoch nicht mehr blutendes Muskelfleisch, blasse Sehnen und bereits freigelegte Rippenbogen umrahmen ein wulstiges weißes Fett- oder Knorpelstück, das auf Höhe des dritten Rippenbogens in den rudimentären Ansatz eines Schulterknochens mündet. Das im rechten Bildraum liegende Rippenstück wird zur Hälfte vom stehenden Teil des Brustkorbs verdeckt und ist etwas aus dem rechten Bildraum herausgerückt. Es liegt ungefähr auf einer Höhe mit dem noch fellbesetzten, überwiegend beigefarbenen Schafskopf. Dieser ist zum stehenden Rippenstück hin ausgerichtet, als wolle er seine Zugehörigkeit dazu demonstrieren. Das sichtbare Auge des toten Tieres ist geöffnet, der Blick geht leer an den Rippenstücken vorbei. Das braun verfärbte Maul entblößt leicht die Vorderzähne, über den Nasenrücken sind schwache Blutschmieren verteilt. An Flammen erinnern die roten Hautfetzen, die aus dem Hinterkopf herausragen und auf der Wange des Tieres aufliegen. Obgleich der Blick leer, die Szenerie menschenlos ist und sich keine brachialen Schlachtwerkzeuge im Bildraum befinden, ja sogar kaum Blutspuren abgebildet sind, fühlt man sich als Betrachter*in unmittelbar an die Brutalität einer Schlachtung erinnert. Stilistisch typisch für Goya verleiht die dramatische Hell-Dunkel-Verteilung, die sich in der klaren Trennung zwischen dem dunklen, leeren Hintergrund und dem blassen gelbgrünen Boden im Vordergrund ausdrückt, dem Werk eine düstere und einsame Stimmung.

Pablo Ruiz y Picasso stellte sein Werk mit dem Titel *Stillleben mit Schafsschädel* am 6.10.1939 in Öl auf Leinwand im Format 50,2×61 cm fertig. Es befindet sich aktuell in der Privatsammlung Vicky und Marcos Micha. Vor einer hell verputzten Wand sind darauf auf einem ansonsten leeren dunkelbraunen Tisch nebeneinander ein schwarz-weißer Tierschädel und eine rot umrissene Rippenhälfte mittig drapiert. Die linke Bildhälfte nimmt zum größten Teil der kahle Tierschädel ein, der dem Titel nach zu urteilen der eines Schafs ist. Lediglich mit dem Hinterkopf und dem unteren Kieferknochen auf dem Tisch aufliegend, ragt er mit weit aufgerissenem Maul Richtung Bildmitte und darüber hinaus. Beide dunklen Augenhöhlen sind übereinander gestapelt und en face dem Betrachter bzw. der Betrachterin zugewendet. Die obere Schädelhälfte mit Nasenrücken ist im Profil dargestellt, sie weist zur oberen rechten Bildecke. Gaumen, Ober- und Unterkiefer werden in einer gebrochenen Perspektive sowohl in Unter- als auch in Aufsicht offenbart, was an Picassos stark kubistische Schaffensphase erinnert. Der Rachen liegt im schwarzen Schatten verborgen. Beinah raubtierartig ragen weiße Schneidezähne wie Krallen aus dem Unterkiefer hervor. Sie überlagern in der Bildmitte den ersten Rippenbogen der Rippenhälfte. Der aus rohem, leuchtend rotem Fleisch und weißen Rippen bestehende halbierte und vermutlich durch Metzgerhand präparierte Brustkorb ist stilisiert und mit breitem Pinselstrich ins Bild gesetzt. Er misst in etwa die gleiche Größe wie der Schädel. Auch halten Rippenstück und Schädel ungefähr den gleichen Abstand zum äußeren Bildrand ein. Die Rippenhälfte liegt, zur rechten unteren Bildecke hin gebogen, zu zwei Dritteln auf der Tischplatte.

Weiches, ungerichtetes Licht fällt von links vorne auf das Arrangement. Der Hintergrund besteht aus einer beige-weißen Fläche, die sich als verputzte Wand identifizieren lässt, und trägt in der linken oberen Bildecke die Signatur Picassos. Auf der Holzfläche mit einer rudimentär angedeuteten Maserung ist auf der linken Seite die Datierung mit „6.10.1939" gesetzt.

Auch dieses Stillleben wird ohne kulinarischen oder auf ein Handwerk verweisenden Kontext präsentiert.

2. *Hinweis: Bei dieser Aufgabe soll die formale Gestaltung beider Werke in Bezug auf die Aspekte Bildfläche, Bildraum, Farbe und Form sowie die malerisch-gestalterische Ausführung von Figur und Umraum hinsichtlich deren Abbildhaftigkeit analysiert und verglichen werden. Dazu müssen analysierende Skizzen zum Aspekt „Bildfläche" angefertigt und die daraus gewonnenen Erkenntnisse erläuternd in die Analyse miteinbezogen werden.*

Wie die Skizze 1a verdeutlicht, ordnet Goya die oben beschriebenen Bildgegenstände entlang einer Horizontalen unterhalb der Mittelwaagerechten (MW) an. Diese markiert die mittlere Ebene des Bildraums. Die vordere Bildebene formt ein gelbgrüner Boden, die hintere bildet ein nicht weiter ausformulierter in einem dunklen Schatten liegender Raum. Eine räumliche Bildtiefe wird sowohl durch die überlappende Anordnung der Bildgegenstände als auch durch die Lichtführung von dunkel zu hell generiert.

Mit dem fast senkrecht aufragenden Fleischstück in der Bildmitte markiert Goya den optischen Schwerpunkt im Gemälde, dem eine gleichmäßige Dreiteilung des Bildraums durch zwei senkrechte Achsen entspringt. Im linken Bildteil liegt der Schafskopf, im mittleren steht das aufrechte Rippenstück und im rechten ist längs dessen Gegenstück platziert. Schafskopf und hintere Rippenhälfte nehmen in etwa dieselbe Bildhöhe ein und enden auf der mittelwaagerechten Bildachse. Die damit verfolgte Symmetrie in der Komposition bestärkt einen statischen, ruhigen Eindruck. Die organischen Bildgegenstände lassen sich darüber hinaus in geometrische Grundformen übersetzen: der Kopf in ein fast achsensymmetrisches Fünfeck, die Rippenhälften in Rechtecke. Diese kompositorischen Entscheidungen stabilisieren den Bildinhalt und korrespondieren mit der Leblosigkeit der Bildgegenstände. Bei genauer Analyse der Bildachsen und formalen Anordnung wird darüber hinaus deutlich, dass der mittlere Rippenbogen die senkrechten Bildachsen nicht nur durchkreuzt, sondern als schiefes Rechteck sogar aus der Mittelsenkrechten hinaus in den rechten Bildraum umzukippen droht, obgleich er durch seine zentrale und recht tiefe Positionierung nahe der unteren Bildkante Ruhe und Bodenfestigkeit suggeriert. Legt man eine Mittelachse in den Körper, wird der Eindruck der Bewegung gesteigert: Die Rippenhälfte erscheint labil positioniert.

Das Stillleben ist insgesamt stark durch Künstlerhand arrangiert. Momente des Innehaltens bei der Betrachtung sind intendiert (vgl. Skizze 1b). So gibt Goya eine klare Blickführung vor: Obwohl das vordere Rippenstück die anfängliche Aufmerksamkeit der Betrachter*innen auf sich zieht, ist eine Leserichtung von links nach rechts vorgesehen. Das Auge des Schafs ist hierbei der natürliche Ausgangspunkt. Ganz selbstverständlich suchen die Betrachter*innen seinen Blick auf und werden diesem über Nasenrücken und Maul zum Fuß des Rippenstücks folgen. Die fallende Symmetrieachse des fünfeckigen Schafskopfs verstärkt diese Blickführung. Der Blick klettert dann von unten am mittleren Rippenstück hoch, die langen, zähen Sehnenstücke entlang, bis zum Oval des Schulterrudiments. Dieses befindet sich über der waagerechten Bildachse. Der Blick changiert damit von links nach rechts zwischen der oberen und unteren Bildhälfte hin und her.

Die Tierteile werden alle diffus von links vorne durch eine außerhalb des Bildraums liegende Lichtquelle beleuchtet. Die vordere Brustkorbhälfte ist am stärksten ausgeleuchtet. Sie trägt die hellsten Stellen im Bild und wirft einen weichen Schatten auf den Boden und auf die hintere Hälfte, die sie leicht überlagert. Die für den Barock markante im Tenebrismus gesteigerte Hell-Dunkel-Malerei bewirkt eine atmosphärische Stimmung, die das Auge zur kontemplativen, also besinnlichen Betrachtung aufzufordern scheint.

Goya setzt bei dem Werk einen für ihn typischen kompositorischen Farbzusammenhang um. Warme Erdtöne, allen voran das Rot des Fleisches, ein durchschimmerndes Gelb und ein getrübtes Beige innerhalb der Rippen prägen das Farbkonzept. Die Farbtöne nähern sich einander in Sättigung und Helligkeit an. Rot wird in unterschiedlichen Nuancen verwendet. Besonders leuchtend ist der Fleischfetzen am Halsfortsatz des Schafskopfes, der frisch und gut durchblutet erscheint. Die wenigen Buntanteile im Rot und im Gelb sorgen für eine ruhige Farbwirkung. Die Valeurmalerei (Ton-in-Ton-Malerei) greift die Komposition in einer Stabilisierung der Bildmitte auf, indem diese durch den Qualitätskontrast zwischen dem fast reinen aufblitzenden Weiß des Fettes oder Knorpels, den getrübten Rottönen des Fleisches und dem Beige der Knochen gedämpft wird.

Der freie pastose Farbauftrag gibt durch die sichtbare Pinselspur die Handschrift des Malers und sein Können in der Modellierung der Objekte wieder. Die Stofflichkeit des Tierfells am Kopf kann sicher vom Fleisch unterschieden werden, die

Teilvolumina der Körper sind naturgetreu eingefangen und durch feine Farbabstufungen dargelegt wie u. a. im Bereich der konkaven Rippenbogen. Teilweise flüchtige und suchende in warmem Gelbton ausgeführte Umrisslinien und strukturnachzeichnende Pinsellinien innerhalb der Rippenhälften wechseln mit in kühlem Gelb akzentuierten Lichtreflexen auf den Fleischpartien und nähern sich einem impressionistischen Farbschema. Im Bestreben eines mimetischen, also die Realität nachahmenden Ausdrucks greift der Maler besonders bei der Darstellung des Schafskopfes auf ein valeuristisches Farbkonzept zurück: Die Iris reflektiert das Licht, die Zähne sind detailreich abgebildet, die Nüstern gebläht. In der Leblosigkeit ist eine friedliche und sanfte Mimik konserviert, die im Kontrast steht zu dem groben Pinselstrich und den satten roten Fleischfetzen, die wie Flammen aus dem Hinterkopf nach vorne greifen. Dieser dynamische Pinselduktus unterstreicht den organischen Wuchs des Fleisches, dessen Leuchtkraft im unteren Bildteil zudem durch den Einsatz des Komplementärkontrasts intensiviert wird (rotes Fleisch – grüne Tischplatte).

Die naturnahe Darstellung der Gegenstände hinsichtlich Farbigkeit und Anatomie verlagert das Werk in die Nähe des Realismus. Zudem bildet die schonungslose Wiedergabe der Brutalität eines Schlachtvorgangs einen Kontrapunkt zum biederen Idealismus anderer Bilder dieser Zeit. Die wirklichkeitsnahe, aber nicht wirklichkeitstäuschende Wiedergabe des Fleisches und des Tierkopfes kontrastiert darüber hinaus zum ansonsten leeren Vorder- und Hintergrund des Bildes. Diese sind nicht pastos-gestisch, sondern lasierend aufgebaut und jede Handschrift des Malers verschwindet.

Picasso stellt in seinem Werk *Stillleben mit Schafsschädel* eine stark reduzierte Variation des Schlachtstilllebens Goyas dar. Anstelle von drei Objekten brechen hier zwei (ein Schafsschädel und eine Rippenhälfte) den Bildraum entlang der senkrechten Mittelachse in zwei Hälften. Wie auf der Skizze 2a sichtbar wird, reihen sich die beiden Bildgegenstände auf einer horizontalen Achse aneinander und überlappen im Bereich der Mittelsenkrechten. Als mögliches Zitat Goyas gliedert Picasso den Bildraum auch in drei Teile, allerdings in drei Ebenen, die sich sowohl inhaltlich als auch in der formal-farbigen Gestaltung unterscheiden: Den Vordergrund beherrscht eine fast monochrome dunkelbraune Tischplatte, den Mittelgrund das Arrangement aus Schafsschädel und Rippenbogen, der Hintergrund ist als leere, helle Fläche gesetzt, die die räumliche Bildtiefe aufhebt. Im Gegensatz zum Stillleben von Goya kehrt Picasso die Farbgebung des Umraums um.

Das auf den ersten Blick durch die klare Unterteilung in linken und rechten Bildbereich sowie in oben und unten fast statisch wirkende Werk wird aufgebrochen durch die dynamische und gebogene Linienführung. Die Skizze 2a legt dar, dass sich von Schädel, Kiefer und Rippenbogen ausgehende gedachte Linien geschwungen in der oberen Bildmitte überkreuzen und eine schnappende Bewegung des Mauls fortführen. Die Ausrichtung beider organischer Objekte folgt einem diagonalen Bogen von der linken Bildmitte hin zur rechten unteren Bildecke. Insbesondere der konkave, nach oben geöffnete Brustkorb scheint dadurch aus dem Bild herauszufallen.

In der Zerschlagung der Perspektive wird der Schädel mehransichtig präsentiert: Aus beiden vertikal übereinander gestapelten Augenhöhlen starrt der Schädel im Bereich der Stirn die Betrachter*innen en face an, der Nasenrücken des Schafs ist im Profil abgebildet, im Bereich der Nasenhöhlen klappt die Ansicht wieder nach vorne. Simultan sieht man aus Unter- und Aufsicht auf das Innere des Ober- und des Unterkiefers, worin abstrahiert mit groben, schnellen Pinselstrichen Gaumen und Zahnreihen ins Bild gesetzt worden sind. Insgesamt erinnert die Formgebung an die kubistisch dekonstruierten Werke des Malers. Die Schneidezähne im Unterkiefer ragen über den ersten Rippenbogen hinaus und sind in einer angedeuteten Aufsicht geschwungen dargestellt. Diese Formsprache wird von den Rippen aufgegriffen. Die Rippenhälfte biegt sich den Betrachterinnen und Betrachtern unter dem Kiefer als organischer Körper entgegen. Diese Überlappung erzeugt als klassisches raumschaffendes Mittel eine räumliche Tiefe, die dem Gemälde ansonsten fehlt.

Die dynamische Komposition greift der Pinselduktus auf, indem die Objekte in kräftigen Konturen eingefasst sind (vgl. Skizze 2b). Picasso demonstriert in der Stilisierung, welche Grundformen einen Schädel und eine Rippenhälfte ausmachen, vergleichbar mit Piktogrammen. Im direkten Vergleich zu Goyas *Stillleben mit Schafskopf* erinnert das Werk mehr an ein Studium der Formen als an eine realistische Wiedergabe der Wirklichkeit.

Das leuchtende Rot des die Rippen umrahmenden Fleisches wurde expressiv und dynamisch ohne Farbabstufungen in den Bildraum gesetzt. Der Qualitätskontrast hebt den Rippenbogen sowohl vom gebrochenen Umraum als auch vom unbunten Schädel ab. Letzterer ist in einem malerischen Gestus als voluminöser Körper modelliert, was durch den Einsatz eines Hell-Dunkel-Kontrasts zwischen getrübtem Weiß und Schwarz verstärkt wird. Dies kann auch als Zitat Goyas gesehen werden. Lediglich die Zähne im Maul blitzen als ungetrübte reinweiße Punkte bzw. Krallen hervor, die zugleich die grobe und schnelle Spur des Pinsels tragen. Die verwendete Ausdrucksfarbe im Fleisch und im Schädel deckt sich mit der abgebildeten Divergenz von Tod (Schwarz, Weiß) und Lebendigkeit (Rot). Dabei kehren sich Farbigkeit und Formsprache um, denn es ist der schwarz-weiße Schädel, der die größte Lebendigkeit ausdrückt.

Farbigkeit und Form sind zudem die einzigen Bezugspunkte zur Identifikation der Bildgegenstände, Unterschiede in der Materialität der Oberflächen werden negiert. Somit lässt sich dem Werk ein hoher Abstraktionsgrad zuschreiben.

Der Farbauftrag innerhalb der Rippenhälfte ist nicht deckend. Verdünntes Zinnoberrot franst im gestischen Duktus im unteren Bereich des Objekts aus, die darunterliegenden Farbflächen schimmern durch, sind nicht klar voneinander abgegrenzt und imitieren dadurch eine fein nuancierten Formmodulation.

Wie bei Goya fällt das Licht von vorne links auf das Arrangement, wird von der Stirn des Schädels und dem Nasenbein reflektiert und wirft auf die dahinterliegende Wand einen diffusen Schatten. Auch die zu Bogen abstrahierten Rippen und das Stück Wirbelsäule am unteren Ende des halbierten Brustkorbs sind angestrahlt, dessen Inneres liegt partiell im Schatten und macht die nach innen gerichtete Wölbung als Wanne erkenntlich. Das Innere des Rachens liegt als dunkle, schwarze Fläche im Schatten.

Neben Inhalt und formaler Gestaltung, v. a. der Dreiteilung des Bildraums, fällt nach der Analyse beider Werke die klare Darstellung der Brutalität als Gemeinsamkeit auf. Im Werk Goyas liegt diese frei, die Betrachter*innen werden jedoch langsam entlang einer klar intendierten Blickführung gelenkt. Ruhig präsentiert sich das Stillleben vor ihnen und verführt zur voyeuristischen Betrachtung des toten Fleisches. Der Blick des Schafs weicht dieser förmlich aus, sein Schicksal hinneh-mend. Die düstere Atmosphäre zeugt von Hoffnungslosigkeit und Passivität dem Ereignis gegenüber.

Die Betrachter*innen des Stilllebens von Picasso werden durch die gebrochene Perspektive mit dem aufgerissenen, bestialisch verzerrten, karikaturhaft wirkenden Schädel des Schafs konfrontiert. Das ungetrübte Rot des Fleisches eröffnet Assoziationen an Blut. Die Anordnung der Objekte innerhalb des ansonsten leeren Bildraums macht ein Nichtsehen, ein Wegsehen unmöglich, was an den Voyeurismus bei Goyas Werk erinnert. Das Stillleben ist überraschend lebendig, wehrhaft und aggressiv, obgleich der Schafskopf bereits gehäutet wurde und lediglich die Knochen als Indizien eines zuvor lebendigen Tieres verblieben sind. Diese einstige Lebendigkeit wird durch die kräftige Farbgebung, den die Bewegung abbildenden Pinselduktus und die gesamte Komposition der rudimentären Rippenhälfte einer ehemals ganzen Kreatur suggeriert.

Die Darstellung der Brutalität birgt also auch Unterschiede. Bei Goya dominieren Geraden in einem gezielt gekreuzten Gefüge und bilden ein ruhiges, statisches Gesamtbild. Bei Picasso durchqueren gebogene und diagonale Linien die Grundachsen und sorgen für eine lebendige, aggressive Dynamik, die konträr ist zum abgebildeten Objekt. Goya beweist sein künstlerisches Talent mit der wirklichkeitsgetreuen Wiedergabe durch das genaue Studium des Objekts und die Variation innerhalb der farbigen Ausführung, der geschickten Komposition sowie dem meisterhaften Strich selbst in diesem stark reduzierten Gemälde. Bei Picasso scheinen Darstellung und Farbgebung dagegen einzig im Dienst der Vorstellung und nicht der Nachahmung zu stehen.

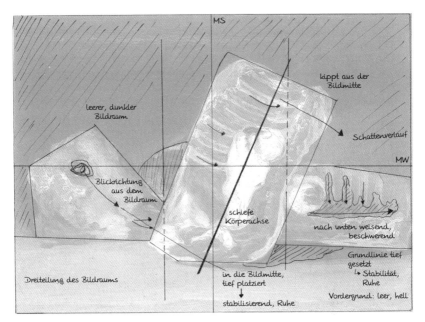

Skizze 1 a: Goya (Bildfläche)

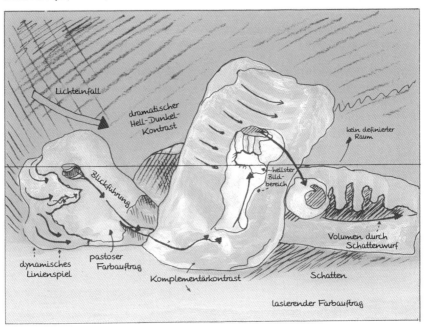

Skizze 1 b: Goya (Bildraum, Farbe und Licht)

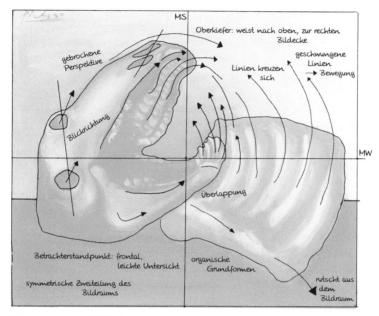

Skizze 2 a: Picasso (Bildfläche)

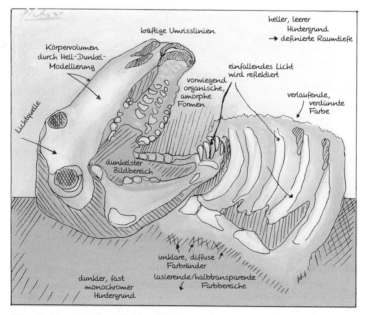

Skizze 2 b: Picasso (Bildraum, Farbe und Licht)

3. *Hinweis: Beide Werke sollen auf der Grundlage der Untersuchungen interpretiert werden. Kenntnisse zu den Entstehungsarten der Werke und die Zusatzinformationen sollen dabei beachtet werden. Zudem ist auf Sichtweisen und Haltungen zwischen Distanz und Nähe der beiden Künstler zum Bildgegenstand einzugehen.*

Goya und Picasso stammen beide aus Spanien. Als Picasso am 25. Oktober 1881 in Malaga geboren wird, liegt Goyas Todestag bereits 53 Jahre zurück. Goya hinterlässt neben einem umfangreichen Œuvre auch den Ruf, die Moderne maßgeblich beeinflusst zu haben. Er nutzte die Bedingungen seiner Zeit (Französische Revolution, Aufklärung, Entmachtung der Monarchie, Ende der alten Weltordnung) zur Emanzipation von royalen und klerikalen Auftraggebern und entwickelte in seinen Werken eine Ausdrucksform, um die gesellschaftspolitischen Zustände zu kommentieren. Picassos Leben durchzogen ebenfalls weltpolitische Umbrüche wie etwa zwei Weltkriege, die Schrecken des Nationalsozialismus im besetzten Frankreich und der Aufstieg Francos. Auch er nutzte seine Kunst als Kommentar zur Zeit, ohne sich je einer herrschenden Macht unterzuordnen. Beide Maler erweiterten den zeitgenössischen Malereibegriff und entwickelten eine wiedererkennbare Bildsprache zum Ausdruck subjektiver Eindrücke und Erfahrungen.

Goya malte sein *Stillleben mit Schafskopf* 1816 im hohen Alter von 70 Jahren, nachdem er bereits eine lebensbedrohliche Krankheit, den Zusammenbruch des Ancien Régime und die Bedrohung durch den Einmarsch napoleonischer Truppen in Spanien erlebt hatte. Es zählt zu einer kleinen Serie von Stillleben. Gemeinsam mit seinen spanischen Zeitgenossen weckten diese das Interesse an den Fragen zur Beleuchtung, des Bildaufbaus und der sichtbaren Virtuosität der Pinselführung. Das hier vorliegende Werk zählt zur Gattung der Vanitasstillleben, die die Vergänglichkeit des Lebens allegorisch darlegen. In der Kunst konkretisiert sich der Vanitasgedanke durch den Rückgriff auf ikonografische Bildelemente, die auf den Tod verweisen, allen voran der Schädel. Vor allem in gesellschaftlich bedrohlichen Zeiten tritt diese Untergattung des Stilllebens häufig auf. Sie hat eine tiefe allegorische Bedeutung, die weit über die reine Darstellung hinausgeht.

Picassos Gemälde *Stillleben mit Schafsschädel* lässt sich durch die Motive Schädelknochen und rohes Fleisch ebenfalls der Gattung des Vanitasstilllebens zuschreiben. Die Zuordnung zu Mahlzeit- oder Küchenstillleben entfällt hier genauso wie bei Goya, da beide Künstler auf Bildgegenstände wie Geschirr, Besteck, Kochutensilien oder andere Lebensmittel verzichten und somit eine kulinarische Kontextualisierung fehlt. Die radikale Darstellung des Schlachtens, die bei Goya u. a. anhand der Fleischfetzen am Hinterkopf und des Querschnitts durch die Rippenbogen deutlich wird, spricht zudem nicht den Geschmackssinn an. Diesen Beobachtungen folgend, kann eine moralische Bildaussage vermutet werden.

Unterstützt wird dies durch die Decodierung des Motivs des Schafs. In allen Kulturen und in der Zivilisationsgeschichte des Menschen hat das Schaf als Opfertier fungiert. Sinnbildlich ist es ein erduldendes und zahmes Geschöpf. Diesen interpretatorischen Aspekt findet man in Goyas Gemälde *Stillleben mit Schafskopf* (1816) wieder, in dem das Schaf geschunden und leidend seine Opferrolle hinzunehmen scheint. Die Qualen, die es im Tod erfahren hat, werden von Goya empathisch, doch ohne Appell an die Betrachter*innen wiedergegeben. Zugleich kann aus der ungeschönt dargestellten Brutalität aber ein Vorwurf gegen die Unmenschlichkeit des Krieges formuliert werden.

Zwei Jahre vor der Entstehung des vorliegenden Stilllebens schildert Goya in seinem Radierzyklus *Desastres de la Guerra* (1810–1814) die unmenschlichen Gräueltaten napoleonischer Soldaten im Kampf gegen die spanische Bevölkerung. Auf Einladung von General Palafox reiste Goya, den heroischen Mut der der Belagerung standhaften Bevölkerung noch bewundernd, in die Region Saragossa. Durch den zweiten Einmarsch der napoleonischen Truppen sah sich Goya zur Flucht gezwungen, war währenddessen jedoch Zeuge von Hungersnöten, Pestausbrüchen, Plünderungen und immer wieder einfallenden Heeren. Die in dieser Zeit gesammelten Eindrücke müssen traumatisierend für Goya gewesen sein und fanden Ausdruck in Aquatinta-Radierungen. In der Serie widmet er sich dem Leid der Bevölkerung durch massakrierende Soldaten. Er zeigt verstümmelte Körper, Berge von Leichen, Vergewaltigung. Im Angesicht dieser menschenverachtenden Grausamkeiten scheint Goya alle Hoffnung verloren zu haben. Mit der Rückkehr Ferdinands auf den spanischen Thron erlebt Spanien wieder eine Zäsur in Kunst und Kultur. Goya – immer wieder von der spanischen Inquisition bedroht – wagt es nicht, seine Radierungen *Desastres de la Guerra* zu veröffentlichen.

Das hier vorliegende Werk kann als Fortführung dieser Serie gesehen werden. Wie bei der vorangegangenen Reihe bleibt die Bedrohung anonym, die Verursachenden des Leids werden nicht angeklagt. Im Werk *Stillleben mit Schafskopf* fehlen alle Werkzeuge des Tötens, kein Blut ist sichtbar, keine schmerzverzerrte Mimik des Tieres wird angedeutet. Wie die Analyse der Komposition zeigt, präsentiert das Werk einen Moment des Stillstands. Die senkrechte Rippenhälfte erinnert an einen menschlichen Torso, dem alle Lebenskraft und jeder Wille geraubt wurden und der womöglich gleich zur Seite sackt. Der Fokus liegt auf dem ohnmächtigen Moment des Opfers und das Bild wird zu einer mitfühlenden Anklage.

Picasso war mit Goyas Bildern gut vertraut. Neben ähnlichen Sujets wie der Minotauromachie, die an Goyas Stierkampf-Radierungen erinnert, hat Picasso Goya auch direkt zitiert. Besonders bekannt ist sein Werk *Massaker in Korea* als unverkennbares Nachbild des Gemäldes *Die Erschießung der Aufständischen* (1814). Picasso malte sein *Stillleben mit Schafsschädel* am 6.10.1939, zwei Jahre nach seinem monumentalen Antikriegsbild *Guernica* (1937). Die Parallele zum Zeitabstand von Goyas Verarbeitung der Schrecken des Krieges kann als zusätzlicher Verweis gedeutet werden. Ähnlich wie Goya in der Serie *Desastres de la Guerra* (1810–1814) neben offiziellen Auftragsarbeiten die Verbildlichung seiner eigenen Gedankenwelt und seiner persönlichen Erfahrungen gelingt, findet Picasso in *Guernica* zu einer kraftvollen Bildsprache, mit der er die existenzielle Erfahrung von Angst, körperlichen und seelischen Qualen und Tod wiedergeben und die Barbarei des Faschismus sowie die Brutalität des Krieges anklagen kann. Das riesige Gemälde entstand 1937 für die Weltausstellung als Reaktion auf die Bombardierung der baskischen Stadt Guernica durch die deutsche Luftwaffenlegion

Condor. Die mediale Berichterstattung und auch die eigene Erfahrung von Krieg veranlassten Picasso zu einer Reihe von Werken, die *Guernica* fortsetzen. Er selbst war jedoch weder Soldat oder Widerstandskämpfer noch fertigte er vor Ort Studien an. Sein hier diskutiertes Stillleben setzt die moralische Reflexion der angstvollen und verzweifelten Gegenwart des baskischen Malers mithilfe von etablierten Symbolen fort. Im *Stillleben mit Schafsschädel* nimmt er die Komposition und Bildsprache Goyas auf, verändert sie aber. So vertauscht er den Hell-Dunkel-Kontrast von Vorder- und Hintergrund: Bei Picasso liegen die Objekte auf dunklem Grund vor einer hellen Wand, womit der Umraum konkret bestimmt ist. Bei Goya treten die Objekte dagegen aus einem dunklen, undefinierten tiefen Raum auf hellem Grund heraus. Das Schaf ergibt sich bei Picasso zudem nicht mehr seinem Leid. Es ist zwar noch Opfer, aber begehrt mit aggressiv aufgerissenem Maul dagegen auf. Der Totenschädel, der bereits bei *Guernica* als Motiv auftaucht, fordert nicht zum Mitleid mit dem Geschöpf auf, sondern ist durch die Abstraktion und Stilisierung eine Verallgemeinerung existenzieller Phänomene. Die widerspenstige Kreatur appelliert anders als bei Goya, dessen Werk auch durch die statische, befriedete Komposition zur Andacht und Kontemplation einlädt. In der Überakzentuierung des Leidens liegt bei Picasso ein dramatischer Kommentar zu den Schrecken des Krieges vor. Beide Werke sind damit emotionsgeladene Darstellungen kreatürlichen Leidens im Allgemeinen und eines aggressiven Tuns des Menschen im Besonderen. Kein Täter wird explizit beschuldigt, doch scheint der Vorwurf präsent, dass das Wesen des Menschen etwas Grausames in sich trägt und für das abgebildete Leid verantwortlich ist.

Noch in der Tradition des Barocks, der Auftragsmalerei und der restriktiven gesellschaftlich-politischen Ordnung seiner Zeit verortet, scheint Goya die Szene auf den ersten Blick sachlich und distanziert zu schildern. Womöglich ist dies als eine gestalterische Vorsichtsmaßnahme gegen Verfolgung auszulegen. Zahlreiche Zeitgenossen Goyas mussten nach Ende der liberalen Phase in Spanien um 1823 das Land verlassen. Die Anklage gegen die Schrecken des Krieges erfolgt zwar auch in seinen Radierungen ohne Adressat, doch sind die Opfer, das spanische Volk, identifizierbar. Eine sichtbare mitfühlende Nähe des Künstlers zum Bildgegenstand evoziert jedoch die Hingabe an die wirklichkeitsgetreue Wiedergabe ausgewählter Bildbereiche. Empathie mit der leidenden Kreatur findet im beinah sanften und filigranen Pinselstrich beim enthaupteten Schafskopf Ausdruck. Parallelen zu menschlichen Abgründen im Krieg werden in der Schlachtung des friedlichsten aller Geschöpfe deutlich.

Picassos Anspruch, mehr als die Wirklichkeit abzubilden, macht das Werk *Stillleben mit Schafsschädel* zum Träger seiner persönlichen Haltung gegenüber den Grausamkeiten des Krieges und dem Leiden der Bevölkerung als dessen unmittelbares Opfer. Die Nähe zum Gegenstand bricht Picasso durch die karikaturhafte Überzeichnung und die mehrperspektivische Darstellung des Schädelknochens. Kein dem Künstler selbst widerfahrendes Ereignis scheint konkret Anlass für das Werk gewesen zu sein. Vielmehr ist es eine laute Klage über den allgemeinen Zustand der Welt und eine Mahnung an die Menschen.

**Abiturprüfung NRW 2019 – Kunst Leistungskurs
Aufgabe 2**

Bezüge zu den Vorgaben:
Künstlerische Verfahren und Strategien der Bildentstehung in individuellen und gesellschaftlichen Kontexten
– *in den aleatorischen (halbautomatischen) und kombinatorischen Verfahren des Surrealismus, insbesondere bei Max Ernst*
– *als Konstruktion von Erinnerung in den Installationen und Objekten von Louise Bourgeois*
Fachliche Methoden
– *Werkbezogene Form- und Strukturanalysen einschließlich untersuchender und erläuternder Skizzen*
– *Werkexterne Zugänge zur Analyse und Interpretation (hier insbesondere durch motivgeschichtliche Vergleiche und Hinzuziehung kunstgeschichtlicher Quellentexte sowie von Texten aus Bezugswissenschaften)*

Aufgabenstellung Punkte

1. Beschreiben Sie die Werke „Fille et mère" (dt. „Tochter und Mutter") von Max Ernst (unter Berücksichtigung der Zusatzinformation) und „Mother and Child" von Louise Bourgeois. 14

2. Analysieren Sie vergleichend die formale Gestaltung beider Werke. Beziehen Sie sich dabei insbesondere auf folgende Aspekte:
   – Körper-Raum-Bezug einschließlich der Richtungsbezüge (hier auch unter Einbezug von Plinthe[1] und Glasglocke),
   – Form,
   – Materialität und Oberflächenbeschaffenheit,
   – Grad der Abbildhaftigkeit der Darstellung.
   Untersuchen Sie zunächst mittels analysierender Skizzen die Aspekte „Körper-Raum-Bezug einschließlich der Richtungsbezüge" sowie „Form" und beziehen Sie Ihre dadurch gewonnenen Erkenntnisse erläuternd in Ihre Analyse mit ein. 44

3. Interpretieren Sie beide Kunstwerke auf der Grundlage Ihrer bisherigen Analyseergebnisse und unter Einbeziehung der Zusatzinformation.
   Erläutern Sie in diesem Zusammenhang vergleichend die künstlerischen Verfahren und Strategien bezogen auf die beiden vorgelegten Werke, auch unter Einbeziehung des Textmaterials zu Max Ernst. Berücksichtigen Sie den jeweiligen individuellen und gesellschaftlichen Kontext. 32

1 *Plinthe = Standplatte, die meistens aus demselben Material wie die Figur besteht*

Materialgrundlage
Bildmaterial:
Abb. 1: Max Ernst, „Fille et mère", 1959, Bronze, 44,2 × 26,7 × 29,2 cm, signiert und „II / VI" nummeriert auf der Rückseite der Plinthe, Sammlung Frances Leventritt, New York, Vorderansicht
Abb. 2: siehe oben, Rückansicht
Abb. 3: siehe oben, leichte Schrägansicht
Abb. 4: Louise Bourgeois, „Mother and Child", 2001, Stoff, Glas, rostfreier Stahl und Holz, 52 × 35,5 cm, Collection Leeum, Samsung Museum of Art, Seoul

Textmaterial:
Zusatzinformationen zum Werk „Fille et mère" von Max Ernst:
Die in der Vorderansicht (siehe Abbildung 1) von der Betrachterin/dem Betrachter aus linke Figur stellt die Figur der Mutter dar, die rechte Figur die der Tochter.
Autorentext auf der Grundlage des Ausstellungstextes der Galerie Ludorff, Düsseldorf 2014

Zitat des Künstlers zum Vorgehen beim plastischen Arbeiten:
„Es ist wie ein Kinderspiel, ich mache es wie die Sandspiele am Strand. Ich bringe Formen in ein Modell und dann beginnt das Spiel mit der Vermenschlichung."
Quelle: Pech, Jürgen (Hg.): Max Ernst. Plastische Werke. Köln: Dumont 2005, S. 19

Zugelassene Hilfsmittel
- Wörterbuch zur deutschen Rechtschreibung
- Skizzenpapier, Transparentpapier, Farbstifte, Bleistifte, Lineal

Abb. 1: Max Ernst, „Fille et mère", 1959, Bronze, 44,2 × 26,7 × 29,2 cm, signiert und „II / VI" nummeriert auf der Rückseite der Plinthe, Sammlung Frances Leventritt, New York, Vorderansicht

Abb. 3: Max Ernst, „Fille et mère", leichte Schrägansicht

Abb. 2: Max Ernst, „Fille et mère", Rückansicht

Abb. 4: Louise Bourgeois, „Mother and Child", 2001, Stoff, Glas, rostfreier Stahl und Holz, 52 × 35,5 cm, Collection Leeum, Samsung Museum of Art, Seoul

Lösungsvorschläge

1. *Hinweis: Beide Werke sollen sachangemessen, differenziert und strukturiert mit Angabe der Werkdaten beschrieben werden. Wesentlich ist der sichtbare Bildbestand. Subjektive Beurteilungen sollten vermieden werden.*

   Max Ernsts Bronzeplastik mit dem Titel *Fille et mère* aus dem Jahr 1959 hat die Maße 44,2 × 26,7 × 29,2 cm. Rückseitig ist sie signiert und trägt die Nummerierung „II/VI". Zurzeit befindet sie sich in der Sammlung Frances Leventritt in New York. Auf einer schweren quadratischen Grundplatte stehen zwei nach vorne gerichtete stereometrische Figuren mit dunkler, monochromer Patina. Am Ausstellungsort wird die Vollplastik auf einer dunklen Holzplatte präsentiert. Beide Figuren – dem Titel nach zu urteilen, sind es Mutter und Tochter – sind aus ähnlichen geometrischen Körpern zusammengesetzt. Ohne einander zu berühren, stehen sie versetzt, im Untergrund verankert, hintereinander und nehmen die gesamte Grundfläche der Plinthe ein. Die körperliche Ausgestaltung ist stark reduziert und geometrisch abstrahiert. Die Arme fehlen, die Köpfe sind als flache Tellerplatten angedeutet. Die linke Figur stellt die Mutter dar. Sie ist schlank und figürlich und überragt die andere auf Schulterhöhe. Max Ernst gestaltet die Mutterfigur aus einem flachen Oval als Kopf, einer plastischen Raute als Hinweis auf die Schulterpartie und einem organischen, länglichen und schmalen Körper, der einer Banane ähnelt. Diese Assoziation wird durch die leichte Krümmung der gesamten Figur unterstrichen. Den Standfuß der Figur bildet ein Kegel, der auf der rechten Seite (von der Figur aus gesehen) über die Plinthe ragt.
   Auf zwei kräftigen, runden Zylindern als Beinen platziert Max Ernst die zweite, kleinere Figur rechts hinter die Mutter. Es ist die Tochter. Mit ihrem tonnenförmigen Oberkörper und der breiten kreisrunden Tellerplatte als Kopf wirkt diese massiver und in der Formsprache gestauchter. Schwere ausstrahlend, ist sie durch die beiden Standfüße doppelt auf der Grundplatte verankert. Wie ein Hut thront die Gesichtsplatte mit zwei flachen, kreisrunden, an Augen erinnernden Vertiefungen in der Mitte auf dem Körper. Bei beiden Figuren ist die menschliche Form zu geometrischen Teilformen abstrahiert. Die Darstellung ist somit nicht wirklichkeitsnah. Die gesamte Plastik inklusive der Bodenplatte ist aus einem Guss gefertigt. Ihre Oberfläche ist unbehandelt und glatt.

   Die zweite Plastik ist ebenfalls eine Komposition aus zwei anthropomorphen Figuren. Louise Bourgeois schuf die kleinteilige Plastik *Mother and Child* im Jahr 2001, die als Teil der Collection Leeum im Samsung Museum of Art in Seoul präsentiert wird. Charakteristisch für die allansichtige Vollplastik in der Größe 52 × 35,5 cm sind der vielseitige Einsatz von Stoff, Glas, rostfreiem Stahl und Holz sowie die wirklichkeitsnahe, miniaturisierte Abbildung der einzelnen Elemente.
   Auf einem metallenen, polierten quadratischen Tisch stehen, umschlossen von einer hohen Glasglocke, zwei unterschiedlich große Puppenfiguren aus hellrosafarbenem, grobem Leinengewebe.

Die größere Figur ist die einer erwachsenen Frau mit geschlechtsspezifischen Merkmalen. Sie stellt dem Werktitel nach wohl die Mutter („Mother") dar. Unbekleidet und kahl steht sie breitbeinig mittig auf der Bodenplatte. Ihr rechtes Bein wird unterhalb des Knies von einer hölzernen Prothese ersetzt. Etwas wacklig stützt sie sich rechts auf eine metallene Gehhilfe. Ihr linker Arm ist ab Schulterhöhe amputiert. Weiße Nähte überziehen den Körper der Stoffpuppe wie ein Flickwerk. Ihre Gesichtszüge sind trotz der Möglichkeiten des Textilen nur als Einbuchtungen im Bereich des Mundes und der Augen sowie als kleine Auswölbung zur Nase angedeutet. Kopf und Blick sind leicht nach oben gerichtet.

Im Gegensatz zur massiven Plastik von Max Ernst zeigt sich bei Louise Bourgeois eine körperliche Interaktion zwischen beiden Figuren. Nackt steht die zweite, kleinere Gestalt, in der Proportion und Darstellung einem Kleinkind oder gar Säugling ähnelnd, im Ausfallschritt versetzt rechts hinter der Mutter und umschließt mit ausgestreckten Armen deren linkes Knie. Dem Titel entsprechend lässt sich vermuten, dass es sich bei der kniehohen Figur um das Kind („Child") handelt. Aus dem gleichen Material wie die Mutter hergestellt, jedoch körperlich unversehrt, blickt es mit weit in den Nacken gelegtem Kopf zur Mutter. Leicht abgewendet und nach oben schauend, scheint die Mutter das Kind jedoch nicht wahrzunehmen oder zu ignorieren.

Eine handelsübliche Glasglocke umschließt die Szenerie und trennt sie von der Außenwelt ab, ohne eine der Figuren zu berühren. Sie hat einen gläsernen, runden Griff sowie einen wuchtigen unteren Rand und ist aus einem Stück geblasen. In der komplexen Komposition aus vielfältigen Materialien wirken die Puppenfiguren im Gegensatz zur schweren, massiven Glasglocke und dem kalten, polierten Metall der Sockelplatte leicht und verletzlich.

2. *Hinweis: Bei dieser Aufgabe soll die formale Gestaltung beider Werke hinsichtlich der Aspekte Körper-Raum-Bezug einschließlich der Richtungsbezüge, Form, Materialität und Oberflächenbeschaffenheit sowie Grad der Abbildhaftigkeit der Darstellung untersucht werden. Dazu müssen analysierende Skizzen zu den Aspekten „Körper-Raum-Bezug einschließlich der Richtungsbezüge" sowie „Form" angefertigt und die daraus gewonnenen Erkenntnisse erläuternd in die Analyse miteinbezogen werden.*

Louise Bourgeois und Max Ernst behandeln in ihren Plastiken unter Verwendung unterschiedlicher Materialien und Darstellungsformen jeweils eine Mutter-Kind-Beziehung. Max Ernsts Plastik *Fille et mère* ist kompakt und besteht aus einem einzigen Bronzeguss. Louise Bourgeois nutzt in ihrem Werk eine Kombination heterogener Materialien.

In der Skizze 1a zu Max Ernsts Plastik wird deutlich, dass die beiden parallel ausgerichteten Figuren (Mutter links und Tochter rechts) einen tendenziell geometrischen Formcharakter aufweisen und im gemeinsamen Massevolumen fast die gesamte Grundfläche der Bodenplatte einnehmen, diese jedoch nicht gleichmäßig untereinander aufteilen. Die Mutter bekommt sowohl auf der Grundfläche als auch

im Umraum weniger Platz als die Tochter. Sie ragt mit dem Standfuß über die Bodenplatte hinaus und weicht gekrümmt nach vorne, weg von der Tochter. Die optische Verbindung der Figuren geschieht lediglich durch die Bodenplatte.
Im grundlegenden Erscheinungsbild ähneln sich beide Figuren durch ihre geometrischen Teilvolumina. Doch während die Mutter schmal, labil und elegant wirkt, erscheint die Tochter stabil und massiv (vgl. Skizzen 1a und b). So besteht die Mutter aus einem Oval als Kopf, einer rautenartigen Form als Schulterpartie und einem länglichen Rotationsellipsoid als Körper, das am unteren verjüngten Ende auf einem kegelförmigen Fuß steht. Die schmale Verankerung sorgt für eine schwingende, schaukelnde Wirkung und verstärkt zusammen mit den potenziell um die eigene Achse rotierenden geometrischen Körperformen das wacklige, dynamische Gesamtbild (vgl. Skizze 1a). Im Gegensatz dazu erscheint die Tochter ruhig und statisch. Dieser Eindruck entsteht durch die parallele Positionierung ihrer breiten zylinderförmigen Beine, ihren tonnenartigen, gestauchten breiten Oberkörper sowie den flachen, konkaven, horizontal aufgelegten Teller mit zwei Vertiefungen als Augenpaaren (vgl. Skizze 1a und b). Ihre Grundformen entsprechen weitestgehend denen der Mutter, doch sind sie gestaucht. Der optisch tief gesetzte Schwerpunkt steht zudem konträr zur Leichtigkeit und zur aufstrebenden Tendenz der Mutter (vgl. Skizze 1b). Bewegungen scheinen nur um die eigene Achse möglich zu sein und greifen nicht in den Umraum (vgl. Skizze 1a). Die vertikalen und horizontalen Richtungsdominanzen steigern den statischen Eindruck.
Skizze 1c zeigt die Schrägsicht auf die Plastik und beweist, dass sich die Form der Mutter leicht gekrümmt von der Tochter weg nach vorne neigt. Unklar ist, ob es ein Wegrücken oder Wegdrängen ausdrückt. Auch die Gesichtsfläche der Mutter zeigt nach vorne. Im Ganzen ist die Figur der Mutter zwar dynamischer und beweglicher, verweist bis auf das leichte Herausrücken über die Plinthe damit jedoch nicht in den Umraum. Trotz ihrer beschwerten Verankerung auf der Grundfläche ist auch die Tochter leicht nach vorne ausgerichtet. Es herrscht damit eine gewisse Parallelität zwischen den beiden Figuren. Der Blick der Tochter verstärkt dies. Er zeigt leicht schräg nach oben und verläuft somit parallel zum Körper der Mutter.
Die Oberfläche der Bronze ist glatt, weist an einigen Stellen jedoch Bearbeitungsspuren auf, u. a. im Bereich der Gesichtsteller, des Oberkörpers der Tochterfigur und in den Schulterpartien der Mutter. Die kleinen Unebenheiten deuten auf ein manuelles Modellieren der Negativform hin. Das weich einfallende Ausstellungslicht markiert diese Unebenheiten. Es verrät die Kühle und Härte des Materials durch Reflexionen. Auffallend ist, dass sowohl die Oberfläche als auch die Farbigkeit der gesamten Plastik inklusive Plinthe einheitlich ist. Das setzt die Figuren in Beziehung, schafft eine gewisse Nähe und verankert Mutter und Tochter zusätzlich auf der Grundplatte. Die dunkle und unnachgiebige Oberfläche der Bronze korrespondiert mit der optischen Schwere, ihrer Stabilität und der Unveränderlichkeit in ihrer Gesamtheit.
Eine Nachahmung der Oberfläche als Haut ist hier von Max Ernst nicht intendiert worden. Proportionen und Plastizität sind nicht wirklichkeitsnah und folgen einer abstrahierenden, schematischen Vorstellung von Körperlichkeit. Bei beiden Figuren wurde auf die Ausdifferenzierung von Details verzichtet.

Trotz des ähnlichen Motivs weist die Plastik *Mother and Child* der Künstlerin Louise Bourgeois gestalterisch einige Unterschiede zu Max Ernsts Werk auf. Zentral auf der Plinthe ist die Mutter platziert, die durch geschlechtsspezifische Merkmale wie die Brust und die Körpersilhouette als solche charakterisiert wird (vgl. Skizze 2 a). Ihr optischer Schwerpunkt ist nach links auf die Prothese und die Gehhilfe verlagert. Letztere liegt in der rechten Achsel an und wird von der rechten Hand am Griff umschlossen. Die Figur deutet durch die zurückgenommenen Schultern, die aufrechte Haltung und den leicht gehobenen Kopf ein Streben nach oben an. Ihr Blick, der aus der Glocke hinaus nach schräg oben in den Raum deutet, verstärkt diesen Eindruck. Der linke Fuß ist etwas stabilisierend nach vorne gesetzt und liegt auf dem Boden auf, eine Bewegung ist hier nur im Moment angedeutet. Es gibt keine Indizien für eine Fixierung der Figuren auf der Plinthe, was die Wirkung von Instabilität verstärkt. Legt man jedoch Richtungslinien an die Körperränder und -glieder der Mutter, bilden diese eine Dreieckskonstruktion ab, die die Figur erdet.

Das Aufgreifen der naturalistischen Proportionen eines Kleinkindes oder gar Säuglings lässt darauf schließen, dass es sich bei der rechten miniaturartigen menschlichen Puppe um die im Titel benannte Figur des „Child" handelt. Dieses steht, leicht nach hinten versetzt, rechts von der Mutter und berührt diese mit nach oben ausgestreckten Armen auf Kniehöhe. Es hat den Kopf in den Nacken gelegt und leicht nach links geneigt und blickt hinauf zur Mutter, ihren Blick suchend. Diese nimmt die kleine Gestalt des Kindes jedoch nicht wahr. Durch das Anlegen von Richtungslinien werden zwei konträre Bewegungsmotive deutlich. Die Mutter ist im Begriff, sich nach links zu drehen, ihr Blick weist nach oben. Sie bewegt sich weg vom Kind. Dieses strebt zur Mutter hin, es greift nach ihr. Der Ausfallschritt seines rechten Beines deutet auf einen stolpernden, unsicheren und Halt suchenden Gang hin. Das optische Gewicht des Kindes liegt auf dem Hinterkopf. Diese Dynamik des Moments betont auch die sich überkreuzende Ausrichtung der Figuren.

Die Glasglocke umschließt Mutter und Kind, ohne sie zu berühren. Innerhalb der Glasglocke nimmt die Mutter in der Höhe zwei Drittel des Volumens ein. Der leere Umraum misst zu allen Seiten einen Abstand, der der Armeslänge der Figur entspricht.

Eine verletzliche Wirkung erhalten die Figuren durch den Leinenstoff, aus dem sie genäht wurden (vgl. Skizze 2b). Seine natürliche, unbehandelte raue und zugleich empfindliche Oberfläche grenzt das Arrangement von Mutter und Kind auch vom kühlen Glas der Abdeckung, vom glatten Kunststoff der Gehhilfe und vom sterilen Metall der Grundplatte ab. Seitliches Ausstellungslicht von links hinten taucht die rechte Seite der Objekte in Schatten, der ihre organische Körperlichkeit und ihre Stofflichkeit hervorhebt. Farblich erinnert das Gewebe an hellrosa Haut. Weiße teilweise unregelmäßige Nähte halten das Flickwerk aus unterschiedlich großen Stofffragmenten zu Körpern zusammen und überziehen Bereiche wie Brust, Bauch, Schultern und Beine ornamentartig. Am Unterbauch der Mutter verläuft eine halbmondförmige Naht, die an eine Kaiserschnittnarbe erinnert. Das Material franst und löst in seiner Rauheit visuell den Impuls aus, es berühren zu wollen. Dies verhindert jedoch die die Figuren umhüllende schwere Glasglocke, die die raumweisenden Körper formal begrenzt. Ihre runde Grundform fordert die Betrachter*innen dazu auf, die Plastik zu umwandern, obgleich die frontale Ausrichtung der Mutter einen Betrachtungsstandpunkt definiert. Sie steht im Gegensatz zur quadratischen metallenen Grundplatte, die auf dünnen Metallbeinen steht. Diese wirken fast wie Fortführungen der Prothese und der Gehhilfe und verlängern das nach oben gerichtete Volumen der Plastik. Außerdem erhöhen sie gemeinsam mit dem massiven Gewicht der Glasglocke, die optisch das schwerste Element der Gesamtplastik ist, den trügerischen Eindruck von Instabilität.

Insgesamt ist die Darstellung von Bourgeois durch die an helle Haut erinnernde Farbe und die naturgetreuen Proportionen der Körper recht wirklichkeitsnah. Doch sind die Figuren nur eingeschränkt ausdifferenziert. So besteht das Gesicht der Mutter aus Ein- und Ausbuchtungen für Mund, Nase und Augen. Haare und Ohren sind nicht vorhanden, werden im ersten Eindruck aber nicht als fehlend wahrgenommen. Der Mutter fehlen zudem Gliedmaßen (linker Arm und rechter Unterschenkel), doch anders als bei einem Infinito Torso scheint dies gemeinsam mit der rissigen Oberfläche auf Fragilität und Unvollkommenheit durch bewusste nachträgliche Dekonstruktion hinzuweisen. Prothese und Gehhilfe sind dagegen detailreich als funktionale Miniaturen wirklicher Objekte ausgearbeitet. Dies akzentuiert ihre Bedeutung für die Frau und steht in Kontrast zur Deformation ihres Körpers sowie zur Rauheit ihrer Haut.

Max Ernst stellt die Figuren Mutter und Tochter in weitestgehend geometrischen Grundelementen mit einheitlicher glatter Oberfläche dar, die sich jedoch in Streckung (Mutter) bzw. Stauchung (Tochter) unterscheiden. Auch Louise Bourgeois verweist auf die Zusammengehörigkeit ihrer Figuren durch die Gleichheit des verwendeten Materials für die Darstellung der Körper, das im Gegensatz zur von Ernst verwendeten Bronze jedoch rau und stofflich ist. Gemeinsam haben beide Werke die Anordnung und Ausrichtung der Figurenkonstellation. Die Tochter bzw. das Kind steht versetzt rechts hinter der Mutter. Diese wendet sich ab bzw. neigt sich weg. Während bei Max Ernst kein Kontakt zwischen den Figuren besteht, die Tochter sogar unbeweglich auf zwei Standbeinen in der Grundplatte geerdet ist, berühren sich die Figuren bei Louise Bourgeois jedoch, indem das Kind das Bein der Mutter mit den Händen umfasst.

Werkspezifische Unterschiede liegen nicht nur im verwendeten Material, sondern auch in Haltung und Gestik. *Fille et mère* von Max Ernst ist massiv und aus einem Guss. Die Figuren sind auf der Grundplatte verankert, in der angedeuteten Bewegung auf sich selbst beschränkt und nicht aus dem Raum fliehend, sondern auf ihn zurückverweisend. Louise Bourgeois' *Mother and Child* erscheint filigran und empfindlich. Ein Stoß gegen den Sockel kann die Figurenkonstellation zum Umsturz bringen. Zugleich ist sie konserviert unter der Glasglocke und entzieht sich jedem stabilisierenden Eingriff. Die formale Ausgestaltung zeichnet sich durch ein Spannungsgefüge aus, das auf der Positionierung der Figuren zueinander und den verwendeten Materialien basiert. Die spezifische Stofflichkeit des Textilen als organisch-natürlicher Verweis steht konträr zur technischen Kühle und zur damit evozierten Fremdheit von Glasglocke, Prothese und Krücke.

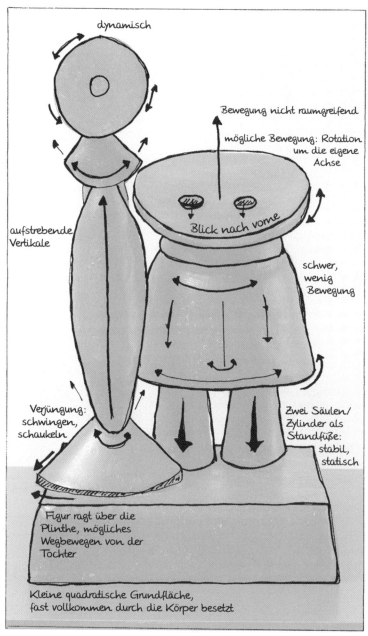

Skizze 1a: Ernst (Körper-Raum-Bezüge, Achsen, Bewegungsrichtungen)

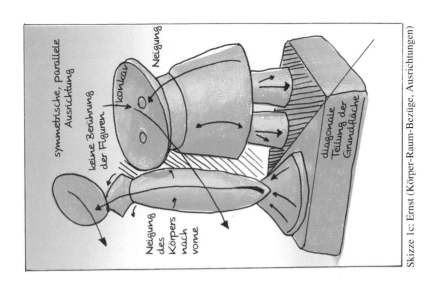

Skizze 1c: Ernst (Körper-Raum-Bezüge, Ausrichtungen)

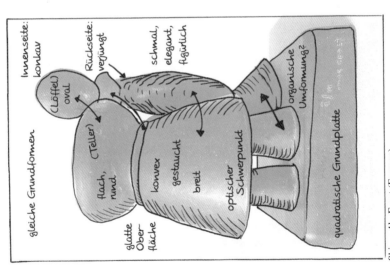

Skizze 1b: Ernst (Formen)

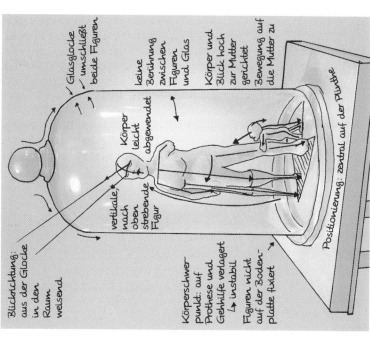

Skizze 2a: Bourgeois (Körper-Raum-Bezüge)

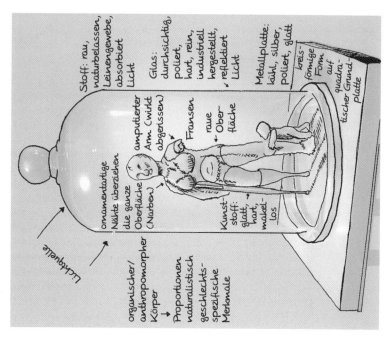

Skizze 2b: Bourgeois (Formen, Materialität)

3. *Hinweis: Beide Werke sollen auf der Grundlage der Untersuchungen interpretiert werden. Kenntnisse zu den Entstehungsarten der Werke und die Zusatzinformationen sollen dabei beachtet werden.*

Der in Brühl geborene Künstler Max Ernst (1891–1976) und die französische Bildhauerin Louise Bourgeois (1911–2010) haben ihre Wurzeln beide im Surrealismus. Ihre Werke lassen sich unter dem Einfluss der freudschen Psychoanalyse, aber auch als Ausdruck einer Verarbeitung biografischer Erfahrungen lesen.
Kennzeichnend für das Œuvre von Max Ernst war sein grundsätzliches Interesse am Unterbewussten und dessen Manifestation im Bildnerischen. Als Mitbegründer des Surrealismus und Erfinder aleatorischer Bildfindungsverfahren wie der Frottage, der Grattage und der Décalcomanie fanden Erinnerungen aus seiner Kindheit Zugang in seine Werke bzw. werden bewusst wiedergefunden. An dieser Stelle sei vor allem die Figur des Loplops genannt. Das Unterbewusste wie auch die künstlerische Ausdrucksform psychisch Erkrankter wurden durch Max Ernst und seine Zeitgenossinnen und Zeitgenossen auf eine wertschätzende Ebene erhoben.
Die Franko-Amerikanerin Louise Bourgeois war bekennende Freudianerin. Die traumatisierende Beziehung zu ihrem herrischen und untreuen Vater und ihrer der Situation ausgelieferten hilflosen und ihr zugleich den einzigen Schutz bietenden Mutter verarbeitete sie immer wieder aufs Neue in ihren Werken. Die Frau in der Rolle als Mutter, als Spinnenfigur und als Stoffpuppe sind ihre typischen Motive. Nach dem Tod ihres Vaters im Jahr 1951 besuchte sie über dreißig Jahre lang psychoanalytische Sitzungen bei einem New Yorker Freudianer der zweiten Generation. Ihre Arbeit bezeichnete sie als parallele Form der Psychoanalyse. Nach ihrer Emigration in die USA engagierte sie sich für die Frauenbewegung, ohne jedoch ihr Werk ausdrücklich als einen politischen Protest zu sehen. Ihr künstlerisches Gesamtwerk trug dazu bei, dass Feminismus und Psychoanalyse in einen kritischen Diskurs einbezogen wurden.
Während Louise Bourgeois in ihren Werken oftmals eine Darstellung ihres Innenlebens als Verarbeitung traumatisierender Kindheits- und Jugenderfahrung intendiert, betont Max Ernst einen spielerisch assoziativeren Ansatz in der Bildfindung. So beschreibt er in einem Interview das Vorgehen beim plastischen Arbeiten als Kinderspiel: „[…] ich mache es wie die Sandspiele am Strand. Ich bringe Formen in ein Modell und dann beginnt das Spiel mit der Vermenschlichung." Die Betrachter*innen mögen bei seinem Werk *Fille et mère* auch an aus Sandkastenförmchen zusammengesetzte Figuren erinnert werden.
Er fertigte den Bronzeguss 1959 an, zwei Jahre nach seiner Rückkehr aus den USA nach Frankreich. Abgebildet wird die auf Gemeinsamkeiten und Unterschieden basierende und von Bindung und Loslösung geprägte Beziehung zwischen Mutter und Tochter. Die in der Analyse dargelegte physiognomische Darstellung verzichtet auf identifizierbare Merkmale. Die gemeinsamen geometrischen Grundformen und die Positionierung der beiden evozieren eine Beziehung, in der die Mutter die grazile Leitfigur ist, die vorschreitet und der klobig wirkenden und noch im Schatten stehenden Tochter als mögliches Vorbild vorgesetzt wird. Den Betrachterinnen und Betrachtern eröffnen sich Assoziationen an ein der Mutter

nachlaufendes Kind, dessen Anhänglichkeit diese fast schon als hinderlich und gar störend empfindet. So könnte zumindest das schwach ausgeprägte körperliche Ausweichen der Mutterfigur gedeutet werden. Auf Basis der Analyse kann jedoch nicht eindeutig bestimmt werden, ob diese den Abstand sucht oder dem Kind Raum gibt. Das Kind wiederum folgt der Mutter als stetige psycho-physische Präsenz. Die formale Analyse hat gezeigt, dass die Grundformen der Mutter sich als gestauchte Umformungen im Kind wiederfinden. Das legt nahe, dass die Mutter ein möglicher Ausblick auf die anstehende körperliche Veränderung im Rahmen des Erwachsenwerdens ist. Zudem erinnern die äußeren Formen an rollentypische Kleidungsstücke der 1960er-Jahren. Die Mutterfigur trägt ein feminines, figurbetontes und unten in einem Fächer ausgestelltes Etuikleid, das einen wogenden Gang erfordert, während die Tochter ein altersgerechtes, knielanges Kleidchen trägt, das weder Taille noch andere weibliche Attribute betont.

Trotz spielerischer Bildfindungsverfahren im additiv kombinierenden, abstrahierenden, zum Teil auch aleatorisch geprägten Vorgehen, die dem Zugang zum eigenen Unterbewusstsein dienen, haben Max Ernsts Sujets immer eine allgemeingültige Aussage. Der Verzicht auf individualisierende Merkmale in diesem Werk kann als Verweis auf seine Universalität in Bezug auf Mutter-Kind-Beziehungen gedeutet werden. Gezeigt wird eine verallgemeinerbare Konstellation, abstrahiert in ihrer vielseitigen Komplexität, in der Töchter sich an ihren Müttern als Vorbild orientieren und Mütter den Prozess der Abnabelung durchleben.

Laut Louise Bourgeois dient die Kunst niemals nur ihrer selbst. Vielmehr ist sie bei ihr immer auch ein Resultat von persönlichen Erfahrungen und Erinnerungen. Eine einseitige Auslegung des Werks *Mother and Child* (2001) als psychologische Verarbeitung verkennt jedoch seine Komplexität. Es soll hier also nicht nur eine Deutung im subjektiv-autobiografischen Kontext, sondern auch innerhalb frauenspezifischer Themen verfolgt werden.

Louise Bourgeois, selbst Mutter dreier Söhne, pflegte eine innige, hingebungsvolle und verehrende Beziehung zu ihrer Mutter. Jahrelang beobachtete sie deren Leiden unter der offen geduldeten Affäre des Vaters mit der Hauslehrerin. Sich nie gänzlich von den Folgen der Spanischen Grippe erholend, war ihr geschwächter Gesundheitszustand prägend in der Kindheit. Louise Bourgeois selbst erlebte zudem den zehrenden Spagat zwischen ihrer Rolle als Mutter und der als Künstlerin. Sie thematisiert in ihrem Werk eine von Leiden geprägte Vorstellung von Mutterschaft. Ihre Figur der Mutter im vorliegenden Werk hat nur eine eingeschränkte Handlungs- und Beziehungsmöglichkeit. Die Verfremdung des Körpers durch Amputation zweier Gliedmaßen verweist auf das Hingebungsvolle der Rolle, was zu einer Selbstauflösung führen kann. Prothese und Krücke heben sich durch die Materialwahl (Metall, Holz) vom Textil der Haut ab, sind mehr Fremdköper als Surrogat und lancieren die eingegrenzte Handlungsfähigkeit der Figur. Die innere Ambivalenz im Mutter-Sein wird durch die körperliche Zerrissenheit pointiert: Die Oberfläche der Figur ist ein von Nähten zusammengehaltenes Flickwerk. Trotz der Materialverwandtschaft wirkt das nach der Mutter greifende Kleinkind störend, fast fremd, und kontrastiert insbesondere durch seine körperliche Unversehrtheit.

Der unsichere Stand des Kleinkindes betont seine Abhängigkeit von der Mutter. Die Mutter ist durch den fehlenden linken Arm nicht in der Lage das Kind hochzuheben. Ihr Blick ist nach oben zu einem außerhalb der Glasglocke fixierten Punkt gerichtet. Womöglich sehnt sie sich nach Flucht oder Unterstützung. Die Darstellung der Figur verweist stumm vorführend und anklagend auf physisch-psychische Deformationen. Die kritische Diskussion der komplexen Rolle der Frau als Mutter geschieht hier vielschichtig. Das verwendete Material und die Art der Figur rufen nicht nur Assoziationen an Stoffpuppen hervor – ein Spielzeug, das Mädchen zur Hinführung an ihre Rolle als Mutter gegeben wird –, Stoff ist auch der traditionelle Werkstoff der Hausfrau. Sei es nun als notwendiges Material, um Kleidung für die Familie zu nähen, oder als Mittel zur dekorativen Gestaltung des Privaten.

Die Glasglocke, die als einziges Objekt in der Plastik ein reales Haushaltsprodukt ist, nimmt mehrere Funktionen ein. Sie isoliert das Figurenpaar von der Außenwelt, indem sie die instabile Konstellation vor Eingriffen schützt und zugleich darin gefangen hält. Sie stellt die Beziehung und das Leiden zur Schau, macht die Betrachter*innen zu Voyeurinnen und Voyeuren. Hierbei wird der Zweck der Glasglocke persifliert, denn unter ihr werden nicht nur Speisen präsentiert, sondern sie schließt auch unliebsame Gerüche ein. Unter Berücksichtigung der formalen Gestaltungsmittel, v. a. der Glasglocke als einzige massive und statische Form im Gegensatz zu den fragilen, verletzten und nackten Figuren, kann das Werk nicht nur als archivierte biografische Erinnerung gelesen werden (Louise Bourgeois' Familie führte eine Textilfabrik), sondern auch als Anklage an eine scheinbar unveränderte gesellschaftliche Erwartung an die weibliche Existenz, in der Leiden im Mutter-Sein allgemein bekannt sind und die Frau sowohl von der fordernden Abhängigkeit ihres Kindes als auch in der Rollenerwartung gefangen ist. Dass die Darstellung der Mutter als nackter weiblicher Körper als Reduktion auf ihre biologische Funktion interpretiert werden kann, unterstützt diese Deutung.

Beide Vollplastiken haben die Ausrichtung und Positionierung der Mutter- und der Kind-Figur gemeinsam. Louise Bourgeois zeigt einen Mikrokosmos unter Glas. Die Bildaussage ist bewusst intendiert und aus gegensätzlichen Materialien in Optik und Haptik komponiert. Die anfänglich thematisierte Mutter-Kind-Beziehung wird bei genauer Betrachtung auf die Stellung der Frau in der ambivalenten Mutterrolle verlagert. Der hermetisch geschlossene Umraum stellt den Zustand zur Schau und formt ein Gefängnis. Max Ernst findet als Folge einer vom Zufall geleiteten Auseinandersetzung mit Material, Form und ihrer Neukontextualisierung zu einer allgemeingültigen Darstellung einer Mutter-Tochter-Beziehung. Der Akzent liegt hierbei durch die Physiognomie und Positionierung auf der Thematisierung von Gemeinsamkeiten und Unterschieden. Obgleich beide Figuren in der Bodenplatte verankert sind, zeigt die Figur der Mutter die Möglichkeit, sich der Beziehung zu entziehen, indem sie etwas über die Plinthe ragt.

Zusammenfassend entpersonifizieren sowohl Bourgeois als auch Ernst die Mutterrolle. Bei Louise Bourgeois geht die Mutterschaft mit einer Selbstaufopferung einher und Max Ernst intendiert den Ausdruck einer allen individuellen Familienkonstellation.

Abiturprüfung NRW 2020 – Kunst
Grundkurs und Leistungskurs

Das Corona-Virus hat im vergangenen Schuljahr auch die Prüfungsabläufe durcheinandergebracht und manches verzögert. Daher sind die Aufgaben und Lösungen zur Prüfung 2020 in diesem Jahr nicht im Buch abgedruckt, sondern erscheinen in digitaler Form.
Sobald die Original-Prüfungsaufgaben 2020 zur Veröffentlichung freigegeben sind, können sie als PDF auf der Plattform **MyStark** heruntergeladen werden (Zugangscode vgl. Umschlaginnenseite).

Prüfung 2020

www.stark-verlag.de/mystark

ONLINE LERNEN
mit **STARK** und StudySmarter

STARK LERNINHALTE GIBT ES AUCH ONLINE!
Deine Vorteile:
- ✔ Auch einzelne Lerneinheiten – sofort abrufbar
- ✔ Gratis Lerneinheiten zum Testen

WAS IST STUDYSMARTER?
StudySmarter ist eine intelligente **Lern-App** und **Lernplattform**, auf der du …
- ✔ deine Mitschriften aus dem Unterricht hochladen,
- ✔ deine Lerninhalte teilen und mit der Community diskutieren,
- ✔ Zusammenfassungen, Karteikarten und Mind-Maps erstellen,
- ✔ dein Wissen täglich erweitern und abfragen,
- ✔ individuelle Lernpläne anlegen kannst.

 Google Play

 Apple App Store

StudySmarter – die Lern-App kostenlos bei Google Play oder im Apple App Store herunterladen. Gleich anmelden unter: **www.StudySmarter.de/schule**